駿台

東大入試詳解 20年

英語 リスニング

第3版

2023~2004

問題編

駿台文庫

目　次

* 2023 年度(C)，2022 年度(A)，2020 年度(A)(B) のスクリプト，全訳，音声は，著作権の都合上，省略します。

音声データのダウンロードについて

1　下記アドレスまたは二次元コードより駿台文庫ダウンロードシステムにアクセスし，**認証コードを入力して「サービスを開始する」を押してください。**

https://www2.sundai.ac.jp/yobi/sc/dllogin.html?bshcd=B3&loginFlg=2

※駿台文庫サイト内，本書籍のページにもリンクがあります。

認証コード：B3 － 96124119
※ダウンロード期限：2028 年 3 月末

※リスニング音声データはご購入者様の特典となりますので，本書籍をお持ちでない方へ認証コードを共有することは禁止しております。
※配信期間は，予告なく変更する場合がございます。

2　ダウンロードする**コンテンツの選択ボタンにチェックを入れ，「ダウンロードを実行」を押してください。**ファイルを１つずつダウンロードしたい場合は，コンテンツを選択してから「ファイル単位選択・ダウンロード画面へ」を押してください。

個別ファイル名の冒頭の数字は，音声ファイル番号を表しています。

(例)

コンテンツ名称	ダウンロード後のファイル名
東大入試詳解リスニング音声 _01	T061511_B3.zip

ファイル名称	ダウンロード後のファイル名
2023 年度　問題（A）	23_01_toudai20_lis.mp3 ↳音声ファイル番号

3　ダウンロードしたデータはお持ちのデバイスに取り込んでご利用ください。詳しくはサイト内「**ダウンロードした音声の使い方**」のページをご参照ください。

※デバイスやソフト，インターネット環境等のご質問に関しては，対応いたしかねます。各製品のメーカー，またはプロバイダ等にご確認ください。
※デバイスに保存した音声はダウンロード期限を過ぎてもご利用いただけます。

音声について

音声データは，スクリプトをもとに弊社で独自に収録したものです。

本番の試験では英文は２回放送されますが，本書ではすべて１回ずつの収録となっております。各ファイルを２回繰り返して聴いてください。

※以下の音声ファイルの配信は，著作権等の理由により，予告なく変更・中断・終了する場合がございます。あらかじめご了承下さい。

音声ファイル番号	収録内容	音声ファイル番号	収録内容
23_01	2023年度　問題（A）	13_01	2013年度　問題（A）
23_02	2023年度　問題（B）	13_02	2013年度　問題（B）
*	2023年度　問題（C）	13_03	2013年度　問題（C）
*	2022年度　問題（A）	12_01	2012年度　問題（A）
22_02	2022年度　問題（B）	12_02	2012年度　問題（B）
22_03	2022年度　問題（C）	12_03	2012年度　問題（C）
21_01	2021年度　問題（A）	11_01	2011年度　問題（A）
21_02	2021年度　問題（B）	11_02	2011年度　問題（B）
21_03	2021年度　問題（C）	11_03	2011年度　問題（C）
*	2020年度　問題（A）	10_01	2010年度　問題（A）
*	2020年度　問題（B）	10_02	2010年度　問題（B）
20_03	2020年度　問題（C）	10_03	2010年度　問題（C）
19_01	2019年度　問題（A）	09_01	2009年度　問題（A）
19_02	2019年度　問題（B）	09_02	2009年度　問題（B）
19_03	2019年度　問題（C）	09_03	2009年度　問題（C）
18_01	2018年度　問題（A）	08_01	2008年度　問題（A）
18_02	2018年度　問題（B）	08_02	2008年度　問題（B）
18_03	2018年度　問題（C）	08_03	2008年度　問題（C）
17_01	2017年度　問題（A）	07_01	2007年度　問題（A）
17_02	2017年度　問題（B）	07_02	2007年度　問題（B）
17_03	2017年度　問題（C）	07_03	2007年度　問題（C）
16_01	2016年度　問題（A）	06_01	2006年度　問題（A）
16_02	2016年度　問題（B）	06_02	2006年度　問題（B）
16_03	2016年度　問題（C）	06_03	2006年度　問題（C）
15_01	2015年度　問題（A）	05_01	2005年度　問題（A）
15_02	2015年度　問題（B）	05_02	2005年度　問題（B）
15_03	2015年度　問題（C）	05_03	2005年度　問題（C）
14_01	2014年度　問題（A）	04_01	2004年度　問題（A）
14_02	2014年度　問題（B）	04_02	2004年度　問題（B）
14_03	2014年度　問題（C）	04_03	2004年度　問題（C）

（2023年12月時点の配信内容）

* 2023年度(C)，2022年度(A)，2020年度(A)(B)のスクリプト，全訳，音声は，著作権の都合上，省略します。

2023年

音声ファイル
23_01・23_02

英語の聞き取り試験時間は約30分。

3 放送を聞いて問題(A)，(B)，(C)に答えよ。(A)，(B)，(C)のいずれも2回ずつ放送される。

・聞き取り問題は**試験開始後 45 分**経過した頃から約 30 分間放送される。

・放送を聞きながらメモを取ってもよい。

・放送が終わったあとも，この問題の解答を続けてかまわない。

(A) これから放送するのは，伝書鳩が特定のルートを通って帰巣(homing)する特性についての研究の紹介である。これを聞き，(6) ~ (10) の問題に対して，それぞれ最も適切な答えを一つ選び，マークシートの (6) ~ (10) にその記号をマークせよ。

注
zoologist　動物学者
loft　ハト小屋

(6) How often are animals required to use the information stored several years before, according to Dora Biro?

a) Almost every day.
b) Hardly ever.
c) Once a month.
d) Once a year.
e) Once in four years.

(7) The study by Biro and her colleagues examined if domestic homing pigeons would take the same route from

a) a farm 8.6 kilometers away, after an interval of three or four years.

b) a farm built in 2016, without GPS devices attached to the pigeons' backs.

c) a hill located as far as 8.6 kilometers away, after a gap of ten years.

d) a house three or four kilometers away, after several years.

e) three or four different places, which are located 8.6 kilometers away from one another.

(8) The flight paths which a group of pigeons took in 2016

a) proved to be similar when they were escorted by the pigeons which knew the route.

b) varied as many pigeons lost their way.

c) were surprisingly similar to their routes in 2019 or 2020.

d) were never followed by the other pigeons which did not know their way.

e) were significantly different from those taken by pigeons flying in 2019 or 2020.

(9) The research confirms that homing pigeons depend on

a) the information which they memorize only when they fly alone.

b) the memory of landmarks which they store only while flying in company.

c) their internal compasses and sense of smell.

d) their memory of landmarks as well as their internal compasses.

e) visual signs as well as their peers.

(10) According to Verner Bingman, the research shows that animals' capacity is

a) almost equal to humans', just as we tend to think it should be.

b) closer to what we thought of as humans' capacity.

c) equal to humans' in terms of memory capacity.

d) much more developed than humans' in comparing the lengths of different routes.

e) only slightly inferior to humans', just as we imagine it should be.

(B) これから放送するのは，大気中の二酸化炭素を減らす取り組みについての説明である。これを聞き，(11) ~ (15) の問題に対して，最も適切な答えを一つ選び，マークシートの (11) ~ (15) にその記号をマークせよ。

注

buoy　ブイ（浮標）

kelp　昆布など大形で緑褐色の海藻

robotics　ロボット工学

limestone　石灰石

(11) The "buoys" designed by Running Tide are intended to

a) be boiled in water and eaten.

b) float away into the atmosphere.

c) release carbon into the atmosphere.

d) sink to the bottom of the sea.

e) warn ships of shallow waters.

(12) Which of the following is NOT a reason for Running Tide to use kelp as its material of choice?

a) It can be allowed to sink to the ocean floor.

b) It can be easily discarded.

c) It can be harvested.

d) It can be used as a building material.

e) It can grow fast and absorb a lot of carbon.

(13) According to Marty Odlin, how much carbon produced by fossil fuels do we need to remove in order to effectively combat climate change?

a) Gigatons.

b) Hundreds of gigatons.

c) Hundreds of tons.

d) Megatons.

e) Thousands of tons.

(14) What happens in the "fast cycle"?

a) Carbon becomes neutral.

b) Carbon is pumped deep into the ocean.

c) Carbon is transferred to fossil fuels.

d) Carbon moves from fossil fuels to the air to plant matter.

e) Carbon remains locked away in the earth.

(15) Which of the following statements about Odlin is NOT correct?

a) He founded Running Tide in 2017.

b) He is CEO of Running Tide.

c) He lives in Maine.

d) He taught robotics in college.

e) He was born into a fishing family.

(C)　これから放送するのは，脱成長(degrowth)に関する本を書いた Jason Hickel をゲストに迎えたラジオ番組の一部である。これを聞き，(16) ~ (20) の問いに対して，それぞれ最も適切な答えを一つ選び，マークシートの (16) ~ (20) にその記号をマークせよ。（**編集注**：音声は省略）

注

indigenous　先住民族の

(16) According to Hickel, the aim of "degrowth" is

a) combining traditional economics with indigenous philosophies.

b) holding high-income countries accountable for environmental destruction.

c) promoting capitalism at the expense of environmental protection.

d) providing good lives for all through technological innovation.

e) reducing inequality and resource use to stay within planetary boundaries.

(17) According to Hickel, the idea of "growth"

a) has been sold by countries in the Global South to high-income countries.

b) is a fundamental concept in the emerging field of ecological economics.

c) is a natural phenomenon in nature, but is unnatural in the discipline of economics.

d) is essential for economists, but needs to be redefined.

e) is generally accepted on both sides of the political spectrum.

(18) Which of the following statements about "the steady-state" in ecological economics is NOT consistent with what Hickel says in the interview?

a) It is important to maintain a balance with the ecosystem that you live with.

b) It is similar to indigenous thoughts about economies and exchange.

c) You should never extract more from the environment than can be replaced on a yearly basis.

d) You should never extract natural resources from indigenous communities.

e) You should never produce more waste than the environment can safely absorb.

(19) The interviewer suggests that ecological economics

a) has rebranded ideas from indigenous knowledge for the Global North.

b) is fundamentally different from indigenous knowledge.

c) is highly critical of ideas from indigenous knowledge.

d) is just catching up with indigenous knowledge that has been around for thousands of years.

e) is just copying ideas from indigenous knowledge that has been around for thousands of years.

(20) According to Hickel, people who live close to the land interact with the living world

a) in a variety of ways.

b) in similar ways.

c) in the same ways as rich economies do.

d) in ways which have remained the same for thousands of years.

e) with respect for their ancestors.

2022 年

音声ファイル
22_02・22_03

英語の聞き取り試験時間は約30分。

3 放送を聞いて問題(A), (B), (C)に答えよ。(A), (B), (C)のいずれも2回ずつ放送される。

・聞き取り問題は**試験開始後 45 分**経過した頃から約 30 分間放送される。
・放送を聞きながらメモを取ってもよい。
・放送が終わったあとも，この問題の解答を続けてかまわない。

(A) これから放送するのは，オウム貝の一種である crusty nautilus の生体を発見した記録である。これを聞き，(6) ～ (10) の問題に対して，最も適切な答えを一つ選び，マークシートの (6) ～ (10) にその記号をマークせよ。

（**編集注**：音声は省略）

注

crust　外殻	ecosystem　生態系
buoy　ブイ (浮標)	coral reef　サンゴ礁

(6) The speaker became interested in the crusty nautilus because

a) as a marine biologist, she is interested in the life cycle of the creatures.
b) empty shells seen on the beach suggested that it may have died out.
c) from an interest in conservation, she wanted to know whether they still exist.
d) marine biologists have speculated that the crust on its shell only forms in certain areas.
e) the crust covering the creature is environmentally significant.

(7) The speaker felt that the trip should be undertaken soon because

a) deep-sea ecosystems may be under threat, and gathering information could help preserve them.

b) due to climate change, deep-sea environments are changing rapidly.

c) it was important to capture the creatures on video before they died out.

d) mining companies were moving to prevent environmental research in the area.

e) waste from mining on the land in Papua New Guinea was affecting the nearby sea.

(8) After flying to Papua New Guinea from Brisbane, the team travelled to

a) an island recently declared a protected area in order to meet local communities.

b) an island where the crusty nautilus was found alive in the 1980s.

c) greet a local community whose chief had declared the beach protected.

d) greet a small island community which had been trying to protect the crusty nautilus.

e) Manus Island, then to a smaller island to see some crusty nautiluses caught by locals.

(9) From the island, after taking a banana boat out to sea, the team lowered

a) a trap 300 metres deep, though this trap did not return anything.

b) traps overnight, but were disappointed to find the traps completely empty.

c) traps with buoys on the surface, but the buoys drifted away from the traps.

d) traps without realising that traps would not be useful in the fast currents.

e) two traps at the same depth, which both drifted during the night.

(10) After the initial disappointment,

a) based on advice from older fishermen, the team left the traps in the water longer.

b) rather than raising the traps, the speaker dived down to inspect them.

c) the team decided to use traps that the elder fishermen had successfully used in the past.

d) the team took the traps to where the creatures were last seen in 1984.

e) the traps were put in water not as deep as the first attempt.

(B) これから放送する講義を聞き，(11) ～ (15) の問題に対して，それぞれ最も適切な答えを一つ選び，マークシートの (11) ～ (15) にその記号をマークせよ。

(11) According to the speaker, the difficulty in investigating our own minds is that

a) attempting to look at one's own mind necessarily modifies it.

b) clarifying our own minds is not as simple as just turning on a light.

c) in the same way that we cannot shine a light on a light itself, the mind cannot think of itself.

d) it can be emotionally difficult to see the darkness in our thoughts.

e) when we try to look at our own thoughts, it is unclear how to measure them.

(12) According to psychologist Russell Hurlburt,

a) in daily life we think in words, but with a surprisingly limited vocabulary.

b) in normal circumstances, people do not have as many thoughts as they suppose.

c) people assume that they think in words, but this is often not true.

d) the words we use in our thoughts are a lot more varied than previously assumed.

e) we use words to think in various situations.

(13) In the small study involving 16 college students,

a) after reading short stories, college students were asked to record their opinions.

b) hardly any of the thoughts sampled involved inner speech and most were wordless.

c) only a third of the thoughts students had while reading involved words.

d) over 25 percent of thoughts sampled involved inner speech.

e) while listening to short stories, college students were asked to think freely.

(14) In Famira Racy's research, the participants talked to themselves

a) about a wide variety of topics.

b) especially when walking and getting in and out of bed.

c) in emotional situations.

d) in the same way as they talk to other people.

e) mainly about other people.

(15) Jill Bolte Taylor's case is referred to as evidence that

a) as we get older, inner speech becomes more important to our identity.

b) brain damage can be affected by inner speech.

c) inner speech is important to our sense of self.

d) the lack of inner speech can lead us to reflect on who we are.

e) without inner speech, short-term memory disappears.

(C) これから放送する講義を聞き，(16) ～ (20) の問題に対して，それぞれ最も適切な答えを一つ選び，マークシートの (16) ～ (20) にその記号をマークせよ。

(16) According to the lecture, what is forensics?

a) The analysis of the reliability of enhanced audio recordings.

b) The analysis of witness accounts.

c) The use of advanced technology in criminal courts.

d) The use of DNA evidence to convict a suspect.

e) The use of scientific methods to investigate a crime.

(17) In this lecture, the instructor tells us that DNA evidence

a) can be too easy to manipulate in some cases.

b) can give a false sense of confidence to the court.

c) is certainly available.

d) is most likely inaccurate.

e) is not always reliable.

(18) According to the instructor, it is

a) challenging to identify specific voices.

b) difficult to know whether a person is tired from a recording.

c) easy to match a voice with a recording.

d) important to record witness statements.

e) impossible to use a recording to convict a criminal.

(19) Which of the following statements about "enhanced audio recordings" is NOT correct?

a) It can give the listeners a false impression.

b) It is produced by manipulating the speech signal.

c) It is sometimes presented to criminal courts.

d) It makes the court more confident.

e) It makes the recording easier to understand.

(20) According to the instructor, the transcript of the audio recording

a) can be misleading.

b) can never be used in court.

c) is fairly reliable.

d) is usually of very poor quality.

e) must be presented to the court.

2021 年

音声ファイル
21_01 ～ 21_03

英語の聞き取り試験時間は約30分。

3 放送を聞いて問題 (A), (B), (C) に答えよ。(A) と (B) は内容的に関連している。(C) は独立した問題である。(A), (B), (C) のいずれも 2 回ずつ放送される。

- 聞き取り問題は**試験開始後 45 分**経過した頃から約 30 分間放送される。
- 放送を聞きながらメモを取ってもよい。
- 放送が終わったあとも，この問題の解答を続けてかまわない。

(A) これから放送するのは，絵画の贋作について，美術研究者 Noah Charney に行ったインタヴューである。これを聞き，(6) ～ (10) の問いに対して，それぞれ最も適切な答えを一つ選び，マークシートの (6) ～ (10) にその記号をマークせよ。

(6) What is "craquelure"?

a) Faults caused by covering a painting over time.

b) Lines produced by paint expanding and contracting.

c) Marks produced by spiders on the surface of a painting.

d) Patterns produced by worms eating through a painting.

e) Stains on a painting produced by artists.

(7) Of all the people Charney writes about, why is Eric Hebborn his favorite?

a) Because he has the same level of skill as the artists whose work he copies.

b) Because he has written several books on the subject of faking art.

c) Because he invented numerous techniques for imitating paintings.

d) Because he is the most famous.

e) Because he is the only person to successfully reproduce craquelure.

(8) Which of the following statements about wormholes is NOT true?

a) They are difficult to reproduce mechanically.

b) They are not regularly shaped.

c) They are one of the most difficult aspects of a painting to copy.

d) They are produced by insects eating the painting.

e) They can easily be reproduced by using the right kind of tools.

(9) According to Charney, the reason many fake paintings are not recognized as such is that

a) few works of art undergo close examination.

b) specialists seldom look at the frame of a painting.

c) the fakers have too many ways to imitate paintings.

d) there are not enough effective ways to identify fake paintings.

e) we have too little knowledge about how paintings change over time.

(10) We can distinguish an imitation from an authentic work most clearly

a) by checking that the style matches other known works by the artist.

b) by identifying the precise material used in the painting.

c) by looking at the writing and other marks on the back of the painting.

d) by studying the documented history attached to the painting.

e) by using the latest scientific techniques to test the painting.

(B) これから放送するのは，司会者と Noah Charney による，(A) と内容的に関連した会話である。これを聞き，(11) ～ (15) の問いに対して，それぞれ最も適切な答えを一つ選び，マークシートの (11) ～ (15) にその記号をマークせよ。

(11) Which of the following is NOT mentioned by Charney as a feature of the fake Rothko painting?

a) It is a large painting.

b) It is an abstract painting.

c) It is painted in Rothko's style.

d) It is painted on a canvas once used by Rothko.

e) It uses red and black.

(12) According to the dialogue, the painting resembles a work of Rothko so much that it deceived

a) Noah Charney.

b) the chairman of Sotheby's.

c) the columnist who first wrote about it.

d) the judge in a Manhattan court.

e) the reporter covering the trial.

(13) Where is the painting now?

a) It has been destroyed.

b) It is being used for education.

c) It is in a courtroom.

d) It is in a museum collection.

e) It is in Noah Charney's possession.

(14) Which of the following does the art world usually rely on to decide whether a painting is authentic?

a) Analysis of style.

b) Documented history.

c) Expert opinion.

d) Record of ownership.

e) Rigorous testing.

(15) Which of the following statements is an opinion shared by Noah Charney about art fakes?

a) They bring shame on people who are tricked by them.

b) They should be destroyed to prevent anyone from making a profit from them.

c) They should be preserved for educational purposes.

d) They should be tested scientifically to reveal how they were produced.

e) They should be treated like any other work of art and displayed in a museum.

(C) これから放送する講義を聞き，(16) ~ (20) の問いに対して，それぞれ最も適切な答えを一つ選び，マークシートの (16) ~ (20) にその記号をマークせよ。

注

Mayan　マヤの

ecosystem　生態系

Sumer　シュメール

(16) Which of the following statements does NOT match the collapse of the Mayan civilization?

a) An increasing number of people died as the civilization declined.

b) Some areas continued to flourish in spite of the downfall of the civilization.

c) Some cities were deserted because of the drop in population.

d) Some cultural activities continued until the arrival of the Spanish.

e) The Mayan civilization was destroyed relatively quickly.

(17) Which of the following statements about civilizational collapse is NOT mentioned in the lecture?

a) It is like a forest fire in which an entire ecosystem is forever lost.

b) It is part of a natural process of growth and decline.

c) It made it possible for the nation-state to emerge in Europe.

d) It tends to be seen in negative terms because we usually see history from the viewpoint of elites.

e) We have few records of what happened to the poorest members of a society.

(18) According to the lecture, the collapse of Sumer in ancient Mesopotamia

a) is an example of a decline that only affected cities.

b) led to heavy taxation.

c) took place at the end of the second millennium BCE.

d) was a relief to the lower classes of Sumerian society.

e) was the best thing that could have happened to land owners.

(19) Choose the statement that best matches the lecturer's observations on the blackout in New York in the 1970s.

a) A lot of people were injured by accidents in the subways.

b) Civilizational collapse can take place anywhere and at any time.

c) New York City should have taken more action to reduce crimes.

d) Our reliance on technology is now greater than at any other time.

e) The loss of electricity allowed criminals to escape from prisons.

(20) According to the lecture, modern societies are more likely to collapse than earlier ones because

a) climate change poses an urgent threat.

b) people are anxious about the possibility of a dark future.

c) the world is more interconnected than ever before.

d) their political structures are more fragile.

e) wars now have much greater destructive potential.

2020 年

音声ファイル
20_03

英語の聞き取り試験時間は約30分。

3 放送を聞いて問題 (A), (B), (C) に答えよ。(A) と (B) は内容的に関連している。(C) は独立した問題である。(A), (B), (C) のいずれも 2 回ずつ放送される。

・聞き取り問題は**試験開始後 45 分**経過した頃から約 30 分間放送される。

・放送を聞きながらメモを取ってもよい。

・放送が終わったあとも，この問題の解答を続けてかまわない。

(A) これから放送するのは，心理学者 Gopnik 博士の著書 *The Gardener and the Carpenter* (『庭師と大工』) に関するインタヴューである。これを聞き，(6) ~ (10) の問いに対して，それぞれ最も適切な答えを一つ選び，マークシートの (6) ~ (10) にその記号をマークせよ。 （**編集注**：音声は省略）

(6) Which of the following statements does NOT match the carpenter concept of parenting?

a) It assumes parenting is like shaping basic materials into a particular form.

b) It includes a clear idea of the final goal of parenting.

c) It involves following a specific plan for raising children well.

d) It is the dominant model of parenting in the developed world today.

e) It requires cooperation between parents and other active agents.

(7) Which of the following changes in human society has been more important for producing the dominant model of parenting in the developed world?

a) The development of an industrial economy.

b) The emergence of higher education.

c) The reduced experience of caring for children before having one's own.

d) The rise of large, extended families.

e) The shift from hunting and gathering to settled agricultural society.

(8) Which of the following statements is NOT mentioned in the interview?

a) In modern society, people often start a family without first having the experience of caring for children.

b) Parenting began to change in the 20th century.

c) Parenting has been viewed as similar to going to school or working.

d) Parenting will go more smoothly if you first have a successful career.

e) Some parents look for the right manual in order to bring up their children well.

(9) Which of the following does Gopnik mention as a reason why humans have an especially long childhood?

a) It allows them to acquire language.

b) It allows them to become more flexible and adaptable.

c) It allows them to develop a larger brain.

d) It allows them to experience life more fully.

e) It allows them to protect their surrounding environment.

(10) Based on this conversation, which of the following statements best describes the views of Gopnik and the host, Vedantam?

a) Gopnik and Vedantam both prefer the carpenter model.

b) Gopnik and Vedantam both prefer the gardening model.

c) Gopnik and Vedantam find much to appreciate in both models.

d) Gopnik prefers the carpenter model, but Vedantam prefers the gardening model.

e) Gopnik prefers the gardening model, but Vedantam prefers the carpenter model.

(B)　これから放送するのは，司会者 (Vedantam) と Gopnik 博士，Webb 博士の 3 人による，(A) と内容的に関連した会話である。これを聞き，(11) ~(15) の問いに対して，それぞれ最も適切な答えを一つ選び，マークシートの (11) ~(15) にその記号をマークせよ。　(**編集注**：音声は省略)

(11)　According to Gopnik, what is a likely outcome of the carpenter model of parenting?

a)　Children will achieve more by taking chances.

b)　Children will be better able to deal with uncertainty.

c)　Children will be more likely to be cautious.

d)　Children will be well-balanced in their later life.

e)　Children will benefit from greater freedom.

(12)　According to Vedantam, what does Gopnik argue?

a)　Children learn valuable lessons by taking risks.

b)　Children need to develop specialized skills from an early age.

c)　Parents need to have specific goals for their children.

d)　The carpenter model is designed to increase the child's sense of freedom.

e)　The current culture of parenting needs only minor adjustments to be successful.

(13)　What objection does Webb raise to Gopnik's argument?

a)　Giving children a lot of freedom can limit their future opportunities.

b)　If you are going to be free of anxiety, you need a structured life.

c)　If you are going to succeed, you need to try a lot of things before choosing one.

d)　In order to be an Olympic athlete, you must start taking lessons before the age of fourteen.

e)　Success in life is based on a child's natural ability.

(14) What does Gopnik think about the problem Webb describes?

a) Children should be encouraged to trust their parents.

b) Children should not be expected to work that hard in order to succeed.

c) Parents in a competitive culture should make great demands of their children.

d) Parents should give children every advantage possible to help them succeed.

e) We should feel sympathy for parents in this situation.

(15) What conclusion does Webb finally draw from this discussion?

a) Life is like an unfair competition.

b) Most models of parenting do not prepare children well enough for life.

c) Not enough parents understand how to help their children succeed in life.

d) Parenting can be a very unrewarding activity.

e) The real problem lies in society.

(C) これから放送する講義を聞き，(16) ~ (20) の問いに対して，それぞれ最も適切な答えを一つ選び，マークシートの (16) ~ (20) にその記号をマークせよ。

(16) Which scientific advance made the recent progress in speed breeding possible?

a) Better space flight technology.

b) Developments in LED technology.

c) Improvements in climate control technology.

d) More efficient methods of harvesting.

e) The invention of the carbon arc lamp.

(17) When did scientists in China achieve their breakthrough in making one of the world's vital food crops resistant to a disease?

a) 2002

b) 2004

c) 2008

d) 2012

e) 2014

(18) Which of the crops listed below is NOT used to illustrate how gene editing has protected plants from disease?

a) Bananas

b) Barley

c) Rice

d) Soybeans

e) Wheat

(19) Which of the following is NOT mentioned as a location where research projects are currently carried out?

a) Australia

b) China

c) Europe

d) India

e) South Korea

(20) According to Hickey, meeting the future challenges of food security will require

a) continuing advances in speed breeding.

b) efforts to control population growth.

c) new breakthroughs in gene editing.

d) the application of all available technologies.

e) the development of new tools.

2019年

音声ファイル
19_01 ~ 19_03

英語の聞き取り試験時間は約30分。

3 放送を聞いて問題 (A), (B), (C) に答えよ。(A) と (B) は内容的に関連している。(C) は独立した問題である。(A), (B), (C) のいずれも 2 回ずつ放送される。

- 聞き取り問題は**試験開始後 45 分**経過した頃から約 30 分間放送される。
- 放送を聞きながらメモを取ってもよい。
- 放送が終わったあとも，この問題の解答を続けてかまわない。

(A) これから放送するのは，文化人類学者 Turner 博士による講義である。これを聞き，(7) ~ (11) の問いに対して，それぞれ最も適切な答えを一つ選び，マークシートの (7) ~ (11) にその記号をマークせよ。

(7) Which of the following best describes the location where the lecture is being held?

a) A center of local government.

b) A ski resort.

c) A university town.

d) An ancient historical site.

e) An athletic training field.

(8) What example does the lecturer give of ancient sports helping people find their places in society?

a) Sports as training for combat.

b) Sports functioning as a rite of passage.

c) Sports occurring in a religious ceremony.

d) Sports representing an ideal social order.

e) Sports serving as an early form of education.

(9) Which of the following does not match any of the core elements of team sports mentioned by the lecturer?

a) Ability.

b) Discipline.

c) Luck.

d) Rules.

e) Tactics.

(10) Which of the following best describes the chief goal of team sports for school systems?

a) They want students to become good citizens.

b) They want students to obey rules and respect authority.

c) They want students to practice fair play.

d) They want students to show consideration for others.

e) They want students to value teamwork.

(11) Near the end of Dr. Turner's lecture, he argues that modern team sports appear to place supreme value on ___(ア)___ but, in fact, ___(イ)___ is of equal importance.

(*Each choice contains a pair of expressions that can fill in the blanks to complete the sentence.*)

a) (ア) effort　(イ) cheating

b) (ア) fair play　(イ) victory

c) (ア) skill　(イ) chance

d) (ア) the group　(イ) the individual

e) (ア) winning　(イ) losing

(B) これから放送するのは，司会者とDeBoer博士，Van Klay博士の3人による，(A)と内容的に関連した会話である。これを聞き，(12)～(16)の問いに対して，それぞれ最も適切な答えを一つ選び，マークシートの(12)～(16)にその記号をマークせよ。

(12) Why does Van Klay object to Turner's analysis?

a) He thinks Turner's analysis doesn't match the contemporary world.

b) He thinks Turner's analysis doesn't put enough emphasis on socialization.

c) He thinks Turner's analysis focuses too much on team sports.

d) He thinks Turner's analysis is too Western-oriented.

e) He thinks Turner's analysis puts too much emphasis on politics.

(13) What new thesis does Van Klay add to the discussion about sports?

a) Sports can never play a role in social or political reform.

b) Sports do not reflect core values in every society.

c) Sports reflect real life, not entertainment.

d) The values reflected by a sport differ from society to society.

e) When a sport moves from one society to another, it no longer reflects core values.

(14) DeBoer says that Van Klay is unfair to Turner because

a) Turner actually agrees with Van Klay.

b) Turner did not have a chance to hear Van Klay's objection.

c) Van Klay does not accurately describe Turner's argument.

d) Van Klay's point is not relevant to the context Turner was analyzing.

e) Van Klay's thesis is not proven.

(15) What is the final conclusion drawn by DeBoer from the example of the rugby player?

a) It is difficult to come out as gay in a sport like rugby.

b) It is hard to come out in a conservative society.

c) Society and sports can influence each other.

d) Society can change a sport for the better.

e) Sports like rugby are too male dominated.

(16) DeBoer believes a sport can have its greatest impact when

a) it challenges established assumptions.

b) it has little or no political meaning.

c) it is changed by progressive attitudes.

d) it teaches a sense of proper fair play.

e) it teaches us how to follow the rules of the game.

(C) これから放送する講義を聞き，(17) ~ (21) の問いに対して，それぞれ最も適切な答えを一つ選び，マークシートの (17) ~ (21) にその記号をマークせよ。

(17) Which of the following best corresponds to one of the lecturer's early childhood memories?

a) Collecting rocks by the sea.

b) Finger-painting on a playground.

c) Seeing a movie about ocean creatures.

d) Tracing letters in his bedroom.

e) None of the above.

(18) Before the 1980s, most psychologists thought that early childhood memories

a) are blocked out for self-protection.

b) are built in a "construction zone."

c) are naturally unstable.

d) have only a 40% chance of being remembered.

e) will persist in a distorted form.

(19) Which of the following is <u>not</u> a finding from a study conducted in the 1980s?

a) At 6 months of age, memories last for at least a day.

b) At 9 months of age, memories last for a month.

c) At the age of 2, memories last for a year.

d) Children $4\frac{1}{2}$ years old can recall detailed memories for at least 18 months.

e) The memories of children aged 3 and under persist, but with limitations.

(20) Which of the statements below was a finding of the 2005 study?

a) Children create memories faster than adults, but then forget faster as well.

b) Children's memories vanish as they build up adult experiences.

c) Five-and-a-half-year-olds retain 80% of the memories formed at age 3.

d) Seven-and-a-half-year-olds retain half of the memories formed at age 3.

e) Three-year-olds only retain 14% of their memories.

(21) The lecturer most wants to claim that:

a) Childhood memories are lost because they are formed in a brain that is rapidly developing.

b) Our earliest memories are more reliable than once thought.

c) The infant brain is still developing, which gives it great flexibility.

d) We forget most of our childhood memories so that we can retain the most valuable ones.

e) We have more links between brain cells in early childhood than in adulthood.

2018年

音声ファイル
18_01 ~ 18_03

英語の聞き取り試験時間は約30分。

3 放送を聞いて問題(A), (B), (C)に答えよ。(A)と(B)は内容的に関連している。(C)は独立した問題である。(A), (B), (C)のいずれも2回ずつ放送される。

- 聞き取り問題は**試験開始後45分**経過した頃から約30分間放送される。
- 放送を聞きながらメモを取ってもよい。
- 放送が終わったあとも，この問題の解答を続けてかまわない。

(A) これから放送するのは，あるラジオ番組の一部である。これを聞き，(6) ~ (10)の問いに対して，それぞれ最も適切な答えを一つ選び，マークシートの(6) ~ (10)にその記号をマークせよ。なお，放送の中で使われているumbilical cordという表現は「へその緒」という意味である。

(6) According to Dr. Gisemba, what is one risk that the "Cord" system has traditionally protected against?

a) The risk of losing money due to theft.

b) The risk of getting involved in too many obligations.

c) The risk of harm to mother and child during pregnancy.

d) The risk of losing cattle due to extended periods without rain.

e) The risk of large-scale loss of cattle in a community-wide epidemic.

(7) Which of the following best describes the way the "Cord" system works in actual practice?

a) It is like the umbilical cord that connects a mother and her unborn child.

b) As with friendship groups, members can freely ask each other for favors.

c) Everyone is connected to one other person who will help in times of difficulty.

d) In times of trouble, people in the same network must volunteer to help each other.

e) Assistance is always given on request from anyone in your network when it is needed.

(8) What is the "puzzling fact" referred to by Dr. Gisemba?

a) Humans are the most generous animals.

b) Even chimpanzees are not generous to each other.

c) Small children try to help adults when they drop something.

d) Humans tend not to help others if there is no advantage to themselves.

e) When small children see an adult drop something, they know it is accidental.

(9) What is Dr. Gisemba's "main interest" in studying the Maasai?

a) The Maasai help us understand how herding cultures reduce risk.

b) The Maasai help us understand the development of human generosity.

c) The Maasai show how modern societies can preserve or increase generosity.

d) The Maasai are a good example of a culture in which generosity is a fundamental feature.

e) The Maasai show how a single system can protect a society against many different risks.

(10) Which sentence below best matches the main finding of the computer simulation?

a) Generous individuals tend to live longer.

b) Generous societies are as successful as more selfish societies.

c) Individuals who are part of a family system live longer than those who are not.

d) Communities survive better when giving is practiced without expectation of being repaid.

e) When a very severe problem affects an entire community, giving generously can make things worse.

(B) これから放送するのは(A)のラジオ番組の続きである。これを聞き，(11)～(15)の問いに対して，それぞれ最も適切な答えを一つ選び，マークシートの(11)～(15)にその記号をマークせよ。

(11) What, according to Mr. Park, is the main danger of "giving freely"?

a) If people do not work, they will eventually become unemployable.

b) It encourages people to receive something without giving anything back.

c) People who are given things for free stop wanting to do things for themselves.

d) In a society where free giving is very common, it stops being appreciated.

e) When people are given things for free, they gain no sense of accomplishment.

(12) What, according to Mr. Park, is one important way in which modern urban societies differ from Maasai society?

a) The Maasai have fewer material needs.

b) The Maasai have a stronger instinct for generosity.

c) The Maasai do not have a tax system to redistribute income.

d) The Maasai are more likely to be jealous of their neighbors' wealth.

e) The Maasai find it easier to know whether those around them are in trouble.

(13) According to Dr. Gisemba, how does the *kerekere* system in Fiji encourage generous behavior?

a) Fijians tend to be generous towards loyal friends.

b) Fijians tend to be generous to those who need the money most.

c) Fijians with a reputation for being generous tend to be rewarded.

d) Fijians work hard so that they can be more generous with their money.

e) Fijians with a reputation for being generous give away more money than others.

(14) Based on the conversation, which of these statements would Dr. Gisemba be most likely to agree with?

a) Society is becoming less kind towards the poor.

b) Societies where wealth can be easily hidden are less generous.

c) People are unlikely to try to cheat within systems of generosity.

d) Modern financial systems make it easier to redistribute money from rich to poor.

e) No society can be considered civilized as long as some people have excessive wealth.

(15) Based on the conversation, which of these statements does Mr. Park agree with?

a) Governments should not help the poor.

b) The basic needs of the poor should be met by charities.

c) Systems of free giving may work in small communities.

d) The tax system should be replaced with voluntary donations.

e) We should not be more generous to friends than to strangers.

(C) これから放送するのは，海洋で見られるある現象に関する講義である。これを聞き，(16) ~ (20) の文それぞれの空所に入れるのに最も適切な表現を一つ選び，マークシートの (16) ~ (20) にその記号をマークせよ。

(16) Monster waves are more _______ than previously thought.

a) common

b) enormous

c) forceful

d) predictable

e) sudden

(17) Evidence suggests that the monster wave that hit the German cargo ship was at least _______ meters high.

a) 9

b) 12

c) 20

d) 26

e) 27

(18) In 2003, a survey using satellite images found 10 waves that were 25 meters or more in height within a period of _______.

a) one week

b) three weeks

c) ten weeks

d) one year

e) ten years

(19) The special claim of the new theory is that _______.

a) it is better to think of waves in terms of their energy

b) waves should not necessarily be treated as individuals

c) wave formation is even more unpredictable than we thought

d) individual waves can pass through or merge with other waves

e) an early warning system for monster waves will be difficult to develop

(20) The narrator suggests that, in the future, we may find ways to protect against the threat of monster waves, such as _______.

a) preventing their formation

b) increasing awareness of them among sailors

c) reducing the impact of global warming on ocean systems

d) designing structures that can withstand being hit by them

e) ensuring that fewer lives are lost when ships are sunk by them

2017年

音声ファイル
17_01～17_03

英語の聞き取り試験時間は約30分。

3 放送を聞いて問題(A)，(B)，(C)に答えよ。

注　意

・聞き取り問題は**試験開始後 45 分**経過したころから約 30 分間放送される。

・放送を聞きながらメモを取ってもよい。

・放送が終わったあとも，この問題の解答を続けてかまわない。

聞き取り問題は大きく三つに分かれている。(A)と(B)は内容的に関連している。(C)は独立した問題である。(A)，(B)，(C)のいずれも二回ずつ放送される。

(A)　これから放送するのは，囲碁（Go）についての講義である。これを聞き，(6)～(10)の問いに対して，それぞれ正しい答えを一つ選び，マークシートの(6)～(10)にその記号をマークせよ。

(6) Why, according to the speaker, was Deep Blue able to defeat Kasparov?

a) Kasparov did not take the match seriously.

b) Deep Blue was receiving help from some human experts.

c) Deep Blue's processing power was too much for Kasparov.

d) The stress of playing against a computer was too much for Kasparov.

(7) Some people argued that Go would be a better test of computer intelligence than chess because

a) Go depends more on recognising visual patterns.

b) Go players are said to be cleverer than chess players.

c) it takes a longer time to become skilful at Go than at chess.

d) there are too many possibilities in a game of Go to analyse.

(8) Before the March 2016 match against Lee Sedol, AlphaGo

a) played many practice games against itself.

b) won a match against a strong European amateur.

c) won a match against a Go professional by four games to one.

d) played many practice games against various human opponents.

(9) AlphaGo's victory against Lee was impressive because

a) it still showed certain weaknesses.

b) it was far more powerful than Deep Blue.

c) it was able to find creative and original moves.

d) it was able to calculate many more possibilities.

(10) Choose the least appropriate title for this passage.

a) From Deep Blue to AlphaGo

b) Is Human Intelligence Unique?

c) Recent Increases in Computer Power

d) The Evolution of Computer Intelligence

(B) これから放送するのは，二人の男性（Alex と Daniel）と一人の女性（Megan）による，(A)と内容的に関連した会話である。これを聞き，(11)〜(15)の問いに対して，それぞれ正しい答えを一つ選び，マークシートの(11)〜(15)にその記号をマークせよ。

(11) According to Megan, what is one reason why humans are sometimes worse at making decisions than computers?

a) Humans make decisions based on faulty information.

b) Humans become distracted by their subjective desires.

c) Humans give up too easily when faced with unpleasant decisions.

d) Humans are not good at choosing among a large number of options.

(12) According to Megan, how do chess programs make decisions?

a) The programs evaluate the opponent's playing style.

b) The programs use moves from previously played games.

c) The programs evaluate each possible move systematically.

d) The programs use moves based on input from human experts.

(13) Why does Alex not want computers to make important decisions?

a) Computer programs can pose security risks.

b) Computers have no sense of right and wrong.

c) Computer programs often crash and have bugs.

d) Computers have no personal interest in what they decide.

(14) According to Megan, how might computers be more "caring" than human doctors?

a) Computers can be programmed to interpret the feelings of patients.

b) Computers can calculate the amount of medicine each patient needs.

c) Computers can be programmed to interact more warmly with patients.

d) Computers can encourage patients to share personal information more easily.

(15) What is one reason Daniel is worried about computers?

a) He thinks that they might start a war.

b) He thinks that they might control the human race.

c) He thinks that they might take over the police force.

d) He thinks that they might eliminate the need for people to work.

(C)　これから放送するのは，ナイジェリア出身の作家による，姉 Uche についての回想である。これを聞き，(16)～(20)の問いに対して，それぞれ正しい答えを一つ選び，マークシートの(16)～(20)にその記号をマークせよ。

(16)　The speaker has been close to her sister Uche ever since

a)　Uche calmed her crying regularly.

b)　Uche stopped her from crying on the stairs.

c)　Uche became attached to her at four years old.

d)　Uche led her by the hand around their new house.

(17)　Uche was considered tough because

a)　she would ignore insults.

b)　she would wear boy's clothes.

c)　she would use rough language.

d)　she would ignore social expectations.

(18)　Uche once

a)　made a dress from materials she found.

b)　apologized for hitting the neighbor's son.

c)　cooked okra with liver sauce for the speaker.

d)　took sandals from her mother without asking.

(19)　Which of the following is not a way the sisters are described to differ?

a)　patience

b)　hair style

c)　toughness

d)　occupation

(20) Which of the statements best summarizes the speaker's description of her sister?

a) Uche is curious and bold.

b) Uche is strong and caring.

c) Uche is rich and generous.

d) Uche is talkative and intelligent.

2016年

音声ファイル
16_01〜16_03

英語の聞き取り試験時間は約30分。

3 放送を聞いて問題(A)，(B)，(C)に答えよ。

注　意

・聞き取り問題は**試験開始後 45 分**経過した頃から約 30 分間放送される。

・放送を聞きながらメモを取ってもよい。

・放送が終わったあとも，この問題の解答を続けてかまわない。

聞き取り問題は大きく三つに分かれている。(A)と(B)は内容的に連続している。(C)は独立した問題である。(A)，(B)，(C)のいずれも二回ずつ放送される。

(A) これから放送するのは，あるラジオ番組の一部である。これを聞き，(6)〜(9)の問いに対して，それぞれ正しい答えを一つ選び，マークシートの(6)〜(9)にその記号をマークせよ。

(6) According to the speaker, what was important about the sale of the painting?

a) It was sold to an anonymous buyer.

b) It was sold for much less than the estimate.

c) It was sold during a historic online auction.

d) It was sold at the highest price for any painting in a public auction.

(7) According to the speaker, how does Picasso's painting differ most clearly from the Delacroix painting that inspired it?

a) The degree of originality.

b) The location of the scene.

c) The liveliness of the image.

d) The number of woman shown.

(8) According to the speaker, how is Picasso's painting connected to Henri Matisse?

a) It was a gift from Picasso to Matisse.

b) It uses colors that Matisse often used.

c) It is based on themes borrowed from Matisse.

d) It was Picasso's first painting after Matisse's death.

(9) According to the speaker, the price of the painting increased ...

a) from $250,000 in 1956 to $179,000,000 now.

b) from $32,000 in 1956 to $179,000,000 in 1997.

c) from $32,000,000 in 1997 to $179,000,000 now.

d) from $250,000 in 1956 to $179,000,000 in 1997.

(B) これから放送するのは，(A)の続きである。司会者に加えて，女性 (Fatima Nasser) と男性 (Lucas Mendez) が出演している。これを聞き，(10)～(15)の問いに対して，それぞれ正しい答えを一つ選び，マークシートの(10)～(15)にその記号をマークせよ。

(10) What does Fatima Nasser say about a painting's value?

a) It is determined by the reputation of the artist.

b) It is determined by the artistic quality of the work.

c) It is determined by the budgets of major museums.

d) It is determined by the highest price that is offered for it.

(11) According to Lucas Mendez, what can happen to the value of privately

owned masterpieces?

a) It can increase because they can no longer be criticized.

b) It can decrease because young artists cannot study them.

c) It can increase because museums continue to compete to display them.

d) It can decrease because private owners might not take sufficient care of them.

(12) According to Lucas Mendez, why do people pay such high prices for paintings like this?

a) Because they believe the paintings are masterpieces.

b) Because they believe their own social status will be enhanced.

c) Because they believe it is better than putting money in the bank.

d) Because they believe the paintings should be preserved for future generations.

(13) Which of the following is <u>not</u> mentioned by Fatima Nasser as reason why people buy art?

a) To increase their wealth.

b) To educate their children.

c) To leave as an inheritance.

d) To appreciate the art itself.

(14) On which point are Fatima Nasser and Lucas Mendez most likely to agree?

a) "Women of Algiers" is a very good painting.

b) Road and bridges should not be privately owned.

c) Selling artworks privately might reduce their value.

d) Paintings like "Woman of Algiers" should be sold only to genuine art lovers.

⒂ What does the moderator say is the main topic of the next *Art in Focus*?

a) A supposed fake that was found to be genuine.

b) A famous masterpiece that was found to be a fake.

c) A modern painter who sells his original paintings for millions of dollars.

d) A former criminal who is now earning a reputation for his own paintings.

(C) これから放送する講義を聞き，⒃～⒇の問いに対して，それぞれ正しい答えを一つ選び，マークシートの⒃～⒇にその記号をマークせよ。

⒃ What does the speaker say about mosquitoes biting people?

a) 20% of people are rarely or never bitten.

b) 20% of people are bitten more often than others.

c) 20% of people are not protected from bites by insect spray.

d) Scientists have discovered a new treatment for bites that works for 20% of people.

⒄ Which of the following does the speaker not say?

a) Mosquitoes bite people in order to get proteins from them.

b) Most people release a chemical indicating their blood type.

c) 15% of mosquitoes are unable to distinguish a person's blood type.

d) People with Type B blood are bitten by mosquitoes more often than people with Type A blood.

⒅ According to the speaker, what is one reason why children are bitten less than adults?

a) Children move around more than adults.

b) Children have smoother skin than adults.

c) Children breathe out less CO_2 than adults.

d) Children notice mosquitoes on their skin more than adults.

(19) According to the speaker, why do people tend to get bitten on their ankles and feet?

a) Because those parts of the body tend to be exposed.

b) Because those parts of the body tend to sweat more.

c) Because those parts of the body have a lot of bacteria.

d) Because those parts of the body are not as sensitive to the touch.

(20) What is the "good news"?

a) It might be possible to modify mosquito genes so they do not bite people.

b) It might be possible to modify human genes to keep mosquitoes away naturally.

c) Natural blood proteins might be utilized to make people resistant to mosquito bites.

d) Chemicals naturally produced by mosquito-resistant people might be utilized to make more effective sprays.

2015年

音声ファイル
15_01～15_03

英語の聞き取り試験時間は約30分。

3 放送を聞いて問題(A)，(B)，(C)に答えよ。

注　意

・聞き取り問題は**試験開始後 45 分**経過した頃から約 30 分間放送される。

・放送を聞きながらメモを取ってもよい。

・放送が終わったあとも，この問題の解答を続けてかまわない。

聞き取り問題は大きく三つに分かれている。(A)と(B)は内容的に連続しており，(B)は(A)をふまえたうえでの問題である。(C)は独立した問題である。

(A)，(B)，(C)のいずれも二回ずつ放送される。

(A)　これから放送するのは，あるラジオ番組の一部である。これを聞き，(6)～(10)の問いに対して，それぞれ正しい答えを一つ選び，マークシートの(6)～(10)にその記号をマークせよ。

(6) What will be the most important feature of the new telescope?

a) It will be able to magnify up to 800 times.

b) It will strengthen international cooperation and goodwill.

c) It will collect more light than all existing telescopes combined.

d) It will correct and sharpen images distorted by the earth's atmosphere.

(7) Which claim is not made by the speaker?

a) The new telescope will be built 3,000 metres above sea level.

b) The new telescope will be built in the middle of the Atacama Desert.

c) The new telescope will use technology derived from telescopes based in space.

d) The new telescope will have a mirror larger than that of any current telescope.

(8) The telescope's main mirror is made up of reflective plates which are:

a) 5 centimetres wide.

b) 100 centimetres wide.

c) 140 centimetres wide.

d) 800 centimetres wide.

(9) The speaker refers to several advantages of the location of the new telescope. Which of the following is not mentioned?

a) It has very clean air.

b) It is one of the driest places on earth.

c) It is in a country with low construction costs.

d) It has a view of the southern sky, which is more interesting to astronomers.

(10) Which of the following is not mentioned as a positive outcome of the project?

a) More young people may want to become scientists.

b) Relations among the countries sponsoring the project will be improved.

c) It will make it possible for future telescopes to use computers to correct distorted images.

d) It will stimulate technological progress that will contribute to the development of things other than telescopes.

(B) これから放送するのは，(A)の内容について，一人の女性 (Jodi) と二人の男性 (Shawn と David) が行なった会話である。これを聞き，(11)～(15)の問いに対して，それぞれ正しい答えを一つ選び，マークシートの(11)～(15)にその記号をマークせよ。

NOTE
An asteroid is a rocky object in space smaller than a planet.

(11) Which incorrect detail do the speakers agree on?
a) The size of the new telescope's mirror.
b) The identity of the world's driest desert.
c) The identity of the new telescope's builders.
d) The general reason for putting the facilities underground.
e) The effect of conditions at the observatory on the telescope's performance.

(12) Which detail are the speakers clearly unable to agree on?
a) The size of the new telescope's mirror.
b) The identity of the world's driest desert.
c) The identity of the new telescope's builders.
d) The general reason for putting the facilities underground.
e) The effect of conditions at the observatory on the telescope's performance.

(13) What does Shawn probably do for a living?
a) He is a barber.
b) He is a comedian.
c) He is a researcher.
d) He is an eye doctor.

⒁ David is doubtful about the telescope project. Which of the following gives his main reason for feeling doubtful?

a) The giant telescope may provide great images of space, but that won't justify the cost.

b) Nations build giant telescopes in order to gain status, but that strategy never succeeds.

c) The money used to build the giant telescope would be better spent on things like urban towers.

d) The giant telescope won't tell us about the current state of the universe, only about how it used to be.

⒂ When Jodi says the new telescope may help humans find a new planet if the earth is struck by a giant asteroid, what specific fact does Shawn point out?

a) The new planet might not support human life.

b) The new planet might be hit by an asteroid after humans settle there.

c) The new planet might have been hit by an asteroid by the time humans see it.

d) The new planet might be hit by an asteroid while humans are on the way to it.

(C) これから放送する講義を聞き，⒃～⒇の問いに対して，それぞれ正しい答えを一つ選び，マークシートの⒃～⒇にその記号をマークせよ。

NOTE

Text messages are short, written messages sent and received by mobile phones.

(16) Based on the lecture, which of the following statements is true?

a) The speaker thinks e-mail was initially a good thing.

b) Before 1992, text messages combined intimacy and speed.

c) The speaker believes she can say exactly when the revolution began.

d) Before about 1995, there was one nightly news broadcast each evening.

(17) Which of the following would the speaker probably regard as the worst aspect of the new communication technologies?

a) They are highly addictive.

b) They have made it harder for us to concentrate.

c) Correct spelling and punctuation have declined.

d) Communication has become shorter and less personal.

(18) Which of the following does the speaker mention as a positive aspect of the new technologies?

a) They have expanded communication.

b) They have helped to promote democracy.

c) They have allowed us to go into things more deeply.

d) They have brought people together for music and dancing.

(19) On average, students scored 20% lower on tests when they:

a) studied alone before taking the test.

b) accessed the web while taking the test.

c) checked their e-mail while taking the test.

d) received text messages while taking the test.

(20) According to the speaker, how are some young people resisting the changes she describes?

a) By sounding the alarm.

b) By explaining what we have lost.

c) By adopting older ways of living.

d) By trying to live without electricity.

2014年

音声ファイル
14_01～14_03

英語の聞き取り試験時間は約30分。

3 放送を聞いて問題(A)，(B)，(C)に答えよ。

注　意

・聞き取り問題は**試験開始後 45 分**経過した頃から約 30 分間放送される。

・放送を聞きながらメモを取ってもよい。

・放送が終わったあとも，この問題の解答を続けてかまわない。

聞き取り問題は大きく三つに分かれている。(A)，(B)，(C)はそれぞれ独立した問題である。(A)，(B)，(C)のいずれも二回ずつ放送される。

(A)　これから放送する講義を聞き，(1)～(5)の問いに対して，それぞれ正しい答えを一つ選び，その記号を記せ。

(1)　Why were there no zoos in prehistoric times?

ア　Because wild animals were frightening.

イ　Because wild animals were thought to be sacred.

ウ　Because wild animals were a normal part of everyday life.

エ　All of the above

(2)　According to the speaker, what did the Seventeenth Century French philosopher René Descartes say about animals?

ア　He said that animals should not be bought and sold.

イ　He said that children should have contact with animals.

ウ　He claimed that animals' souls are part of their physical bodies.

エ　He claimed that animals are fundamentally different from human beings.

(3) According to the speaker, what happened in the Industrial Era?

ア　Children spent less time playing outdoors.

イ　Zoos began to imitate nature more realistically.

ウ　Children spent more time with imitation animals.

エ　Zoos began to appear more frequently in literature and art.

(4) According to the speaker, what happened in the Twentieth Century?

ア　People began to prefer cute animals as pets.

イ　People began to treat their pets like children.

ウ　Animal toys and cartoon characters became a big business.

エ　Animal toys and cartoon characters were given human characteristics.

(5) According to the speaker, what can we learn from zoos?

ア　That animals are a gift to us from nature.

イ　That we need to preserve not only animals but all of nature.

ウ　That real nature is different from the nature that we imagine.

エ　That human life and nature are two aspects of the same phenomenon.

(B) これから放送するのは，あるラジオ番組でなされたインタビューの模様である。これを聞き，(1)〜(5)の問いに対して，それぞれ正しい答えを一つ選び，その記号を記せ。

(1) Which of the following does Dr. Lillian <u>not</u> mention about medieval trade fairs?

ア　They focused on easily transportable products.

イ　They were held regularly in the same locations.

ウ　Their main purpose was buying and selling goods.

エ　Their products included textiles, spices, and leather.

(2) According to Dr. Lillian, which of the following describes Nineteenth Century fairs?

ア　The largest fair was held in London.

イ　National governments helped to sponsor the fairs.

ウ　Entertainment was increasingly used to advertise products.

エ　New business methods changed the buying and selling process.

(3) Which of the following technologies does Dr. Lillian not mention as having been promoted at a world's fair?

ア　Satellites.

イ　Television.

ウ　Electric lighting.

エ　Moving sidewalks.

(4) According to Dr. Lillian, what did the 2010 Shanghai expo prove?

ア　That world's fairs are still popular.

イ　That world's fairs can still be profitable.

ウ　That world's fairs are good for the environment.

エ　That world's fairs can promote international understanding.

(5) According to Dr. Lillian, what is the main reason people continue to enjoy going to world's fairs?

ア　Because they find the total experience so powerful.

イ　Because they enjoy attending with many other people.

ウ　Because they find the latest technologies so fascinating.

エ　Because they enjoy seeing in person what they've already seen through the media.

(C)　これから放送するのは，あるテレビ番組についてのAshleyとVictorの会話である。これを聞き，(1)～(5)の問いに対して，それぞれ正しい答えを一つ選び，その記号を記せ。

(1)　Ashley and Victor are having a conversation. What day is it?

ア　Saturday.

イ　Sunday.

ウ　Monday.

エ　Unknown.

(2)　Victor identifies some bad results of bosses' unpleasant characteristics. Which of the following does Victor not mention?

ア　Employees might quit.

イ　Employees might work less.

ウ　Employees might not feel respected.

エ　Employees might become dishonest.

(3)　According to Ashley, how do some employers get workers to accept sacrifices willingly?

ア　By being charming and clever.

イ　By being friendly and unselfish.

ウ　By being decisive and respectful.

エ　By being demanding and aggressive.

(4) According to Victor, which of the following might solve what is wrong with some businesses today?

ア Training executives to have better management skills.

イ Creating systems to limit the actions of top executives.

ウ Having workers and managers share company ownership.

エ Bringing more truly nice executives into upper management.

(5) What will be the theme of next week's TV program?

ア Workers' rights.

イ Politics and government.

ウ How kind people can succeed in business.

エ Methods of decision-making in companies.

2013年

音声ファイル

13_01～13_03

英語の聞き取り試験時間は約30分。

3 放送を聞いて問題(A)，(B)，(C)に答えよ。

注　意

・聞き取り問題は**試験開始後 45 分**経過した頃から約 30 分間放送される。

・放送を聞きながらメモを取ってもよい。

・放送が終わったあとも，この問題の解答を続けてかまわない。

聞き取り問題は大きく三つに分かれている。(A)は独立した問題であるが，(B)と(C)は内容的に連続している。(A)，(B)，(C)のいずれも二回ずつ放送される。

(A)　これから放送する講義を聞き，(1)～(5)の問いに対して，それぞれ正しい答えを一つ選び，その記号を記せ。

(1)　What does the speaker say about the concept of "home"?

ア　It emerged slowly over time.

イ　It is a way our minds organize space.

ウ　It is an instinctive part of human nature.

エ　It is actually the same as the concept of "not-home."

(2)　When the speaker returned home from a stay at a friend's house, how had his perception of his home changed?

ア　His home now seemed alien.

イ　His perception of his home had not changed.

ウ　It seemed as if something were missing from his home.

エ　He noticed things in his home he had never noticed before.

(3) According to the speaker, which of the following is correct?

ア　The longer you stay somewhere, the more likely it will become your home.

イ　It is the atmosphere of a place, not the length of time you spend there, that makes you feel at home.

ウ　Even if you live in a place for twenty or thirty years, you might still feel that your home is somewhere else.

エ　You may feel at home anywhere in the world after staying there for a while, but that's just because you have started to forget your real home.

(4) Which of the following is mentioned as an example of a permanent loss of home?

ア　Migration to a new place.

イ　The death of a homeowner.

ウ　Going to live with another family.

エ　Seeing your home as a stranger sees it.

(5) According to the speaker, which of the following describes the concept of home in today's world?

ア　It seems to be losing its value.

イ　It seems threatened by many forces.

ウ　It seems to be changing its meaning.

エ　It seems even more important than it used to be.

(B) これから放送するのは，ある国の議会でなされた発言の模様である。これを聞き，(1)〜(5)の問いに対して，それぞれ正しい答えを一つ選び，その記号を記せ。

(1) According to Dr. Lago, which of the following has been a cause of her country's economic decline?

ア Its tax system.

イ Its trade treaties.

ウ Its business models.

エ Its agricultural practices.

(2) Based on Dr. Lago's account of her country's past, which of the following periods saw the greatest economic prosperity?

ア 1940s – 1950s.

イ 1960s – 1970s.

ウ 1980s – 1990s.

エ Since 2000.

(3) In some deep sea fields, how much of the ocean floor do polymetallic nodules cover?

ア Over seventy percent.

イ Over seventeen percent.

ウ As much as seventy percent.

エ As much as seventeen percent.

(4) In addition to valuable metals, what other ocean resource(s) does Dr. Lago encourage her country to develop?

ア Heat.

イ Bacteria.

ウ Oil and gas.

エ　Tidal power.

(5) Why does Dr. Lago think her country is in a good position to succeed at deep sea mining?

ア　Because it is near the ocean.

イ　Because it has advanced robot technology.

ウ　Because it has a good shipbuilding industry.

エ　Because it has a strong onshore mining industry.

(C) これから放送するのは，(B)に続く議論である。これを聞き，(1)〜(5)について，放送の内容と一致するように，それぞれ正しい答えを一つ選び，その記号を記せ。

(1) Representative Passy wants to know more about

ア　who owns the resources.

イ　where to find the resources.

ウ　how to obtain the resources.

エ　what the potential value of the resources is.

(2) Representative Schoene wants to know

ア　if the resources can be easily located.

イ　if the technology exists to collect the resources.

ウ　if deep sea mining will damage the environment.

エ　if his country has the right to mine the resources.

(3) What is the most important concern raised about the International Seabed Authority?

ア It is subject to the United Nations.

イ Its decisions may not be accepted by everyone.

ウ It might be influenced by a few large countries.

エ It has not yet developed guidelines to regulate deep sea mining.

(4) What does Representative Acklyte warn about the long-term effect of destroying the areas around hydrothermal vents?

ア The long-term effect is unknown.

イ The ocean food chain will be upset.

ウ The sea floor will become less fertile.

エ The marine environment will become more polluted.

(5) Based on Dr. Lago's reply to Representative Acklyte, one can conclude that Dr. Lago thinks ___(A)___ is more important than ___(B)___.

ア (A) providing jobs

(B) protecting the environment

イ (A) developing technology

(B) studying biological systems

ウ (A) what's happening here on land

(B) developing deep sea resources

エ (A) developing her country's economy

(B) respecting international law

2012年

音声ファイル
12_01～12_03

英語の聞き取り試験時間は約30分。

3 放送を聞いて問題(A), (B), (C)に答えよ。

注　意

・聞き取り問題は**試験開始後45分**経過した頃から約30分間放送される。

・放送を聞きながらメモを取ってもよい。

・放送が終わったあとも，この問題の解答を続けてかまわない。

聞き取り問題は大きく三つに分かれている。(A)は独立した問題であるが，(B)と(C)は内容的に連続している。(A), (B), (C)のいずれも二回ずつ放送される。

(A)　これから放送するのは，ラジオ番組の一部である。放送の内容と一致するように(1)～(3)の問いに答えよ。次の図は放送に基づいて作られたメモである。

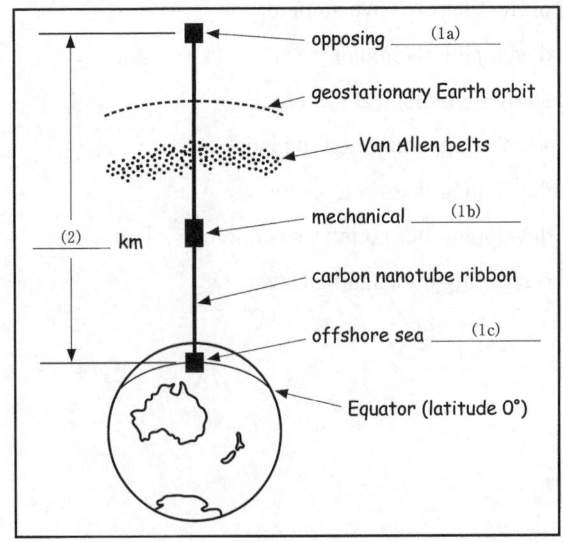

⑴　放送で使われている英単語一語を用いて空所(1a)～(1c)を埋めよ。

⑵　空所⑵に数字を入れよ。

⑶　(3a)～(3c)の問いに対して，それぞれ正しい答えを一つ選び，その記号を記せ。

(3a)　Which possible negative aspect of the new transportation system is raised by Mary and not by the other speakers?

ア　Slow rates of travel.
イ　Exposure to radiation.
ウ　Collisions with satellites.
エ　Insufficient strength and flexibility of the ribbon.

(3b)　How does Andrew feel about travelling on the new transportation system?

ア　He thinks a ticket would be too expensive.
イ　He doesn't like the idea of the risks involved.
ウ　He wants to try it because NASA designed it.
エ　He would rather travel on it with someone else.

(3c)　What topic is going to be discussed next on the programme?

ア　An urban planning project.
イ　The psychology of adventure.
ウ　A new development in Earth science.
エ　The high technology employed at Disneyland.

(B) これから放送するのは，文化人類学 (cultural anthropology) の講義である。これを聞き，(1)〜(5)の問いに対して，それぞれ正しい答えを一つ選び，その記号を記せ。

(1) According to the lecture, which goal of cultural anthropology is illustrated by recent studies of sporting events?

ア To make the strange seem familiar.

イ To make the familiar seem strange.

ウ To increase our understanding of human rituals.

エ To increase our understanding of human communities.

(2) In which way is American football similar to a modern corporation, according to some scholars?

ア It is based on the core values of capitalism.

イ It reflects Americans' common social identity.

ウ It stresses cooperation through specialization.

エ It is divided into units with different functions.

(3) Which of the following is NOT mentioned as a core value of capitalism?

ア Efficiency.

イ Hard work.

ウ Cooperation.

エ Obeying authority.

(4) Which of the following is used to support the view that football is a ritual that celebrates the basic forces of nature?

ア The relationship between the rhythm of the game and the cycle of life.

イ The relationship between the rules of the game and the laws of physics.

ウ　The relationship between the schedule of games and the seasons of the year.

エ　The relationship between the conflicts in the game and the struggle for survival.

(5) Which of the following is NOT mentioned with regard to football and war?

ア　The military origins of football.

イ　The increasing violence of football.

ウ　The discipline and courage expected of soldiers.

エ　The protective equipment worn by football players.

(C) これから放送するのは，(B)の講義のあとでなされた先生と学生二人(Peter と Linda)の会話である。これを聞き，(1)〜(5)の問いに対して，それぞれ正しい答えを一つ選び，その記号を記せ。

(1) Why is Peter dissatisfied with the scholars' explanations of American football?

ア　Because he thinks only one explanation can be correct.

イ　Because he thinks there must be another, better explanation.

ウ　Because he thinks the explanations reveal the scholars' prejudices.

エ　Because he thinks it is inappropriate for scholars to study sports like American football.

(2) Which of the following explanations for Japan's low crime rate is NOT mentioned?

ア　Japan's low birthrate.

イ　Japan's culture of respect.

ウ　Japan's community-based policing.

エ　Japan's relative economic equality.

(3) Which of the following agrees with the lecturer's comments about the simplicity of sports?

ア The simpler a sport is, the more popular it will be.

イ Being simple is not enough to make a sport popular.

ウ Attempts to simplify sports in order to make them more popular rarely succeed.

エ It can take a long time for even a simple sport to become popular worldwide.

(4) What does the lecturer imply about the scholars' explanations of American football?

ア Some of those explanations can be applied to soccer's popularity as well.

イ Some of those explanations also suggest why American football is not popular worldwide.

ウ The existence of various explanations suggest why American football is popular in the United States.

エ The existence of various explanations suggests that the study of American football is still in its early stages.

(5) How does the lecturer explain the global popularity of soccer?

ア He doesn't.

イ He links it to the fact that people play soccer in their childhood.

ウ He says that soccer has various symbolic meanings that touch people at many deep levels.

エ He says that people all over the world enjoy soccer because the rules are easy to understand.

2011年

音声ファイル
11_01～11_03

英語の聞き取り試験時間は約30分。

3 放送を聞いて問題(A)，(B)，(C)に答えよ。

注　意

・聞き取り問題は**試験開始後 45 分**経過した頃から約 30 分間放送される。

・放送を聞きながらメモを取ってもよい。

・放送が終わったあとも，この問題の解答を続けてかまわない。

聞き取り問題は大きく三つに分かれている。(A)は独立した問題であるが，(B)と(C)は内容的に連続している。(A)，(B)，(C)のいずれも二回ずつ放送される。

(A)　これから放送する講義を聞き，(1)～(5)の各文が放送の内容と一致するように，それぞれ正しい答えを一つ選び，その記号を記せ。

(1) According to the dictionary, one meaning of the word 'landscape' is

ア a visually attractive area of land.

イ a visual representation of an area of land.

ウ an area of land shaped by human activities.

エ a personal interpretation of an area of land.

(2) For Kenneth Clark, a landscape is

ア any picture of a place.

イ an area of countryside.

ウ an artistically skilful painting of a place.

エ a transformation of countryside into a painted image.

(3) According to the lecturer, landscape is created by a photographer when he or she

ア imagines a place before going there.

イ prints his or her picture of the place.

ウ looks through the viewfinder at the place.

エ presses the shutter button to take a picture of the place.

(4) According to the lecturer, our ways of seeing landscape have been most strongly shaped by

ア the visual prejudices of artists.

イ the landscape images we have seen.

ウ our private experiences in art galleries.

エ our conscious knowledge of landscape art.

(5) The lecturer concludes by saying that the term 'landscape' refers to

ア an area of land enjoyed by a viewer.

イ a widely known image of an area of land.

ウ an area of land which has been mentally processed by a viewer.

エ an area of land which different people interpret in a similar way.

(B) これから放送するのは，19世紀中頃にアメリカ合衆国で作られた，Brook Farmという共同体 (community) についての講義である。講義が放送された後，その内容に関する問い(1)～(5)が放送される。(1)～(5)の問いに対して，それぞれ正しい答えを一つ選び，その記号を記せ。

(1) ア The usual retirement age.

イ The process of applying for jobs.

ウ The maximum length of the work day.

エ The amount of work done by each worker.

(2) ア Their homes.
イ Their education.
ウ Their medical care.
エ Their use of the public baths.

(3) ア From contributions.
イ From financial investments.
ウ By charging a membership fee.
エ By selling things to nonmembers.

(4) ア The members had no private property.
イ The members lived and worked together.
ウ The members took turns doing every job.
エ The members bought food and other items together.

(5) ア To develop new farming methods.
イ To start a new political movement.
ウ To live a better life in the country than in the city.
エ To create a model for more efficient business and trade.

(C) これから放送するのは，(B)に続く，先生と学生二人(Lisa と Hector)の討論の模様である。これを聞き，(1)～(5)の各文が放送の内容と一致するように，それぞれ正しいものを一つ選び，その記号を記せ。

(1) Lisa thinks that many societies today are similar to the Brook Farm experiment in that
ア old people are supported by society.
イ all children are required to go to school.
ウ people have the freedom to live their lives as they choose.

エ women and men are paid the same amount for the same work.

(2) Lisa says that company presidents

ア earn more than store clerks.

イ produce more than store clerks.

ウ work longer hours than store clerks.

エ are more highly educated than store clerks.

(3) Hector would probably agree that a farmer who can grow better vegetables should earn

ア an amount based on the price of his vegetables.

イ an amount based on the quantity of vegetables he grows.

ウ more than other farmers because of his special knowledge.

エ the same amount as other farmers because all people are equal.

(4) Lisa believes that human beings are naturally competitive,

ア but she also thinks that they are capable of change.

イ but she also recognizes the importance of cooperation.

ウ and she thinks that competition can lead to new ideas.

エ and she does not think that society can be based on cooperation.

(5) The experiment at Brook Farm ended because

ア the members started to disagree.

イ the Association suffered financial losses.

ウ the number of members gradually declined.

エ members started moving to other experimental communities.

2010年

音声ファイル
10_01～10_03

英語の聞き取り試験時間は約30分。

3 放送を聞いて問題(A)，(B)，(C)に答えよ。

注　意

・聞き取り問題は**試験開始後45分**経過した頃から約30分間放送される。

・放送を聞きながらメモを取ってもよい。

・放送が終わったあとも，この問題の解答を続けてかまわない。

聞き取り問題は大きく三つに分かれている。(A)，(B)，(C)はそれぞれ独立した問題である。(A)と(B)は放送を聞いてその内容について答える問題，(C)は音声を聞いて書き取る問題（ディクテーション）である。(A)，(B)，(C)のいずれも二回ずつ放送される。

(A)　これから放送する講義を聞き，(1)～(5)の問いに対して，それぞれ最も適切な答えを一つ選び，その記号を記せ。

(1)　Which of the following is NOT mentioned as a reason why some people associate libraries with death?

ア　People in libraries speak quietly.

イ　Trees are killed in order to make printed books.

ウ　Libraries contain many books about ancient history.

エ　The authors of many library books died a long time ago.

(2)　According to the speaker, what, essentially, is a “book”?

ア　Anything that is alive.

イ　Anything that is printed on paper.

ウ　Any idea that can be expressed in words.

エ　Any collection of words that can be remembered.

(3)　Which of the following does the speaker NOT mentioned?

ア　People who told stories by drawing pictures.

イ　People who sang songs about current events.

ウ　People who used body gestures to tell stories.

エ　People who retold stories that they had heard.

(4)　Why does the speaker regard the Internet as a library?

ア　Because it is accessible to anyone.

イ　Because it contains a large collection of "books."

ウ　Because it preserves "books" for future generations.

エ　Because it contains information from throughout the world.

(5)　According to the speaker, why is the Internet "alive"?

ア　Because it is constantly changing.

イ　Because it conveys up-to-the-minute information.

ウ　Because it contains the words of many living people.

エ　Because its links are like the nerves in a human brain.

(B)　これから放送するのは，二人のアメリカ人 Jim と Alice の会話である。引き続いて，その日本人の友人 Shota がある同窓会で行ったスピーチが放送される。それらを聞き，(1)～(5)について，放送の内容と一致するものがある場合はそれをア，イ，ウから選び，また一致するものがない場合はエを選んで，その記号を記せ。

(1) Jim and Alice felt sad because

ア they feared what might happen after graduation.

イ they thought that they hadn't studied as much as they should have.

ウ they believed that they hadn't done their club activities as well as they could have.

エ いずれも一致しない。

(2) Before graduation, Jim thought

ア that he wanted to spend the rest of his life traveling.

イ that he wanted to travel and then look for a job again.

ウ that he wanted to spend the rest of his life working in the mountains.

エ いずれも一致しない。

(3) Shota says

ア that his club activities influenced his career choice.

イ that his friends Jim and Alice influenced his career choice.

ウ that his experience in the United States influenced his career choice.

エ いずれも一致しない。

(4) Shota has returned to the United States

ア during his trip around the world.

イ to visit his former classmates Jim and Alice.

ウ in order to attend the reunion of his high school class.

エ いずれも一致しない。

(5) Alice

ア is in Japan temporarily.

イ continues to work on Wall Street part-time.

ウ had to quit her job at a college in order to move to Japan.

エ　いずれも一致しない。

(C)　以下の文章が放送と一致するように空所(　1　)～(　6　)を埋めよ。

Sometimes we learn by imitation. We look around for somebody who is doing (　1　) in a way that we admire or at least accept. And then we take that person as an example to follow.

Now, of course, we call that person a role model, but inventing that term (　2　) on the part of sociologists. They began by talking about reference groups, the "groups whose behavior serves as a model for others." There are also reference individuals, "particular people that we imitate."

In the 1950s, the sociologist Robert K. Merton (　3　) people who serve as patterns for living and role models, whom we imitate in specific roles like studying insects, playing basketball, or parenting. We find the latter term in an article about the "student-physician" in 1957: "By the time students enter law or medical school, (　4　) were made earliest are most likely to have a role model."

Today, Merton's careful distinction is long forgotten by everyone, except perhaps sociologists. Nowadays role models can model whole lives (　5　). We seek good role models to follow and criticize those who are bad role models. And we know that when we grow up, for better or worse, (　6　) role models, too.

2009年

音声ファイル
09_01～09_03

英語の聞き取り試験時間は約30分。

3 放送を聞いて問題(A)，(B)，(C)に答えよ。

注　意

・聞き取り問題は**試験開始後 45 分**経過した頃から約 30 分間放送される。

・放送を聞きながらメモを取ってもよい。

・放送が終わったあとも，この問題の解答を続けてかまわない。

聞き取り問題は大きく三つのパートに分かれている。Part A，Part B，Part C はそれぞれ独立した問題である。Part A と Part B は放送を聞いてその内容について答える問題，Part C は音声を聞いて書き取る問題（ディクテーション）である。それぞれのパートごとに設問に答えよ。Part A，Part B，Part C のいずれも２回ずつ放送される。

(A)　これから放送する講義を聞き，(1)～(6)の問いに対して，各文が放送の内容と一致するように，それぞれ正しいものを一つ選び，その記号を記せ。

(1)　According to the speaker, the majority of people

ア　believe to some extent in ghosts.

イ　doubt the existence of ghosts and UFOs.

ウ　think everything can be explained by science.

エ　are attracted by things which cannot be explained by science.

(2) The speaker divides people who have strong opinions about the paranormal into two groups. According to the speaker, the first group consists of people who

ア are anti-scientific.

イ are trying to hide the truth.

ウ want scientific explanations.

エ doubt reports of unexplained happenings.

(3) In the speaker's opinion, the second group of people who have strong opinions about the paranormal are

ア inflexible.

イ knowledgeable.

ウ reasonable.

エ superstitious.

(4) The speaker tells us that when Edison invented the electric lamp, there were some researchers who

ア believed he had made an electric lamp and so went to see it.

イ did not believe he had made an electric lamp and so did not go to see it.

ウ did not believe he had made an electric lamp until after they had seen it.

エ believed he had made an electric lamp but did not bother to go and see it.

(5) According to the speaker, when the Wright brothers made their first flights

ア nobody believed they had done it.

イ people didn't believe journalists' reports that they had done it.

ウ ordinary local people believed they had done it, but journalists did not.

エ　local journalists believed they had done it, but national journalists did not.

(6) What interests the speaker most about people who believe in the paranormal is

ア　how they argue for it.

イ　why they believe in it.

ウ　their attitude to scientific evidence.

エ　their claim that the paranormal exists.

(B) これから放送するのは，味覚に関する，スーザン，ジョン，デイヴ，３人の学生の会話である。これを聞き，(1)～(5)の問いに対して，各文が放送の内容と一致するように，それぞれ正しいものを一つ選び，その記号を記せ。

(1) Susan at first mistakenly believes that

ア　the human tongue can detect only four basic tastes.

イ　we generally like the tastes of things which are good for us.

ウ　human beings are able to distinguish thousands of different tastes.

エ　complex tastes are made up of different proportions of basic tastes.

(2) John claims that we dislike bitter things because they are bad for us. Dave shows his disagreement by

ア　arguing that coffee is poisonous.

イ　giving him some strong dark chocolate.

ウ　explaining that bitter things give us energy.

エ　pointing out that some people love bitter tastes.

(3) According to John,

ア more than 2,000 researchers have accepted *umami* as a basic taste.

イ the *umami* taste is identified by the same set of detectors as sweetness.

ウ *umami* has only recently been accepted by scientists outside Japan as a basic taste.

エ foods with the *umami* taste were not eaten in Japan until about a hundred years ago.

(4) What Dave finds "very amusing" is

ア the idea that poisonous mushrooms have a basic taste.

イ the thought of Susan investigating poisonous mushrooms.

ウ Susan's suggestion that he eat some poisonous mushrooms.

エ his own comment about the evolution of poisonous mushrooms.

(5) At the end of the conversation, Dave learns that

ア some people like to eat curry every day.

イ the hotness of curry is not a basic taste.

ウ we enjoy the taste of curry because it's good for us.

エ some curries are so hot that they are almost painful to eat.

(C) 以下の文章が放送と一致するように空所(1)～(4)を埋めよ。

The world presently uses about 86 million barrels of oil a day. Some of this oil is burned to provide heat or to power cars and trucks, (　1　) to produce plastics and fertilizers for agriculture. Unfortunately, according to a theory called Peak Oil, the world's oil production has now reached its maximum. The theory admits that there is still a lot of oil in the ground and under the sea, but it argues that almost all the oil which is easy to extract and process（　2　）. For example, an important new find in the Gulf of Mexico, announced in 2006, lies more than eight kilometres below the sea. What's more, it would provide enough for only two years of US consumption, at present levels. No one knows how steep（　3　）will be, or exactly when it will begin. But it seems clear that the coming shortage of oil will affect（　4　）: food, transport and heating are all daily necessities.

2008年

音声ファイル
08_01～08_03

英語の聞き取り試験時間は約30分。

3 放送を聞いて問題(A)，(B)，(C)に答えよ。

注　意

・聞き取り問題は**試験開始後 45 分**経過した頃から約 30 分間放送される。

・放送を聞きながらメモを取ってもよい。

・放送が終わったあとも，この問題の解答を続けてかまわない。

聞き取り問題は大きく三つのパートに分かれている。Part A は独立した問題であるが，Part B と Part C は内容的に連続している。それぞれのパートごとに設問に答えよ。Part A，Part B，Part C のいずれも 2 回ずつ放送される。

(A)　これから放送する講義を聞き，(1)～(5)の問いに対して，それぞれ正しい答えを一つ選び，その記号を記せ。

(1)　Which of the following is NOT mentioned as a responsibility of the civil servants in the castle?

ア　Flood control.

イ　Tax collection.

ウ　Religious education.

エ　Forest management.

(2) What was the purpose of the elections which the speaker says were recently held?

ア To elect a new king.

イ To help voters get used to voting.

ウ To elect the government of the country.

エ To make sure ordinary people hold positions in government.

(3) What is the colour of the policy which the speaker says the voters rejected?

ア Red.

イ Green.

ウ Blue.

エ Yellow.

(4) Which of the following is NOT mentioned as a major change since 1961?

ア A rise in the birth rate.

イ An improvement in people's health.

ウ The development of the transport system.

エ An increase in the number of people who can read.

(5) Which of the following is the best explanation of the concept of "national happiness" in Bhutan?

ア Economic growth brings happiness.

イ Democracy is the way to future happiness.

ウ The future of the people is in their own hands.

エ Social stability is more important than being rich.

(B) これから放送するのは，ある集合住宅の建設をめぐる関係者の議論である。これを聞き，(1)，(3)，(4)，(5)については，各文が放送の内容と一致するように，それぞれ正しいものを一つ選び，その記号を記せ。(2)については数字で解答を記せ。

(1) The person who works for the local government is

ア Mr. Clarence.

イ Bob Newton.

ウ Helen Palmer.

エ Mr. Wellington.

(2) The size of the building site is approximately ________ square metres.

(3) Helen Palmer tells the meeting that the site

ア used to be a small park.

イ already has some houses on it.

ウ belongs to the local government.

エ is a convenient and uncomplicated shape.

(4) Because of local government building regulations, the architects are forbidden to

ア make the walls curved or bent.

イ use less than 60% of the site area.

ウ make the building higher than 10 metres.

エ use a colour not approved by the residents.

(5) Helen Palmer shows the others three plans. Which of the following is the most accurate overhead drawing of Plan B?

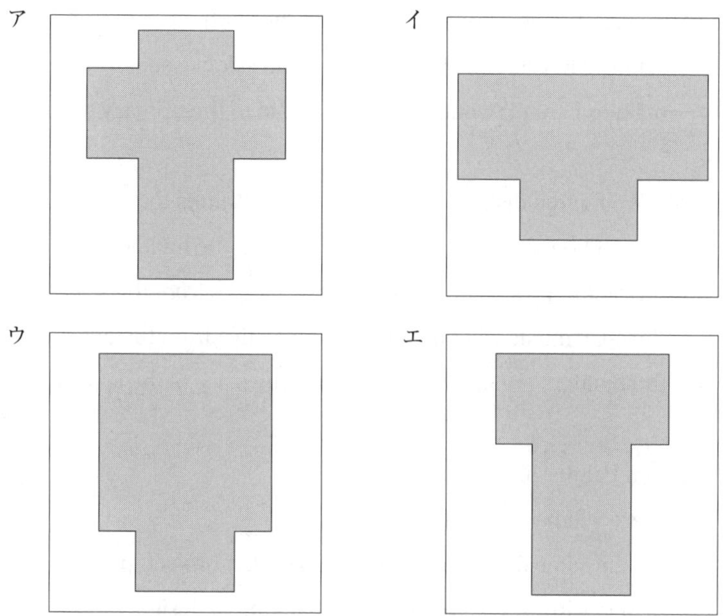

(C) これから放送するのは，Part B に続く議論の模様である。これを聞き，(1)～(4)については，各文が放送の内容と一致するように，それぞれ正しいものを一つ選び，その記号を記せ。(5)については英語で解答を記せ。

(1) Mr. Wellington objects to Plan A because he thinks that

ア there might be accidents in Fennel Avenue.

イ it would be dangerous for people going to work.

ウ local children might be hit by cars which are leaving the parking area.

エ children from the new apartments would have to walk along Lime Street to get to school.

(2) Bob Newton proposes to deal with Mr. Wellington's objection by

ア improving safety in Fennel Avenue.

イ moving the new buildings a little to the south.

ウ asking Mr. Clarence to think about the safety issues.

エ making Fennel Avenue the access road to the primary school.

(3) Mr. Wellington dislikes Plan C because he thinks that

ア it would be nicer to have a garden area in the middle.

イ the building will be more than three metres from the street.

ウ the apartments will not look very attractive from the outside.

エ the builders are unwilling to reduce the price of the apartments.

(4) Helen Palmer likes Plan C because

ア there will be more parking space.

イ it's the same design as a successful earlier project.

ウ people with young children like that kind of design.

エ the square structure is less flexible and therefore safer.

(5) At the end of the discussion, the following exchange takes place. Fill in the blank with the exact words you hear.

Mr. Wellington: Don't you agree?

Helen Palmer: Well, I do think we have a great deal to talk about, gentlemen. But ____

____

____________________? I'd like to show you a video presentation about one of our — very successful — earlier projects.

2007年

音声ファイル
07_01〜07_03

英語の聞き取り試験時間は約30分。

3 放送を聞いて問題(A)，(B)，(C)に答えよ。

注　意

・聞き取り問題は**試験開始後45分**経過した頃から約30分間放送される。

・放送を聞きながらメモを取ってもよい。

・放送が終わったあとも，この問題の解答を続けてかまわない。

聞き取り問題は大きく三つのパートに分かれている。Part A は独立した問題であるが，Part B と Part C は内容的に連続している。それぞれのパートごとに設問に答えよ。Part A，Part B，Part C のいずれも2回ずつ放送される。

(A)　これから放送する講義を聞き，(1)〜(5)の各文が放送の内容と一致するように，それぞれ正しいものを一つ選び，その記号を記せ。

(1)　According to the speaker, walking was most popular in the period

ア　around 1800.

イ　around 1870.

ウ　around 1900.

エ　around 1970.

(2)　According to the speaker, the most usual kind of walking in recent times is

ア　walking as exercise.

イ　walking for pleasure.

ウ　walking to and from cars.

エ　walking around in city parks.

(3) The speaker gives several reasons why people avoid walking in the suburbs. One reason which he does *not* mention is that such walking

ア　is boring.

イ　is strange.

ウ　is inefficient.

エ　is dangerous.

(4) When the speaker calls San Francisco a "walking city," he means that

ア　San Franciscans usually walk a lot.

イ　San Francisco is easy to walk around in.

ウ　San Francisco's streets are very spacious.

エ　San Francisco has not been affected by the suburbanization of the mind.

(5) Nowadays, according to the speaker, people generally seem willing to walk only

ア　about fifty yards.

イ　for about ten minutes.

ウ　for about five minutes.

エ　about a quarter of a mile.

(B) これから放送するのは，アフリカのある社会慣習についての人類学 (anthropology) の講義である。これを聞き，(1)については英語で解答を記し，(2)～(5)については，各文が放送の内容と一致するように，それぞれ正しいものを一つ選び，その記号を記せ。

(1) The speaker (Professor Shelby) says the following sentence. Fill in the blank with the exact words you hear.

Evans-Pritchard went to central Africa in the late 1920s to study the Azande people, their traditional ______________________.

(2) The speaker tells us that the Azande believed that

ア a witch was often able to cure illness.

イ witchcraft is a natural talent or ability.

ウ a witch was not able to live in the daylight.

エ witchcraft consists in the conscious use of magic.

(3) According to Evans-Pritchard's description, an Azande oracle

ア is a test for witchcraft.

イ protects the Prince from death.

ウ is a way of making someone ill.

エ increases suspicion between neighbours.

(4) The chicken oracle might fail in various ways. According to the speaker, one reason it might fail is that

ア an ordinary chicken might have been used.

イ the witch might not be aware of the problem.

ウ the chicken might be too suspicious to eat the poison.

エ anger and resentment might interfere with the oracle's results.

(5) According to the speaker, Azande beliefs about magic helped their society to run smoothly because

ア witches were usually polite.

イ the Prince protected witches.

ウ　people knew that oracles could be unreliable.

エ　only witches who had inherited their power were punished.

(C)　これから放送するのは，Part B に続く教室での討論の模様である。これを聞き，(1)，(2)，(4)，(5)については，各文が放送の内容と一致するように，それぞれ正しいものを一つ選び，その記号を記せ。(3)については英語で解答を記せ。

(1)　Rumiko mentions her Scottish friend because she thinks that

ア　he believes in a kind of magic.

イ　he often goes to fortune-tellers.

ウ　he has a good sense of humour.

エ　he would probably agree with Joe.

(2)　In Joe's opinion, Azande beliefs about magic are

ア　too cruel to chickens.

イ　held by only a small minority.

ウ　too unreasonable to be worth studying.

エ　not really an important part of their society.

(3)　The following sentences are said by Don when he makes his first point. Fill in the blanks with the exact words you hear.

Professor Shelby wants to explain what holds their society together and makes it work. Why ＿＿＿＿＿＿ that ＿＿＿＿＿＿ good reasons?

(4) According to Professor Shelby, Evans-Pritchard

ア saw that Azande society had changed over time.

イ changed his mind about the nature of anthropology.

ウ needed a translator to communicate with the Azande.

エ realised that anthropologists' motives are often complicated.

(5) When Don says, "I see, thank you", he means that he accepts Professor Shelby's point that

ア anthropology is not a matter of objectively collecting solid facts.

イ Evans-Pritchard might have thought his work would be useful in practice.

ウ anthropology is a matter of translating between different ways of thinking.

エ Evans-Pritchard hoped to help the Azande understand concepts of the family.

2006年

音声ファイル
06_01～06_03

英語の聞き取り試験時間は約30分。

3 放送を聞いて問題(A)，(B)，(C)に答えよ。

注　意

・聞き取り問題は**試験開始後45分**経過した頃から約30分間放送される。

・放送を聞きながらメモを取ってもよい。

・放送が終わったあとも，この問題の解答を続けてかまわない。

聞き取り問題は大きく三つのパートに分かれている。Part Aは独立した問題であるが，Part BとPart Cは内容的に連続している。それぞれのパートごとに設問に答えよ。Part A，Part B，Part Cのいずれも2回ずつ放送される。

(A) これから放送する講義を聞き，(1)～(5)の各文が放送の内容と一致するように，それぞれ正しいものを一つ選び，その記号を記せ。

(1) Daylight Saving Time

ア was first used in Britain in 1907.

イ is also known as Greenwich Mean Time.

ウ means putting the clocks forwards in October.

エ is used in Britain for seven months of the year.

(2) According to William Willett's original proposal, the clocks would be changed

ア a total of eight times a year.

イ once in March and once in October.

ウ　by twenty minutes a month throughout the summer.

エ　on the fourth Sunday of April and the fourth Sunday of September.

(3) Clocks in Britain were put two hours forwards in summer

ア　until 1971.

イ　every year after 1916.

ウ　during the Second World War.

エ　for part of the First World War.

(4) The version of Daylight Saving Time used from 1968 to 1971

ア　was an advantage to British businesses.

イ　was gradually introduced throughout Europe.

ウ　was introduced mainly in order to save energy.

エ　was good for children going to school in winter.

(5) The current time system

ア　makes the winter evenings less dark.

イ　makes it easy for children to play with their friends.

ウ　has been criticised because it leads to road accidents.

エ　has several disadvantages, so is likely to be changed soon.

(B) これから放送するのは，ある架空の新素材に関する記者会見の模様である。これを聞き，(1)，(3)，(4)については，各文が放送の内容と一致するように，それぞれ正しいものを一つ選び，その記号を記せ。(2)と(5)については英語で解答を記せ。

(1) The name "X15"

ア　is sensitive.

イ　is only temporary.

ウ　is already familiar.

エ　is part of a secret code.

(2) The following sentence occurs during Tony's introduction to the press conference. Fill in the blank with the exact words you hear.

But following Dr. Fleming's presentation, ______________________________ ____________ to ask questions.

(3) Dr. Fleming compares X15 to bronze because

ア　they are both relatively easy to make.

イ　they have both developed in three main stages.

ウ　they are both made by a process of combination.

エ　they have both been important in human history.

(4) Nufiber Industries have *not*

ア　combined silicon with a secret material.

イ　made an extremely light and strong material.

ウ　applied X15 to clothing and data transmission.

エ　discovered a new technique for working on materials.

(5) The following sentence occurs near the end of Sally Fleming's presentation. Fill in the blank with the exact words you hear.

Of course, we are still at the beginning of this exciting new field, and we ____ about how to control forces and materials at the microscopic level.

(C) これから放送するのは，Part B に続く記者会見の模様である。これを聞き，(1)〜(5)の各文が放送の内容と一致するように，それぞれ正しいものを一つ選び，その記号を記せ。

(1) Jim Fredriks mentions the *Daily Herald* because

ア Tony asked people to state their organisation.

イ Jim is proud of working for a famous newspaper.

ウ Dr. Fleming thinks the *Daily Herald* is important.

エ the *Daily Herald* often runs articles about science.

(2) Jim Fredriks is concerned about

ア holding back scientific progress.

イ the cost of testing X15 thoroughly.

ウ possible damage to the environment.

エ the unexpectedness of this announcement.

(3) Yoko Suzuki is

ア with K2 Radio.

イ in the third row.

ウ with K2 Fashion.

エ in the second row.

(4) Dr. Fleming says that an important practical advantage of X15 is that

ア it can keep itself clean.

イ it can extend a person's lifetime.

ウ it can be used to make ornaments.

エ it can re-connect after being broken.

(5) Yoko Suzuki says that X15 could be a problem for the fashion industry because

ア it is too expensive to make.

イ it has to be coloured artificially.

ウ people would prefer a natural material like silk.

エ people would not need to buy so many new clothes.

2005年

音声ファイル
05_01～05_03

英語の聞き取り試験時間は約30分。

3 放送を聞いて問題(A)，(B)，(C)に答えよ。

注　意

・聞き取り問題は**試験開始後45分**経過した頃から約30分間放送される。

・放送を聞きながらメモを取ってもよい。

・放送が終わったあとも，この問題の解答を続けてかまわない。

聞き取り問題は大きく三つのパートに分かれている。Part Aは独立した問題であるが，Part BとPart Cは内容的に連続している。それぞれのパートごとに設問に答えよ。Part A，Part B，Part Cのいずれも2回ずつ放送される。

2005

(A) これから放送する講義を聞き，(1)～(5)の問いに答えよ。(1)，(2)，(4)，(5)に関しては記号で，(3)に関しては数字で解答を記せ。

(1) Which one of the following problems with traditional energy sources does the speaker directly mention?

ア The use of coal, oil, and gas contributes to global warming.

イ We are running out of energy sources like coal, oil, and gas.

ウ Coal, oil, and gas are "dirty" forms of energy that cause air pollution.

エ Oil and natural gas production is controlled by a limited number of countries.

(2) Which one of the following problems with nuclear power does the speaker directly mention?

ア Nuclear power plants actually waste natural resources.

イ Nuclear power plants are possible targets for acts of terrorism.

ウ Nuclear power technology can be used to make nuclear weapons.

エ Nuclear power is unpopular in Europe because of major past accidents.

(3) Answer the following questions (a) and (b) by filling in the blanks with numbers.

(a) How many wind power generators are there in Britain today?

There are [　　　a　　　] wind power generators.

(b) What will be the total number of homes in Britain supplied with wind-generated electricity when the new wind farm starts operating?

About [　　　b　　　] homes.

(4) What is the biggest complaint about the new wind farms?

ア Wind farms stand out too much in the landscape.

イ Wind farms do not employ many people or create new jobs.

ウ House prices in areas that have wind farms are going down.

エ Competition from wind farms is destroying the coal-mining industry.

(5) Which of the following best describes Dan Barlow's main point?

ア Preventing climate change is more important than preserving scenery.

イ European know-how should be used to build wind farms around the world.

ウ Environmental groups should stop disagreeing on the wind-farm issue and work together.

エ　Switching to a clean energy source is more important than encouraging environmentalist groups.

(B)　これから放送するのは，あるテレビ番組の一部である。これを聞き，(1)～(5)の問いに答えよ。(1)に関しては英語で，(2)～(5)に関しては記号で解答を記せ。

(1)　Here is the beginning of the programme. Fill in the blanks with the exact words the speaker uses.

On this evening's 'Expert Debate', we welcome two people with very different _____a_____ : Mark Kelly, a well known journalist and author, and Joyce Talbot, a Member of the European Parliament. They're going to discuss whether there should be a new single identity card for _____b_____ the European Union.

(2)　In his report, Jeremy Walker mentions different kinds of cards we already use. Which one does he NOT mention?

ア　a cash card

イ　a credit card

ウ　a library card

エ　a driving licence

(3)　According to the report, why is the ID card now regarded in many European countries as 'an idea whose time has come'?

ア　Global criminal networks are increasingly active in wealthy European Union countries.

イ　More and more people are moving into Europe from beyond its borders to live and work.

ウ　Within the European Union, citizens of any member country can travel, live and work freely.

エ　The European Union is becoming an increasingly popular destination for international tourists.

(4)　According to the report, what is the major advantage that face recognition has over fingerprinting?

ア　It is much cheaper to carry out.

イ　It only requires a simple photograph.

ウ　It does not require the person's cooperation.

エ　It can be operated without expert knowledge.

(5)　At the end of Jeremy Walker's report, he says, 'to some people, the cure seems worse than the disease'. Why do they think so?

ア　Because they think that ID cards will be easily copied.

イ　Because they think that ID cards might be undemocratic.

ウ　Because they think that ID cards will be useful in health care.

エ　Because they think that ID cards might be better than terrorism.

(C)　これから放送するのは，Part B に続くテレビ番組の一部である。これを聞き，(1)～(5)の各文が放送の内容と一致するように，それぞれ正しいものを一つ選び，その記号を記せ。

(1)　According to Joyce Talbot, Britain, France and Germany

ア　think that ID cards should use a magnetic system.

イ　are generally not in favour of the introduction of ID cards.

ウ　probably send more people abroad to work than they receive.

エ　believe that people from other countries will come to live there.

(2) According to Joyce Talbot, European Union countries

ア do not regard each other as reliable.

イ do not yet agree about penalties for refusal.

ウ already have ID cards at governmental levels.

エ have decided most of the details needed for ID cards.

(3) Mark Kelly says that

ア many terrorists have no previous criminal record.

イ there is often insufficient evidence against terrorists.

ウ terrorists are recruited from among common criminals.

エ terrorists would do anything to prevent ID cards being introduced.

(4) Studies carried out by Mark Kelly suggest that

ア face recognition can be confused by make-up.

イ face recognition will be fairly easy to deceive.

ウ face recognition will easily deceive many terrorists.

エ people with narrow lips can easily deceive face recognition.

(5) Mark Kelly says he welcomes public discussion of ID cards, because

ア he believes in democracy.

イ he is sure it will prove his point.

ウ it is dangerous not to consult the public.

エ experts and ordinary people think differently.

2004年

音声ファイル
04_01～04_03

英語の聞き取り試験時間は約30分。

3 放送を聞いて問題(A)，(B)，(C)に答えよ。

注　意

・聞き取り問題は**試験開始後45分**経過した頃から約30分間放送される。

・放送を聞きながらメモを取ってもよいが，解答は解答用紙の所定欄に記入せよ。

・放送が終わったあとも，この解答を続けてよい。

聞き取り問題は，独立した3つのパートに分かれている。それぞれのパートごとに設問に答えよ。Part A，Part B，Part Cのいずれも2回繰り返して放送される。

(A)　これから放送する講義を聞き，次のそれぞれの質問に対する答えが講義の内容と一致するように，それぞれ正しいものを選び，その記号を記せ。

(1)　How many new titles are published in the United States every year?

ア　About 1,000.

イ　About 10,000.

ウ　About 100,000.

エ　About 1,000,000.

(2)　The speaker claims that traditional bookstores offer more choice to customers than chain bookstores. Which of the following kinds of books does she *not* mention as being on sale in traditional bookstores?

ア　Classic books.

イ　Best-selling books.

ウ　Second-hand books.

エ　Books from academic publishers.

(3) What is the idea of "publishing-on-demand"?

ア　Bookstores will only sell books for which there is a great demand.

イ　Customers will be able to find books by pushing a button on a computer.

ウ　Customers will be able to choose the cover and binding of any book they buy.

エ　Books which are less popular will be printed when customers ask for them.

(4) According to the speaker, which of the following is the best thing about shopping in a traditional bookstore? Customers can

ア　look at covers and descriptions of books.

イ　easily find particular books they are looking for.

ウ　easily find the most popular books on the shelves.

エ　often find interesting books that they did not plan to buy.

(5) What is the speaker's conclusion? In the twenty-first century it is likely that

ア　traditional books and traditional bookstores will survive.

イ　chain bookstores will drive traditional bookstores out of business.

ウ　new technology will cause the disappearance of the traditional book.

エ　many slow-selling books will only be available by "publishing-on-demand."

(B) これから放送するのは，あるラジオ番組における司会者とレポーターの会話である。次の文章が会話の内容と一致するように，(1)，(5)，(6)，(10)については，それぞれ選択肢の中から正しいものを１つ選び，その記号を記せ。それ以外の空所については，それぞれ１語の英語を記入せよ。なお，会話のなかに出てくるチーム名，選手名はすべて架空のものである。

In this section of a radio program, Susan Allen introduces the audience to a new (1)[ア author イ book ウ film エ interview]. Her subject is the world of soccer today. Starting with the point that soccer is now enjoyed by an enormous number of people around the world, she first refers to the beginnings of soccer, and then explains that the game began to spread around the world in the late (2)[　　　] century. She mentions an early form of football that was played in (3)[　　　]-century Japan, but notes that it was the (4)[　　　] form of the game that went on to become played and watched all over the world.

Next, she talks about soccer teams and soccer fans at the national level, focusing on the USA. She emphasizes that although (5)[ア Japanese Americans イ Mexican Americans ウ teenagers エ the media] in the USA do not pay much attention to the game, there is a strong interest in soccer among (6)[ア immigrants イ players ウ students エ visitors] from soccer-playing countries. Finally, she moves to the local level, explaining that even local teams today can attract worldwide interest. She identifies three key factors that have helped to make local soccer a global phenomenon: television, the (7)[　　　], and worldwide (8)[　　　].

Finally, she focuses on one particular Italian football team. This team has a lot of international players. She explains how these players have helped the team become well-known, even outside Italy. A new player from Germany, for example, is expected to raise interest in the team in

Germany and northern (9)[　　　　　]. In terms of the club's worldwide popularity, the key word to describe the particular significance of this new team member would be: (10)[ア captain イ famous ウ goal-scorer エ north].

(C) これから放送するのは，不動産会社 (Merton Property Management) に勤務する Tim Roberts が，その会社の管理するアパートの借り主 James Smith からの電話に応じて行った受け答えの一部始終である。次の各文が放送の内容と一致するように，それぞれ正しいものを選び，その記号を記せ。

(1) The first thing Mr. Smith is not satisfied about is that

ア the lift doesn't work.

イ the lights don't work.

ウ the doorbell doesn't work.

エ the refrigerator doesn't work.

(2) Mr. Smith also complains that

ア a window is broken.

イ three windows are broken.

ウ a burglar has broken two windows.

エ the repairman has broken four windows.

(3) Mr. Smith complains later that

ア the bath is blocked.

イ the path is blocked.

ウ he can't unlock the bathroom.

エ he can't unlock the front door.

(4) Mr. Roberts says that staff will start doing the repairs

ア this evening.

イ this weekend.

ウ next Monday.

エ in about three weeks.

(5) The conversation finishes because

ア Mr. Roberts hangs up.

イ the telephone seems to have stopped working.

ウ Mr. Roberts gets a call from another customer.

エ it's five o'clock and Mr. Roberts has to go home.

— MEMO —

— MEMO —

東大入試詳解

第3版①20231208

東大入試詳解 20年

英語 リスニング

第3版

2023~2004

解答・解説編

駿台文庫

はじめに

もはや21世紀初頭と呼べる時代は過ぎ去った。連日のように技術革新を告げるニュースが流れる一方で，国際情勢は緊張と緩和をダイナミックに繰り返している。ブレイクスルーとグローバリゼーションが人類に希望をもたらす反面，未知への恐怖と異文化・異文明間の軋轢が史上最大級の不安を生んでいる。

このような時代において，大学の役割とは何か。まず上記の二点に対応するのが，人類の物心両面に豊かさをもたらす「研究」と，異文化・異文明に触れることで多様性を実感させ，衝突の危険性を下げる「交流」である。そしてもう一つ重要なのが，人材の「育成」である。どのような人材育成を目指すのかは，各大学によって異なって良いし，実際各大学は個性を発揮して，結果として多様な人材育成が実現されている。

では，東京大学はどのような人材育成を目指しているか。実は答えはきちんと示されている。それが「東京大学憲章」（以下「憲章」）と「東京大学アドミッション・ポリシー」（以下「AP」）である。もし，ただ偏差値が高いから，ただ就職に有利だからなどという理由で東大を受験しようとしている人がいるなら，「憲章」と「AP」をぜひ読んでほしい。これらは東大のWebサイト上でも公開されている。

「憲章」において，「公正な社会の実現，科学･技術の進歩と文化の創造に貢献する，世界的視野をもった市民的エリート」の育成を目指すとはっきりと述べられている。そして，「AP」ではこれを強調したうえで，さらに期待する学生像として「入学試験の得点だけを意識した，視野の狭い受験勉強のみに意を注ぐ人よりも，学校の授業の内外で，自らの興味・関心を生かして幅広く学び，その過程で見出されるに違いない諸問題を関連づける広い視野，あるいは自らの問題意識を掘り下げて追究するための深い洞察力を真剣に獲得しようとする人」を歓迎するとある。つまり東大を目指す人には，「広い視野」と「深い洞察力」が求められているのである。

当然，入試問題はこの「AP」に基づいて作成される。奇を衒った問題はない。よく誤解されるように超難問が並べられているわけでもない。しかし，物事を俯瞰的にとらえ，自身の知識を総動員して総合的に理解する能力が不可欠となる。さまざまな事象に興味を持ち，主体的に学問に取り組んできた者が高い評価を与えられる試験なのである。

本書に収められているのは，その東大の過去の入試問題15年分と，解答・解説である。問題に対する単なる解答に留まらず，問題の背景や関連事項にまで踏み込んだ解説を掲載している。本書を繰り返し学習することによって，広く，深い学びを実践してほしい。

「憲章」「AP」を引用するまでもなく，真摯に学問を追究し，培った専門性をいかして，公共的な責任を負って活躍することが東大を目指すみなさんの使命と言えるであろう。本書が，「世界的視野をもった市民的エリート」への道を歩みだす一助となれば幸いである。

駿台文庫 編集部

《東大入試詳解 20 年　英語リスニング　執筆にあたられた先生方》

大島　保彦	勝田　耕史
久保田　智大	駒橋　輝圭
斎藤　資晴	佐山　竹彦
武富　直人	戸澤　全崇
廣田　睦美	増田　悟

掲載内容について

・本書は東京大学・英語入試問題よりリスニング問題のみを掲載しています。リスニング以外の問題につきましては，同シリーズ『東大入試詳解 25 年　英語』(2023 ～ 1999 年度の問題を掲載）をご覧ください。

・著作権の都合上，下記に該当する問題のスクリプト，全訳，音声データにつきましては内容を省略しております。
2023 年度：第 3 問(C) / 2022 年度：第 3 問(A) / 2020 年度：第 3 問(A)，第 3 問(B)

目次

* 2023 年度(C), 2022 年度(A), 2020 年度(A)(B)のスクリプト，全訳，音声は，著作権の都合上，省略します。

音声データのダウンロードについて

1　下記アドレスまたは二次元コードより駿台文庫ダウンロードシステムにアクセスし，**認証コードを入力して「サービスを開始する」を押してください。**

https://www2.sundai.ac.jp/yobi/sc/dllogin.html?bshcd=B3&loginFlg=2

※駿台文庫サイト内，本書籍のページにもリンクがあります。

認証コード：B3 － 96124119
※ダウンロード期限：2028 年 3 月末

※リスニング音声データはご購入者様の特典となりますので，本書籍をお持ちでない方へ認証コードを共有することは禁止しております。
※配信期間は，予告なく変更する場合がございます。

2　ダウンロードする**コンテンツの選択ボタンにチェックを入れ，「ダウンロードを実行」を押してください。**ファイルを1つずつダウンロードしたい場合は，コンテンツを選択してから「ファイル単位選択・ダウンロード画面へ」を押してください。

個別ファイル名の冒頭の数字は，音声ファイル番号を表しています。

（例）

コンテンツ名称	ダウンロード後のファイル名
東大入試詳解リスニング音声 _01	T061511_B3.zip

ファイル名称	ダウンロード後のファイル名
2023 年度　問題（A）	23_01_toudai20_lis.mp3 ↳音声ファイル番号

3　ダウンロードしたデータはお持ちのデバイスに取り込んでご利用ください。詳しくはサイト内「**ダウンロードした音声の使い方**」のページをご参照ください。

※デバイスやソフト，インターネット環境等のご質問に関しては，対応いたしかねます。各製品のメーカー，またはプロバイダ等にご確認ください。
※デバイスに保存した音声はダウンロード期限を過ぎてもご利用いただけます。

音声について

音声データは，スクリプトをもとに弊社で独自に収録したものです。

本番の試験では英文は２回放送されますが，本書ではすべて１回ずつの収録となっております。各ファイルを２回繰り返して聴いてください。

※以下の音声ファイルの配信は，著作権等の理由により，予告なく変更・中断・終了する場合がございます。あらかじめご了承下さい。

音声ファイル番号	収録内容	音声ファイル番号	収録内容
23_01	2023年度　問題（A）	13_01	2013年度　問題（A）
23_02	2023年度　問題（B）	13_02	2013年度　問題（B）
*	2023年度　問題（C）	13_03	2013年度　問題（C）
*	2022年度　問題（A）	12_01	2012年度　問題（A）
22_02	2022年度　問題（B）	12_02	2012年度　問題（B）
22_03	2022年度　問題（C）	12_03	2012年度　問題（C）
21_01	2021年度　問題（A）	11_01	2011年度　問題（A）
21_02	2021年度　問題（B）	11_02	2011年度　問題（B）
21_03	2021年度　問題（C）	11_03	2011年度　問題（C）
*	2020年度　問題（A）	10_01	2010年度　問題（A）
*	2020年度　問題（B）	10_02	2010年度　問題（B）
20_03	2020年度　問題（C）	10_03	2010年度　問題（C）
19_01	2019年度　問題（A）	09_01	2009年度　問題（A）
19_02	2019年度　問題（B）	09_02	2009年度　問題（B）
19_03	2019年度　問題（C）	09_03	2009年度　問題（C）
18_01	2018年度　問題（A）	08_01	2008年度　問題（A）
18_02	2018年度　問題（B）	08_02	2008年度　問題（B）
18_03	2018年度　問題（C）	08_03	2008年度　問題（C）
17_01	2017年度　問題（A）	07_01	2007年度　問題（A）
17_02	2017年度　問題（B）	07_02	2007年度　問題（B）
17_03	2017年度　問題（C）	07_03	2007年度　問題（C）
16_01	2016年度　問題（A）	06_01	2006年度　問題（A）
16_02	2016年度　問題（B）	06_02	2006年度　問題（B）
16_03	2016年度　問題（C）	06_03	2006年度　問題（C）
15_01	2015年度　問題（A）	05_01	2005年度　問題（A）
15_02	2015年度　問題（B）	05_02	2005年度　問題（B）
15_03	2015年度　問題（C）	05_03	2005年度　問題（C）
14_01	2014年度　問題（A）	04_01	2004年度　問題（A）
14_02	2014年度　問題（B）	04_02	2004年度　問題（B）
14_03	2014年度　問題（C）	04_03	2004年度　問題（C）

（2023年12月時点の配信内容）

*2023年度(C)，2022年度(A)，2020年度(A)(B)のスクリプト，全訳，音声は，著作権の都合上，省略します。

出題分析と入試対策

年度	テーマ・問題レベル	問題編ページ	音声ファイル
2023	(A) 「伝書鳩の帰巣における特性の研究」(客観)	4	23_01
	(B) 「大気中の二酸化炭素を減らす取り組み」(客観)	6	23_02
	(C) 「脱成長と生態経済学について」(客観)	8	*
2022	(A) 「ある貝の生体の発見に関する記録」(客観)	10	*
	(B) 「自分の思考を知るにはどうすればよいか」(客観)	12	22_02
	(C) 「科学捜査とその課題」(客観)	13	22_03
2021	(A) 「絵画の贋作について」(客観)	16	21_01
	(B) 「(A)に内容的に関連する会話」(客観)	17	21_02
	(C) 「文明崩壊の正と負の側面について」(客観)	19	21_03
2020	(A) 「2種類の育児」(客観)	22	*
	(B) 「(A)に内容的に関連する会話」(客観)	24	*
	(C) 「食料供給を増やすための科学技術の活用」(客観)	25	20_03
2019	(A) 「現代のチームスポーツの意義」(客観)	28	19_01
	(B) 「(A)に関する2人の専門家の議論」(客観)	30	19_02
	(C) 「幼児期健忘が発生するメカニズム」(客観)	31	19_03
2018	(A) 「マサイ族の相互扶助システムについて」(客観)	34	18_01
	(B) 「相互扶助社会と自立社会の長所と短所」(客観)	36	18_02
	(C) 「巨大波の仕組みとそれに対する備え」(客観)	38	18_03
2017	(A) 「コンピュータ・インテリジェンスの発達」(客観)	40	17_01
	(B) 「(A)に関する三人の会話」(客観)	41	17_02
	(C) 「話者とその姉の関係」(客観)	43	17_03
2016	(A) 「絵画のオークションと金銭的価値」(客観)	45	16_01
	(B) 「(A)に関する三人の会話」(客観)	46	16_02
	(C) 「蚊に刺されやすい人と刺されにくい人」(客観)	48	16_03
2015	(A) 「チリの砂漠に建設予定の天体観測施設について」(客観)	50	15_01
	(B) 「(A)に関する三人の会話」(客観)	52	15_02
	(C) 「インターネット社会が人間の意識に及ぼす影響」(客観)	53	15_03

出題分析と入試対策

年度	テーマ・問題レベル	問題編ページ	音声ファイル
2014	(A)「今日の動物園の役割」(客観)	56	14_01
	(B)「万国博覧会の変遷に関するインタビュー」(客観)	57	14_02
	(C)「出世する上司の特徴に関する対話」(客観)	59	14_03
2013	(A)「homeとは何か」(客観)	61	13_01
	(B)「ある国の議会でなされた発言」(客観)	63	13_02
	(C)「(B)に続く議論」(客観)	64	13_03
2012	(A)「『宇宙エレベーター』についての討論」(記述+客観)	66	12_01
	(B)「アメリカンフットボールについての文化人類学的考察」(客観)	68	12_02
	(C)「(B)に続く先生と学生二人による討論」(客観)	69	12_03
2011	(A)「'landscape' という語の意味」(客観)	71	11_01
	(B)「Brook Farmという共同体についての講義」(客観)	72	11_02
	(C)「(B)に続く先生と学生二人による討論」(客観)	73	11_03
2010	(A)「図書館と『書物』の変遷」(客観)	75	10_01
	(B)「同窓生たちの会話」(客観)	76	10_02
	(C)「ロールモデル」(記述)	78	10_03
2009	(A)「超常現象に対する態度」(客観)	79	09_01
	(B)「味覚」(客観)	81	09_02
	(C)「石油を巡る情勢」(記述)	82	09_03
2008	(A)「ブータンへの民主主義の導入の是非」(客観)	84	08_01
	(B)「集合住宅の建設をめぐる論議」(客観+記述)	86	08_02
	(C)「(B)に続くディスカッション」(客観+記述)	87	08_03
2007	(A)「ウォーキングについて」(客観)	89	07_01
	(B)「アフリカのある社会慣習についての人類学の講義」(客観+記述)	90	07_02
	(C)「(B)に続く教室での討論」(記述+客観)	92	07_03
2006	(A)「イギリスでのサマータイム導入の経緯と問題点」(客観)	94	06_01
	(B)「新素材X15についての記者発表」(客観+記述)	95	06_02
	(C)「(B)に続く会見」(客観)	97	06_03

年度	テーマ・問題レベル	問題編ページ	音声ファイル
2005	(A) 「エネルギー問題」(客観＋記述)	99	05_01
	(B) 「『EUでの新たな身分証の導入』についてのレポート」(客観＋記述)	101	05_02
	(C) 「(B)に続く議論」(客観)	102	05_03
2004	(A) 「本とその販売方法の展望」(客観)	104	04_01
	(B) 「ラジオ番組におけるサッカーに関する本の紹介」(客観＋記述)	106	04_02
	(C) 「顧客から苦情の電話を受けた不動産屋の応対」(客観)	107	04_03

* 2023年度(C), 2022年度(A), 2020年度(A)(B)のスクリプト，全訳，音声は，著作権の都合上，省略します。

出題分析と対策

◆出題形式◆

リスニングのテストは試験開始の45分後に放送が始まる。(A)(B)(C)の3題に分かれていて，試験時間は約30分である。

◆設問内容◆

これまで「英問英答」「内容一致」「内容一致型の英文完成」「書き取り」など様々な形式の問題が出題されてきたが，2015年にマークシートが導入されてからは，全て客観式の内容一致問題になっている(選択肢は4つないしは5つ)。(A)(B)(C)の各パートの設問数はそれぞれ5題が標準的である。

◆特徴◆

3題中2題が内容的に連続したもので，残りの1題は独立した問題が出題される傾向にある。連続した2題だが，近年では片方が講義形式で，片方は会話形式であることが多い。

講義形式の問題のトピックは，自然科学の分野から社会·文化に関するもの，ニュースになったことまで多岐にわたる。分量は400～600語程度が標準的である。

会話·対話形式の問題は「討論や専門家へのインタビュー」といったタイプと，「聞いたニュース，受けた講義などに関する学生同士の会話」といったタイプに分かれる。

ナレーターはアメリカ人に限定されておらず，日頃からイギリス英語はもちろん，可能な限り様々な英語に触れるよう心がけるべきである。

◆入試対策◆

リスニングの試験が始まる前に，５分程度時間を割き，設問・選択肢に目を通しておくとよい。そうすることで話のおおよその内容は予測できるものであり，内容理解に大きな差が出る。多少理解できない箇所があっても慌てず，全体の論旨をつかもうとすることは極めて重要である。会話・対話形式の問題では，複数の男性，もしくは女性が登場することが多く，どの声が誰であるか判断しづらい。名前を呼んだり，その人を紹介するケースが多いので，そうしたヒントを聞き逃さないようにすることが大切である。

日々の学習では，１．音声の特徴を理解し聞き取れるようにすること，２．英語の語順のまま内容を理解する「直解力」を鍛えること，３．話の大きな流れをつかみ，発話者の論旨や意見を正確に理解しようと意識することが大切である。1に関しては，英語を聞く量を増やすことが何よりも大切だが，聞き取れなかったところに関してはスクリプトを確認し，「たしかにこう言っている」と納得しながら何度も聞き直すことが必要である。また，聞き取れなかった部分については必ずお手本をまねて，自分で発音してみることも重要。自分で発音することで「なるほどこの音とこの音が並ぶと，このように発音することになる」と実感することができ，それがリスニングの際の大きなヒントとなるからである。

2023年

音声ファイル
23_01・23_02

3 (A) スクリプト

Domestic pigeons are known to take some specific routes on their way home. Can you guess what supports this homing instinct? I am going to talk about a new study which discovered that they can retrace the same path back home even four years after they made the first trip. Isn't it impressive?

It is actually very challenging to test animals' memory capacity. Dora Biro, a zoologist at the University of Oxford, admits that an animal is rarely required to retrieve the information it stored in its memory several years before. In a recent article, Biro and her colleagues compared domestic homing pigeons' routes three or four years after they established routes back to their loft from a farm 8.6 kilometers away. The study initially collected data from a 2016 experiment in which pigeons learned routes in different social contexts during several flights. They travelled sometimes on their own, and sometimes with peers that did or did not know the way.

Using data from GPS devices temporarily attached to the birds' backs, the researchers compared the flight paths a group of pigeons took in 2016 with many of the same birds' routes in 2019 or 2020. Some birds missed a handful of landmarks along the way, but many others took "strikingly similar" routes to those they used in 2016. Julien Collet, another Oxford zoologist and co-author of the study, says, "It was as if the last time they flew there was just the day before, not four years ago."

The team found that the pigeons remembered a route just as well if they first flew it alone or with others and performed much better than those that had not made the journey in 2016. Homing pigeons, like other migrating animals, have been known to use accurate internal compasses when they fly back home, but the research showed that they also memorize landmarks to retrace a route back to their lofts many years afterwards.

The result is not surprising, says Verner Bingman, who studies animal behavior at Bowling Green State University and was not involved with the study. And he also points out that it provides new confirmation of homing pigeons' remarkable memory. "It closes the distance a little bit between our self-centered sense of human abilities and what animals can actually do."

全訳 伝書バトは家に帰る道のりで特定のルートを辿ることが知られている。何がこの帰巣本能を支えているか想像できるだろうか？　これから語る新研究によって，伝書バトには最初の旅から4年経た後でも同じ道を辿って巣へ戻る能力があることが発見された。感動的ではないだろうか。

実際，動物の記憶力をテストするのは非常に骨が折れる。オックスフォード大学の動物学者ドーラ・ビーローは，動物が数年前に記憶に蓄えた情報を呼び戻す必要に迫られることはめったにないと認めている。最近の論文の中で，ビーローは同僚とともに，伝書バトが8.6キロ離れた農場からハト小屋まで戻るルートを確立してから3，4年後のルートを比較検討した。その研究ではまず2016年に行われた実験のデータが集められたが，それは異なった社会状況で何度か飛行しながらハトがルートを学習するというものだった。ハトは1羽で旅するときもあれば仲間と一緒のときもあり，その仲間は帰り路を知っている場合もあれば知らない場合もあった。

ハトの背中に一時的に取り付けられたGPS装置からのデータを使って，研究者らは2016年にハトの群れが辿った飛行経路を2019年と2020年に同じハトたちが辿った経路の多くと比較した。中には途中の目印をいくつか逃した鳥もいたが，他の多くは2016年に通ったものと驚くほど近いルートを辿った。オックスフォードの別の動物学者で今回の研究の共同執筆者でもあるジュリアン・コレットは「鳥たちが最後にそこを飛んだのは4年前ではなくて，まるですぐ前日であったかのようでした」と述べている。

研究チームの発見したところでは，ハトたちは最初に単独で飛んだ場合でも仲間と一緒だった場合でもまったく同じくらいよくルートを覚えており，2016年に旅をしなかったハトよりもずっとよい成績を収めた。伝書バトは，他の渡りをする動物と同様に，巣へ戻る際に正確な体内コンパスを用いることが知られてきたが，それだけでなく何年も後に自分のハト小屋に戻るルートを辿り直すために目印を記憶することも研究によって明らかになった。

ボーリング・グリーン州立大学で動物の行動を研究しているヴァーナー・ビングマンは，今回の研究には参加していないが，その研究結果は驚くべきものではないと述べている。また彼は伝書バトの驚異的な記憶力に関する新たな裏付けがそれによりもたらされると指摘してもいる。曰く，「人間の能力に関する我々の自己中心的な意識と実際に動物にできることとの距離がそれにより少し縮まったのです」。

考え方

(6)「ドーラ・ビーローによれば，動物はどのくらい頻繁に数年前に記憶した情報を使用する必要に迫られるか」

a) ほぼ毎日迫られる。

b) ほとんど全く迫られない。

c) 月に一度迫られる。

d) 1年に一度迫られる。

e) 4年に一度迫られる。

正解は **b)**。話者は第2段落第2文 (Dora Biro, a ...) で「オックスフォード大学の動物学者ドーラ・ビーローは，動物が数年前に記憶に蓄えた情報を呼び戻す必要に迫られることはめったにないと認めている」と述べていることから，b) が正解。

(7)「ビーローと彼女の同僚らによって行われた研究では伝書バトが…から同じルートを辿るかどうかが調べられた」

a) 3，4年の隔たりの後に，8.6キロ離れた農場

b) GPS装置をハトの背中に取り付けなくとも，2016年に建設された農場

c) 10年の隔たりの後に，8.6キロも離れたところに位置する丘

d) 数年後に，3，4キロ離れた家

e) 互いに8.6キロ離れたところに位置する3，4の異なった場所

正解は **a)**。第2段落第3文 (In a recent ...) に「最近の論文の中で，ビーローは同僚とともに，伝書バトが8.6キロ離れた農場からハト小屋まで戻るルートを確立してから3，4年後のルートを比較検討した」と述べられていることから，正解は a)。

b) は，第3段落第1文 (Using data from ...) でハトの背中にはGPSが取り付けられていた旨が述べられているので誤り。また，農場が2016年に建設されたという点も述べられていない。c) は，上記第2段落第3文より「丘」および「10年」が誤り。d) は，同じく上記第2段落第3文より「家」および「3，4キロ」が誤り。e) も上記第2段落第3文に一致しない。

(8)「ハトの群れが2016年に辿った飛行経路は…」

a) それらのハトがそのルートを知っているハトたちに先導された際には似たものになることが判明した。

b) 多くのハトが道に迷ったため様々だった。

c) 2019年か2020年にそれらのハトが辿ったルートと驚くほど似ていた。

d)　道を知らないそれら以外のハトたちは決して辿らなかった。

e)　2019 年か 2020 年に飛んだハトたちが辿った飛行経路とは大いに異なっていた。

正解は **c)**。第 3 段落第 1 文 (Using data from ...) に「研究者らは 2016 年にハトの群れが辿った飛行経路を 2019 年と 2020 年に同じハトたちが辿った経路の多くと比較した」とあり，続く第 2 文 (Some birds missed ...) で「中には途中の目印をいくつか逃した鳥もいたが，他の多くは 2016 年に通ったものと驚くほど近いルートを辿った」と述べられていることから，この研究では同じハトの群れが数年の間隔を置いて辿ったルートが驚くほど近いことを示したことがわかる。よって，正解は c)。

a) は，第 2 段落最終文 (They travelled sometimes ...) に，ハトが 2016 年に飛行した際に単独での飛行，道を知るハトたちと一緒の飛行，または道を知らないハトたちと一緒の飛行という 3 パターンがあったことが述べられているが，2019 年または 2020 年に飛行した際にも道を知るハトたちと共に飛行したとは述べられておらず，誤り。b) は，上記第 3 段落第 2 文で関連した事柄が述べられているが，多くが道に迷ったとは述べられていない。d) は，the other pigeons which did not know their way が指しているのは第 4 段落第 1 文 (The team found ...) の those that had not made the journey in 2016 だと考えられるが，その「道を知らないそれら以外のハトたち」によって，2016 年に飛行したハトたちが辿ったルートが「決して辿られなかった」とは述べられておらず，誤り。e) は，pigeons flying in 2019 or 2020 が表すハトと a group of pigeons が表すハトとが必ずしも同一のハトを意味しない点がおかしいし，また仮に同一のハトであったとしても「大いに異なっていた」という部分もおかしい。

(9)「伝書バトは…に頼ることをその研究は裏づけている」

a)　単独で飛行する場合に限って自らが記憶している情報

b)　仲間と共に飛行する間に限って自らが覚えている目印の記憶

c)　自らの体内コンパスと嗅覚

d)　自らの体内コンパスだけでなく目印の記憶

e)　彼らの仲間だけでなく視覚的な印

正解は **d)**。第 4 段落第最終文 (Homing pigeons, like ...) に「伝書バトは，他の渡りをする動物と同様に，巣へ戻る際に正確な体内コンパスを用いることが知られてきたが，それだけでなく何年も後に自分のハト小屋に戻るルートを辿り直すために目印を記憶することも研究によって明らかになった」と述べられていることから，正解は d)。

a) と b) は，第 4 段落第 1 文 (The team found ...) に関連した事柄が述べられているが，それぞれ「単独で飛行する場合に限って」「仲間と共に飛行する間に限って」とは言われていない。c) は，嗅覚に頼っているということは述べられておらず，誤り。e) は，仲間に頼っているということは述べられておらず，誤り。

(10) 「ヴァーナー・ビングマンによると，動物の能力は…ことをその研究は示している」

a)　まさに我々にはそのはずだと考える傾向があるように，人間の能力とほぼ同等である

b)　人間の能力だと我々が考えていたものにより近い

c)　記憶の容量の観点からすると人間と同等である

d)　異なったルートの長さを比較することにおいては人間の能力よりもはるかに発達している

e)　まさに我々がそのはずだと想像するように，人間の能力よりほんのわずかに劣っている

正解は **b)**。最終段落最終文 (“It closes the ...) でビングマンは「『人間の能力に関する我々の自己中心的な意識と実際に動物にできることとの距離がそれにより少し縮まったのです』」と述べているが，これは我々が人間特有の能力だと思っていたものと動物の能力との差が縮まったということを意味している。よって，正解は b)。他の選択肢の内容は，いずれも本文では述べられていない。

解答

(6)－b)　(7)－a)　(8)－c)　(9)－d)　(10)－b)

3 (B) スクリプト

Last month, off the coast of Maine in the eastern United States, a team of researchers and engineers released a series of tiny, floating objects into the water. The team called them “buoys,” but they looked more like a packet of uncooked ramen noodles glued to green ribbons. They had only one role: to go away and never be seen again. With any luck, their successors would soon be released into the open ocean, where they would float away, absorb a small amount of carbon from the atmosphere, then sink to the bottom of the seafloor, where their remains would stay for thousands of years.

The team is trying to create a business model. They work for a company called Running Tide, which claims it can remove carbon dioxide from the ocean and atmosphere through the magic of kelp. Running Tide is one of a series of carbon-removal companies that have appeared over the past few years with the hope of taking heat-trapping pollution out of the atmosphere and locking it away for centuries. The most famous companies, such as Switzerland's Climeworks or Canada's Carbon Engineering, perform direct air capture, using common industrial processes to chemically clean the air of carbon.

Running Tide's focus is kelp. Kelp grows as fast as two feet a day, which means it absorbs a huge amount of carbon. That kelp could then be harvested, disposed of, or allowed to naturally drift to the bottom of the ocean. It seemed like the perfect natural tool to absorb carbon from the ocean and atmosphere. But that made me suspicious. The idea that humanity could remove carbon dioxide from the atmosphere by growing kelp just sounded too good to be true.

So I was pleasantly surprised when I met the leaders of Running Tide earlier this month. At its core, carbon removal is about transferring a mass of carbon from one location to another, Marty Odlin, Running Tide's CEO, told me from his home in Maine. The key issue is how to transfer the hundreds of gigatons of carbon released by fossil fuels from the "fast cycle," where carbon moves from fossil fuels to the air to plant matter, back to the "slow cycle," where they remain locked away in the earth for thousands of years. "What's the most efficient way possible to accomplish that mass transfer?" This question is really, really important. The United Nations recently said that carbon removal is "essential" to remedying climate change, but so far, we don't have the technology to do it cheaply and on a large scale.

Odlin, who comes from a Maine fishing family and studied robotics at college, founded Running Tide in 2017 on the theory that the ocean, which covers two-thirds of the planet's surface, would be essential to carbon removal. At least for now, the key aspect of Running Tide's system is its buoys. Each buoy is made of waste wood, limestone, and kelp, materials that are meant to address the climate problem in some way: The wood represents forest carbon that would otherwise be thrown out, the limestone helps reverse ocean acidification, and, most importantly, the kelp grows rapidly, absorbing carbon from the land and sea. Eventually, the buoy is meant to break down, with the limestone dissolving and the wood and kelp drifting to the bottom of the seafloor.

全訳 先月，合衆国東部メイン州の海岸沖で，研究者とエンジニアから成るチームによりひと連なりの小さな漂流物が海の中へ投げ込まれた。チームはそれを「ブイ」と呼んだが，それはどちらかと言えば緑色のリボンに接着された調理前の袋入りのラーメンの麺のようであった。与えられた役割はただ１つだった。すなわち，消えてなくなり，二度と現れないことだった。あわよくば間もなくその後続が外洋に投げ込まれることになるが，それは海を漂い大気中の少量の炭素を吸収したあとで海底に沈み，その残骸が数千年間そこに滞留することになるだろう。

研究チームは１つのビジネスモデルを創出しようとしているのだ。彼らはランニング・タイドという企業に勤務しているのだが，海藻の魔法によって海洋および大気から二酸化炭素を除去することが可能だとその企業は主張している。ランニング・タイドは，温室効果のある汚染物質を大気中から除去し何世紀もの間封じ込めるという希望を掲げて過去数年に現れた一連の炭素除去会社の１つである。スイスのクライムワークスやカナダのカーボン・エンジニアリングなどのような最もよく知られている企業は直接大気の取り込みを行っており，一般的な工業プロセスを用いて大気から化学的に炭素を取り除いている。

ランニング・タイドが注目しているのは海藻である。海藻は１日２フィートもの速さで成長するが，それにより膨大な量の炭素が吸収されることになる。そのあとで，海藻は収穫しても廃棄してもよいし，あるいは自然に海の底へ漂流させることも可能とされる。それは海と大気から炭素を吸収する完璧な自然の手段のようであった。しかしそのせいで私は疑念を抱いた。海藻を育てれば人類は大気から二酸化炭素を除去できるようになるという考えは，ちょっと話が出来すぎているように思われたのである。

それゆえ今月初旬にランニング・タイドの幹部と会ったとき，私が味わったのは嬉しい驚きだった。ランニング・タイドのCEOマーティー・オドリンがメイン州の自宅から私に語ったところによると，根本的には，炭素除去の本質とは大量の炭素を１つの場所から別の場所へと移すことなのである。主要な問題は，化石燃料から放出される数千億トンもの炭素を，炭素が化石燃料から大気を経由して植物へと移動する「高速周期」から何千年間も地中に閉じ込められたままとなる「遅い周期」へ，いかにして戻すかということなのだ。「そうした物質移動を達成する可能なかぎり最も効率的な方法とは何でしょうか？」この問いは本当に，ひどく重要である。最近国連は気候変動の改善には炭素除去が「必要不可欠」だと述べたが，これまでのところ，安価でかつ大規模にそれを実行する技術を我々は手にしていないのである。

オドリンはメイン州の漁業を営む家の出身で大学ではロボット工学を研究していたのだが，地球の表面の3分の2を覆う海洋が炭素除去には欠かせないという考えを基に2017年にランニング・タイドを起業した。少なくとも現時点では，ランニング・タイドが用いるシステムの主な特徴はそのブイにある。一つ一つのブイが廃木材や石灰岩および海藻という，何らかの形で気候問題に対処するよう意図された材料で作られているのだ。木材はさもなければ廃棄されることになる森林の炭素を意味しており，石灰岩は海洋の酸性化を食い止める働きがあり，最も重要なこととして，海藻は成長が速く，陸や海から炭素を吸収してくれるのだ。最終的に，ブイは分解され，石灰岩は溶けてなくなり，木材と海藻は海の底へ漂流するように作られている。

考え方

(11) 「ランニング・タイドによって考案された『ブイ』は…ように意図されている」

a) 湯で茹でて食べる

b) 大気中に浮き上がる

c) 大気中に炭素を放出する

d) 海底に沈む

e) 浅瀬に関して船に警告する

正解は **d)**。第1段落最終文 (With any luck, ...) でブイに関して「それ（＝ブイ）は海を漂い大気中の少量の炭素を吸収したあとで海底に沈み」と述べられていることから，d) が正解。他の選択肢の内容は，いずれも本文では述べられていない。

(12) 「ランニング・タイドが海藻を最適の材料として使用している理由ではないものは次のうちどれか」

a) それは海底に沈ませることができる。

b) それは簡単に捨てることができる。

c) それは収穫できる。

d) それは建築資材として使用できる。

e) それは成長がすばやく多くの炭素を吸収できる。

正解は **d)**。第3段落第1文 (Running Tide's focus ...) から第3文 (That kelp could ...) にかけて，海藻は成長が速く大量の炭素を吸収できること，収穫可能であること，廃棄可能であること，海底に沈めさせることができることが言及されている。他方で，海藻が建築資材として使用可能であるということは述べられていないことから，d) が正解。

(13) 「マーティー・オドリンによると，気候変動との戦いで効果をもたらすためには我々は化石燃料により生み出される炭素をどのくらい除去する必要があるか」

a) 数十億トン。　b) 数千億トン。　c) 数百トン。

d) 数百万トン。　e) 数千トン。

正解は **b)**。第4段落第3文 (The key issue ...) でマーティー・オドリンは「主要な問題は，化石燃料から放出される数千億トンもの炭素を，炭素が化石燃料から大気を経由して植物へと移動する『高速周期』から何千年間も地中に閉じ込められたままとなる『遅い周期』へ，いかにして戻すかということなのだ」と述べられていることから，正解は b)。

⒁ 「『高速周期』では何が起こるか」

a) 炭素が中性になる。

b) 炭素が海中深くに送り込まれる。

c) 炭素が化石燃料に移される。

d) 炭素が化石燃料から大気を経て植物へと移動する。

e) 炭素が地中に閉じ込められたままとなる。

正解は **d)**。第4段落第3文 (The key issue ...) で「主要な問題は，化石燃料から放出される数千億トンもの炭素を，炭素が化石燃料から大気を経由して植物へと移動する『高速周期』から何千年間も地中に閉じ込められたままとなる『遅い周期』へ，いかにして戻すかということなのだ」と述べられていることから，正解は d)。

a) から c) については，述べられておらず，誤り。e) は，上記第4段落第3文より，「遅い周期」に該当する内容だとわかる。

⒂ 「オドリンに関する次の記述のうち正しくないのはどれか」

a) 彼は2017年にランニング・タイドを起業した。

b) 彼はランニング・タイドのCEOである。

c) 彼はメイン州に住んでいる。

d) 彼は大学でロボット工学を教えていた。

e) 彼は漁業を営む家に生まれた。

正解は **d)**。a) と e) は，最終段落第1文 (Odlin, who comes ...) で言及されている。b) と c) は，第4段落第2文 (At its core, ...) で言及されている。他方で，d) については，最終段落第1文で「オドリンはメイン州の漁業を営む家の出身で大学ではロボット工学を研究していた」と述べられており，「教えていた」が誤りである。

解 答

⑾－d)　⑿－d)　⒀－b)　⒁－d)　⒂－d)

3 (c) スクリプト

著作権の都合上，省略します。

全訳

著作権の都合上，省略します。

考え方

(16) 「ヒッケルによると，『脱成長』の目的は…である」

a) 伝統的な経済学と先住民族の哲学を組み合わせること
b) 高所得国に環境破壊に対する責任を負わせること
c) 環境保護を犠牲にして資本主義を促進すること
d) 技術革新を通じて万人によい生活を提供すること
e) 地球の限界の範囲内に留まるために不平等と資源の利用を減らすこと

正解は **e)**。ヒッケルは発言②の第1文 (I think one ...) で「それ（＝脱成長）は経済と生物界のバランスを取り戻すことを目的として経済活動における資源とエネルギーの利用を計画的に削減しようとするものですが，同時に不平等を減らして人間が繁栄できるような形でそれを目指すものだ」と述べており，続く最終文 (So, it means ...) では「したがって，それが意味しているのは確実に人間のニーズを満たして万人によい暮らしを提供するようにすることではあるのですが，地球の限度内でそれを行うことをも同時に意味している」と述べていることから，正解は e)。

a) から c) については述べられておらず，誤り。d) は，上記発言②の最終文に関連しているが，「技術革新を通じて」とは述べられていない。

(17) 「ヒッケルによると，『成長』という考えは…」

a)　グローバル・サウス諸国により高所得国へ売り込まれてきた。

b)　新たに登場した生態経済学の分野の基本的概念である。

c)　自然界における自然現象であるが，経済学という学問分野においては不自然である。

d)　経済学者にとっては極めて重要であるが，再定義される必要がある。

e)　政治的スペクトルのどちらの側でも一般的に受け入れられている。

正解は **e)**。ヒッケルは発言④の最終文 (In fact, it ...) で成長という考えに関して「いわば政治的スペクトルのいずれの側においても，どんなふうにであれ経済成長を強烈に批判する政治政党を見つけるのは非常に難しいのです」と述べているが，これは経済成長という考え方がどんな政治的スタンスにおいても広く受け入れられていることを意味している。よって，e) が正解となる。

a) は，ヒッケルの発言④の第1文 (Capitalism is a ...) から第2文 (But then what ...) に関連する言及があるが，誤った内容になっている。b) から d) については，述べられておらず誤り。

(18) 「生態経済学における『定常状態』に関する次の記述のうちインタビューでヒッケルが述べていることと一致しないものはどれか」

a)　人が共存する生態系との均衡を維持することが重要である。

b)　それは経済活動と交換に関する先住民族の考え方と似ている。

c)　1年で取り戻せないほどのものを環境から決して搾取すべきではない。

d)　先住民族社会から決して天然資源を搾取すべきではない。

e)　環境が安全に吸収できないほどの廃棄物を決して生み出すべきではない。

正解は **d)**。a) は，ヒッケルの発言⑥の第3文 (And so, the ...) で同様の内容が述べられている。b) は，同発言最終文 (And this is ...) で同様の内容が述べられている。c) と e) は，同発言第 2 文 (For example, if ...) でそれぞれ同様の内容が述べられている。d) は，ヒッケルの発言④の第 1 文 (Capitalism is a ...) で近い内容が述べられてはいるが，これはヒッケルの発言⑥で言及されている「定常状態」とは直接的に関係はなく，それについてヒッケルが述べている内容と一致するとは考えられない。よって，d) が正解。

⑽ 「司会者は生態経済学は…と示唆している」

a)　先住民族の考えをグローバル・ノースのために再ブランド化した
b)　先住民族の知識とは根本的に異なっている
c)　先住民族の知識に対して非常に批判的だ
d)　何千年も存在してきた先住民族の知識に追いつこうとしているだけだ
e)　何千年も存在してきた先住民族の知識の考えを単に真似ているにすぎない

正解は **d)**。司会者は発言⑦において「ある意味で，生態経済学というのは単に何千年もの間存在してきたそうした先住民族のたくさんの知識に追いつこうとするようなものなのですね」と述べていることから，d) が正解。

他の選択肢については，関連する言及は随所にあるものの，それらは皆ヒッケルの発言であって司会者のものではないし，また内容の面でも誤った事柄が含まれている。

⒇ 「ヒッケルによると，大地のそばで暮らす人々は生物界と…交流する」

a)　様々な形で
b)　同じような形で
c)　豊かな経済活動と同じ形で
d)　何千年も同じままであってきた形で
e)　彼らの祖先に敬意を抱きながら

正解は **a)**。ヒッケルは最後の発言の第 2 文 (“People who live ...) で「『大地のそばで暮らす人々』には彼らが依存する生物界と有意義に交流する様々な方法がいろいろとあるのです」と述べていることから，a) が正解。他の選択肢の内容は，いずれも述べられておらず，誤り。

解答

⒃－e)　⒄－e)　⒅－d)　⒆－d)　⒇－a)

2022年

音声ファイル
22_02・22_03

3 (A) スクリプト

著作権の都合上，省略します。

全訳

著作権の都合上，省略します。

考え方

(6) 「話者がヒロベソオウムガイに関心を抱くようになったのは…からだ」

a) 海洋生物学者として彼女はこの生き物のライフサイクルに関心がある

b) 浜辺で目撃された空の貝殻がその生物が絶滅した可能性を示唆した

c) 自然保護への関心から彼女はそれらがまだ生存するのか知りたかった

d) 海洋生物学者らはその貝殻の外殻が特定の海域でしか形成されないと考えていた

e) その生き物を覆っている外殻が環境にとって重要である

正解は **c)**。話者は第1段落最終文 (As a marine ...) で，「太平洋で環境保護活動を行う海洋学者として，私は長年の間，この生物種がいまでもここに生息しているのだろうかと考えてきた」と述べており，これに対応する c) が正解の選択肢として最も妥当な内容と考えられる。a) は，話者がオウムガイのライフサイクルに関心があるとは述べられておらず，誤り。b) は，第1段落第1文 (The empty shells ...) で「『硬い外殻のオウムガイ』の空っぽの貝殻が時々パプアニューギニアの海岸に打ち上げられることがあるが，1980 年代以降この動物を生きた状態で見たことがある者はいない」と述べられており，b) の選択肢の内容自体はこの一文から推論することは不可能ではないが，話者がヒロベソオウムガイに関心を抱いたより直接的な理由としては，より明確な言及のある c) のほうが妥当であると考えられる。d) と e) については，そうした言及はなく，誤り。

(7) 「調査旅行をすぐに始めるべきだと話者が感じたのは…からだった」

a) 深海の生態系は危機に晒されているかもしれず，情報収集がその保存に役立つ可能性がある

b) 気候変動が原因で，深海の環境は急速に変化している

c) その生物が絶滅する前に映像に捉えるのが重要だった

d) 採鉱企業がその領域での環境調査を阻止するために動いていた

e) パプアニューギニアの陸地で行われている採鉱の廃棄物が近海に影響を及ぼしていた

正解は **a)**。第3段落第1文 (Our journey has ...) で「我々の旅は切迫感を帯びてきた。というのも，パプアニューギニアは近年急速に深海採鉱を拡大させる動きを見せているからだ」と述べられており，続く同段落最終文 (Documenting what exists ...) には「産業によって様変わりしてしまう前にこうした深海の生態系のどこかで存在しているものを記録に収めることが，それらの保護にとって鍵となる可能性がある」とあり，a) の内容がこれに最も近いと言える。b) は，気候変動への

言及はなく，誤り。c) は，第2段落最終文 (My partners on ...) で，オウムガイを映像に収めることが言及されており，第3段落最終文にある Documenting（記録に収める）の中には「ビデオ映像に収める」ことも含まれていると考えられるので，かなり紛らわしい内容ではあるが，オウムガイが「絶滅する前に映像に捉えるのが重要だった」とまではっきり述べられていない点や，仮に「絶滅する前に映像に捉えるのが重要だった」ということが本文から推論できるとしても「調査旅行をすぐに始めるべきだと話者が感じた」理由としては a) のほうがより直接的な内容となっている点を考慮すると，a) のほうが正解として妥当であると考えられる。d) と e) については，そうした言及はなく，誤り。

(8)「ブリズベンからパプアニューギニアへ飛んだあと，調査チームは…移動した」

a) 地元社会の人々と会うために最近保護区に宣言された島に

b) ヒロベソオウムガイが1980年代に生きた状態で発見された島に

c) 首長がその浜辺を保護区であると宣言した地元社会に挨拶するために

d) ヒロベソオウムガイを保護しようと努めてきた小さな島社会の人々に挨拶するために

e) マヌス島へ移動し，それから地元住民が捕まえたヒロベソオウムガイを見により小さな島に

正解は **b)**。第4段落第1文 (From Brisbane, we ...) で話者は「我々はブリズベンからパプアニューギニアの首都ポートモレスビーに飛び，それから続けてマヌス島と呼ばれる島に飛ぶ」と述べたあと，続く同段落第2文 (We sail several ...) で「南方へ数時間航行すると，もっと小さな島に辿り着く。その島で，1984年に生きたヒロベソオウムガイが最後に目撃されたのだ」と述べていることから, b) が正解。a) は，第4段落最終文 (As we arrive ...) に「海岸に到着すると，我々は島の首長と部族社会ネットワークのリーダーに迎えられる。最近このネットワークは彼らの海が保護区であることを宣言した」とあり，保護区として宣言されたのは「島」ではなく「海」であることから，誤り。c) は，上述の第4段落最終文によると，話者を含むチームが挨拶を交わしたのは「島の首長」と「部族社会ネットワークのリーダー」の二名だけであって a local community（地元地域社会の人々）ではないし，また保護区の宣言を行ったのも a network of tribal communities であって a local community の chief ではないことから，誤り。d) は，話者を含むチームが訪れた島社会が「ヒロベソオウムガイを保護しようと努めてきた」という直接の言及はなく，またチームが「島社会の人々に挨拶するために」その島を訪れたとも述べられておらず，誤り。e) は，そうした言及はなく，誤り。

(9) 「島からバナナボートに乗って海へ出たあとで，調査チームは…」

a) 罠を１つ水深 300 メートルのところまで沈めたが，この罠には何も掛からなかった。

b) 一晩罠を海に沈めたが，罠に全く何も掛かっていないのを見て落胆した。

c) 水面にブイを浮かべて罠を沈めたが，ブイは罠から離れて漂流してしまった。

d) 潮の速いところでは罠は役に立たないことに気づかぬまま罠を海に沈めた。

e) 同じ深さに罠を２つ沈めたが，両方とも夜の間に流されてしまった。

正解は **b)**。第５段落第１文 (Eager to get ...) で話者は「是非ともその晩のうちに取りかかりたくて，我々はエンジン付きのバナナボートに乗り込むと深海域へと向かって進み出し，罠を２つ沈める」と述べたあと，第６段落第１文 (The next morning ...) から同段落最終文 (Our entire team ...) にかけて，翌朝に再びチームが海に戻り，２つの罠を引き上げるとともにカゴには何もかかっておらず，チーム全体が落胆したということが述べられている。よって，b) が正解。a) は，チームが沈めた罠は２つであって１つではないことから，誤り。c) は，「ブイが罠から離れた」とは述べられておらず，誤り。d) は，そうした言及はなく，誤り。e) は，夜の間に流されたのは１つ目のブイだけであり，２つ目については言及がないことから，正解とは見なせない。

(10) 「最初の落胆のあと，…」

a) 年配の漁師らの助言に基づいて，調査チームはより長時間にわたり罠を水中に放置した。

b) 罠を引き上げるのではなく，話者は水中に飛び込んでそれらを調べた。

c) 調査チームは年配の漁師らが過去に使用して成功した罠を使用することにした。

d) 調査チームは1984年に最後にその生物が目撃された場所に罠を持って行った。

e) 最初の試みほど深くならないように水中に罠を沈めた。

正解は **e)**。第７段落第２文 (A few elder ...) で話者は「1984 年の調査旅行のことを覚えている年配の漁師が数名おり，そのときのチームが実際のオウムガイを発見したのは，今よりもいくらか浅めの海域だったことを思い出す」と述べており，続く同段落第３文 (We decide to ...) で「彼らの助言に従うことにする」と述べていることから，e) が正解。a) は，「より長時間にわたって罠を放置した」とは述べられておらず，誤り。b)，c)，d) は，そうした言及はなく，誤り。

解答

(6) − c)	(7) − a)	(8) − b)	(9) − b)	(10) − e)

3 (B) スクリプト

What were you thinking about a second ago? Or, rather, how were you thinking about it? It's a surprisingly tricky question to answer.

Investigating what's going on inside our own minds doesn't seem to be a difficult task. But by trying to shine a light on those thoughts, we're disturbing the very thing we want to measure in the first place. It's like turning a light on quickly to see how the darkness looks.

Psychologist Russell Hurlburt at the University of Nevada, Las Vegas, has spent the last few decades training people to see inside their own minds more clearly in an attempt to learn something about our inner experiences. What he's found suggests that the thoughts running through our heads are a lot more varied than we might suppose.

For one thing, words don't seem to be as important in our day-to-day thoughts as many of us think they are. "Most people think that they think in words, but many people are mistaken about that," he says.

In one small study, for example, 16 college students were given short stories to read. While reading, they were asked at random times what they were thinking. Only a quarter of their sampled thoughts included words at all, and just 3% involved inner speech.

But for psychologists like Hurlburt, researching inner speech is not an easy task. Simply asking people what they're thinking about won't necessarily prompt an accurate answer, says Hurlburt. That is partly because we're not used to paying close attention to our wandering minds.

Famira Racy, who is the co-ordinator of the Inner Speech Lab at Mount Royal University in Canada and her colleagues, recently used a method called thought listing—which, unsurprisingly, involves getting participants to list their thoughts at certain times—to take a broader look at why and when people use inner speech, as well as what they say to themselves. They found that the participants in the study were talking to themselves about everything from school to their emotions, other people, and themselves, while they were doing everyday tasks like walking and getting in and out of bed.

According to Racy, research shows that inner speech plays an important role in self-regulation behaviour, problem solving, critical and logical thinking and future thinking.

There's also growing evidence that inner speech is important for self-reflection. After scientist Jill Bolte Taylor recovered from a stroke she suffered when she was 37, she wrote about what it was like to experience a "silent mind" without inner speech for several weeks. It was such an overwhelming task, she wrote, to simply sit there in the centre of a silent mind, trying to remember who she was and what she was doing.

But even though current research can't yet shine a light on those bigger truths about the inner workings of our minds, learning how to pay attention to your thoughts could help you on an individual level.

全訳　1秒前にあなたは何を考えていただろうか？　いや，むしろ，それについてあなたはどのように考えていただろうか？　これは驚くほど答えにくい問いである。

自分自身の頭の中で起こっていることを調べるのは難しい作業ではないように思われる。しかし，そうした考えに光を当てようとすることで，我々はそもそも測定したいと思っているまさにそのものを乱してしまっているのである。それはちょうど，暗闇の見え方を調べるのに急いで明かりを灯すのに似ている。

ラスヴェガスにあるネバダ大学の心理学者ラッセル・ハールバートは，我々の心の中の経験について何か学ぼうと，過去数十年間かけて人々に自分自身の頭の中をより明確に理解させる訓練を続けてきた。彼が発見したことが示唆しているのは，我々の頭の中を駆け巡る思考は自分で考えるかもしれない以上にずっと多様だということである。

一例を挙げると，我々の日常的な思考においては，言葉は我々の多くが思っているほど重要ではないようである。「たいていの人は言葉で思考していると思っていますが，多くの人がそのことに関して間違っているのです」と彼は言う。

例えば，ある小さな調査で，16人の大学生が短編小説を読むように与えられた。読んでいる最中に，彼らは無作為のタイミングで，何を考えているか尋ねられた。抽出された思考でともかくも言葉を伴っていたのはわずか4分の1に過ぎず，内的発話を含んでいたのはたったの3パーセントだけだった。

だがハールバートのような心理学者にとって，内的発話について調べるのは簡単な作業ではない。単に人々に何について考えているのか尋ねるだけでは必ずしも正確な答えを引き出すことはできない，とハールバートは言う。というのも，一つには，我々は自分の思考の移ろいに密接に注意を向けることに慣れていないからである。

カナダのマウント・ロイヤル大学にある心内言語研究所のコーディネーターであるファミラ・レイシーとその同僚は最近，思考リスティングと呼ばれる方法—それは，当然ながら，被験者に自分の思考を特定のタイミングで列挙させるものだが—を使って，人々が心の中で述べる内容に加えて，彼らが内的発話を用いる理由とタイミングについて，広範囲にわたって考察した。彼らの発見によれば，研究に参加した被験者は，歩行や就寝・起床といった日々の作業をこなしている間に，学校に関することから自分の気持ち，他者，自分自身に関することまで，あらゆる事柄について自分に語りかけていた。

レイシーによれば，内的発話は自己統制行動や問題解決，批判的論理的思考，および未来志向において重要な役割を果たしていることが研究で示されているとのことだ。

内的発話は自己観察にとっても重要であることを示す証拠も増えてきている。科学者のジル・ボルト・テイラーは37歳のときに経験した脳卒中から回復したあとで，内的発話を欠いた「沈黙した意識」の数週間に及ぶ経験がいかなるものであったかについて書き記した。自分が何者で何をしているのかを思い出そうとしながら，ただ沈黙する意識の真ん中に座っているのは，打ちのめされるような作業だったと彼女は書き記した。

しかし，現在の研究は我々の意識内部の仕組みに関するそうしたより大きな真実を解明するまでには至っていないのだが，自分の思考への注意の払い方を学ぶことによって個々人のレベルでは手助けになるかもしれない。

考え方

⑾「話者によると，我々自身の意識を調べる際に難しいのは…ということである」

a)　自分自分の意識を考察しようとすると必然的にそれを変えてしまう

b)　我々自身の意識を明瞭にするのは単に明かりをつけることほど単純ではない

c)　我々が明かりに明かりを照らすことができないのと同様に，意識はそれ自身について考えることはできない

d)　我々の思考の中にある暗闇を目にするのは感情的に困難な場合がある

e)　我々が自分自身の思考を考察しようとする際，その測定の仕方が明確ではない

正解は **a)**。第2段落第2文 (But by trying ...) で話者は「そうした考えに光を当てようとすることで，我々はそもそも測定したいと思っているまさにそのものを乱してしまっているのである」と述べている。ここで言われている shine a light on those thoughts とは「自分が考えていることについて考える」ことを意味しており，本文ではあまりはっきりと述べられていないものの，「自分が考えていることについて考えようとすると，もともと考えていたことに必ず何らかの影響が及び，もともと考えていたことそのものではなくなってしまう」といった内容を意味していると推論することができる。よって，そうした内容を簡潔に言い表している a) が正解となる。b) は，「意識を明瞭にすること」と「明かりをつけること」の比較はなされておらず，誤り。c) は，本文では「暗闇に明かりを照らす」ことには言及があるが，「明かりに明かりを照らす」ことには言及はない。d) と e) は，そうした言及はなく，誤り。

⑿「心理学者ラッセル・ハールバートによると，…」

a)　日常生活で我々は言語で思考しているが，驚くほど語彙が限られている。

b)　通常の状況では，人は自分が思うほど多くのことを考えてはいない。

c)　人は言語で思考していると思い込んでいるが，そうではないことが多い。

d)　我々が思考する中で使う言葉は以前に想定されていたよりも遙かに多様である。

e)　我々は言葉を使って様々な状況の中でものを考える。

正解は **c)**。第4段落最終文 (Most people think ...) でハールバートは「たいていの人は言葉で思考していると思っていますが，多くの人がそのことに関して間違っている」と述べていることから，正解は c)。a) は，我々が言語で思考する際の「語彙が限られている」という言及はなく，誤り。b) は，「自分が思うほど多くのことを考えてはいない」という言及はなく，誤り。d) は，第3段落最終文 (What he's found ...) に「我々の頭の中を駆け巡る思考は自分で考えるかもしれない以上にずっと多様だ」という言及はあるものの，「思考する中で使う言葉は以前に想定されていたよりも遙かに多様」という言及はなく，誤り。e) は，そうした言及はなく，誤り。

⒀「16名の大学生が参加した小さな調査で，…」

a)　短編小説を読んだ後，大学生は自分の意見を記録するように求められた。

b)　抽出された思考で内的発話を伴うものはほとんどなく，たいていは言葉を含まなかった。

c)　読書中に学生が経験した思考のわずか3分の1しか言葉を含んでいなかった。

d)　抽出された思考の25パーセント以上が内的発話を伴っていた。

e)　短編小説を聞いている間，大学生は自由に思考するように求められた。

正解は**b)**。第5段落最終文 (Only a quarter ...) で話者は「抽出された思考でともかくも言葉を伴っていたのはわずか4分の1に過ぎず，内的発話を含んでいたのはたったの3パーセントだけだった」と述べている。「内的発話を伴ったのが3パーセントだった」ことと「内的発話を伴うものはほとんどなかった」ことを同義とみなしてよいのかどうか疑問の余地もないわけではないが，他の選択肢と比較するとこれが最も話者の言及内容に近い。よって，b) が正解。a) は，「自分の意見を記録するように求められた」という言及はなく，誤り。c) は，言葉を含んでいたのは「3分の1」ではなく「4分の1」であったことから，誤り。d) は，内的発話を伴っていたのは「3パーセント」であったことから，誤り。e) は，「短編小説を聞いた」「自由に思考するように求められた」という言及はなく，誤り。

⒁「ファミラ・レイシーの研究では，被験者は…自分自身に語りかけた」

a)　広範囲な話題に関して

b)　特に歩行中や就寝・起床の際に

c)　感情的な状況で

d)　他者に語りかけるのと同じ方法で

e)　主に他者に関して

正解は**a)**。第7段落最終文 (They found that ...) で話者は「研究に参加した被験者は，歩行や就寝・起床といった日々の作業をこなしている間に，学校に関することから自分の気持ち，他者，自分自身に関することまで，あらゆる事柄について自分に語りかけていた」と述べており，「広範囲な話題に関して」は「あらゆる事柄について」を言い換えたものとして妥当であることから，a) が正解。b) は，「特に歩行中や就寝・起床の際に」とは述べられておらず，誤り。c)，d)，e) は，そうした言及はなく，誤り。

⒂「ジル・ボルト・テイラーの事例は…ことを示す証拠として言及されている」

a)　我々が歳をとるにつれて，内的発話が自分のアイデンティティにとってより重要なものになる

b)　脳の損傷が内的発話により影響を受ける場合がある

c)　内的発話が我々の自己認識にとって重要である

d)　内的発話の欠如により自分が何者なのかについて我々が考察するようになる場合がある

e)　内的発話がないと，短期記憶が消えてしまう

正解はc)。第9段落第1文(There's also growing ...)で話者は「内的発話は自己観察にとっても重要であることを示す証拠も増えてきている」と述べた後で，同段落最終文(It was such ...)で「自分が何者で何をしているのかを思い出そうとしながら，ただ沈黙する意識の真ん中に座っているのは，打ちのめされるような作業だった」と引用していることから，c)が正解。a)は，「我々が歳をとるにつれて」という言及はなく，誤り。b)は，第9段落第2文(After scientist Jill ...)で「科学者のジル・ボルト・テイラーは37歳のときに経験した脳卒中から回復したあとで，内的発話を欠いた『沈黙した精神』の数週間に及ぶ経験がいかなるものであったかについて書き記した」と述べられており，内的発話は存在していなかったのだから「内的発話により影響を受ける」という言い方は誤りと見なせる。d)は，上述の第9段落最終文で話者は「自分が何者で何をしているのかを思い出そうとしながら，ただ沈黙する意識の真ん中に座っているのは…」と引用しているだけであって，「内的発話を欠いていること」が「自分が何者かについて考察する」ことの原因になっているとまでは述べていない。e)は，そうした言及はなく，誤り。

解答

(11) − a)	(12) − c)	(13) − b)	(14) − a)	(15) − c)

3 (C) スクリプト

Hi, my name is Jane Kentala, the instructor for this introductory course in Forensic Science.

First, what's forensic science, or forensics? In order to convict a criminal, we need evidence that the suspect has committed the crime. Forensics is about how to apply scientific methods to investigate a crime. I'm sure you've all seen movies in which they used DNA to convict the criminal. In real life, however, while some suspects have been found guilty based on DNA evidence, some of them were judged innocent many years later based on a more reliable DNA technique. So, we must keep in mind that, even today, DNA evidence is still not 100% reliable *and*, very importantly, not always available. So what other types of evidence can be used instead of or in addition to DNA?

The testimony of a witness? Can we trust the witness' recall of the events, is it really reliable? Can their memory be influenced by their expectations or affected by trauma? What if a witness has only *heard* voices? Can a person reliably distinguish a voice from another? We will discuss all of these issues later. But for today let's talk about audio recordings made at the crime scene or over the phone.

In many movies, the audio recordings are clear enough to understand most of the words recorded, and it is just a question of matching the recording with the voice of the suspect. The investigators usually do this with fantastic technology that can produce a match within a few seconds. I'm afraid that in reality, however, this amazing technology doesn't exist. At least, not yet. Why?

To assess the possible match between a person's voice and the recording of a voice, the speech can be analyzed with computer software. Although speech scientists can analyze various features of speech, it is not yet clear which features can be used to distinguish one voice from another. That is because speech does not only vary *between* individuals, it also varies *within* the same person. Obviously, the voice of a person may be affected by sickness, tiredness and let's not forget alcohol, but it may also vary according to whom that person is speaking to, the social context, environmental conditions, and so on.

An additional problem lies in the quality of the recording, which is more often than not, very poor. And I mean, really, really poor. Since the recording has been done most likely in secret or by accident, it is usually done with a low quality microphone, possibly hidden in a suitcase, sometimes far from the center of the crime and with considerable background noises. This lack of quality interferes further with the ability to analyze the speech in the recording properly. Not only can it be difficult to identify who is speaking, but it may be difficult to even figure out what has been said or done.

In an attempt to solve this problem, a recording is sometimes "enhanced" before being presented in a court of law. This is usually done through manipulation of the speech signal, which gives the *impression* that we can understand the recording better. And I say "*impression*", because forensic researchers have demonstrated that it does NOT make the recording easier to understand. Instead, it provides a false sense of confidence in what people "*think*" they heard. To make matters worse, a transcript of the recording is sometimes presented to the court of law, which further increases this false sense of confidence, while the reliability of the transcript remains questionable.

全訳 こんにちは，私の名前はジェーン・ケンタラです。科学捜査についての今回の入門講習で講師を務めます。

そもそも科学捜査，すなわち鑑識とは何でしょうか。犯罪者に有罪を宣告するためには，その容疑者がその犯罪を行ったという証拠が必要です。科学捜査の目的とは，犯罪を捜査するのに科学的な手法をいかに応用するか，ということです。みなさんはきっと誰もが，犯人の有罪を証明するのにDNAを利用した映画を観たことがあるはずですね。といっても現実の世界では，DNA鑑定に基づいて有罪判決を受けてきた容疑者たちもいれば，中には何年もあとになってから，もっと信頼性のあるDNA鑑定技術に基づいて無罪と判断された容疑者だっているのです。ですから今でも，DNA鑑定はやはり100パーセント信頼できるわけではないこと，そしてきわめて重要なのは，いつでも利用できるわけではないこと，それを覚えておかなければならないのです。では，DNAの代わりに，またはDNAに加えて，ほかのどのような種類の証拠が利用できるのでしょうか。

目撃者の証言はどうでしょう。事件についての目撃者の記憶力は信用できるのでしょうか，それは実際に信頼してもよいものなのでしょうか。彼らの記憶が，自分はこうではないかと予想したことに影響を受けたり，あるいは心の傷に左右されたりすることはあり得るでしょうか。もしも目撃者が声を聞いてしまっただけだとしたら。人は，ある声を別の声と確実に区別することができるのでしょうか。このような問題はすべて後日，話し合うつもりです。でも今日は，犯罪現場において，または電話で行われた音声録音について話しましょう。

多くの映画では，音声録音は十分に明瞭なので，録音された言葉の大部分が聞き取れます。ですから，あとはただその録音を容疑者の声と一致させればいいのですね。映画の捜査官たちはいつもきまって，数秒以内で一致を引き出すことができる，夢のような技術を利用してこれを行うわけです。でも残念ながら，現実にはそんな驚異的な技術は存在しません。少なくとも，今までのところではまだないのです。それはどうしてでしょうか。

人の声と声を録音したものとが一致する可能性を判定するために，その音声をコンピュータのソフトウエアを使って分析することもあり得ます。音声科学者が音声のさまざまな特徴を分析することは可能ですが，ひとつの声を別の声と区別するのに，どの特徴を使えるのかが，まだはっきりとわからないのです。というのも，音声は個々人で異なるだけでなく，同じ人でも異なるからです。もちろん，人の声は病気や疲れ，それにお酒も忘れないようにしましょう，そういうものによって影響を受けるかもしれませんし，しかも，その人が誰と話をしているか，社会的にどのような背景を持つか，さまざまな周囲の状況はどうなっているか，などということによっても異なるかもしれないのです。

さらなる問題は録音の品質にありますが，たいていの場合はきわめて悪いのです。いえ，と言うか，本当に，ものすごく悪いのです。そうした録音は，たぶんこっそり，または偶然に行われてきたわけで，ほとんどの場合，録音するのに低品質のマイクロホンが使われていて，もしかするとスーツケースの中に隠されていたり，ときには犯罪の中心から遠く離れていたり，かなり大きな背景の雑音が聞こえたりします。こうした録音の質の悪さが，録音された音声をきちんと分析する能力をさらに邪魔してしまうのです。誰が話しているのか特定するのが難しい可能性があるだけではなくて，話されてきた内容や，何が行われてしまっているかを把握することすら，困難かもしれません。

このような問題を解決しようとして，法廷に提出される前に，録音がときおり「補正される」ことがあります。これは通常，音声信号を操作することで行われます。そうすることによって，私たちがその録音をもっとよく聞き取れるような「印象」を与えるのです。いいですか，私は「印象」と言っていますが，なぜかというと，科学捜査の調査員たちが，補正されたからといってその録音がより聞き取りやすくなるわけではない，と証明してきたからです。それよりむしろ，補正することで，人々が自分たちには聞こえたと「思う」ことについて，間違った自信を持たせてしまうのです。さらに悪いことに，ときには録音を文字に起こしたものが法廷に提出されることもあって，そのせいで，文字に起こした録音の信頼性は疑わしいまま，この間違った自信はなおいっそう強化されてしまうのです。

考え方

⒃「講義によると，forensicsとは何か」

a)　補正された音声録音の信頼性を分析すること。

b)　目撃証言を分析すること。

c)　刑事裁判において先進的な技術を使用すること。

d)　容疑者に有罪判決を下す証拠としてDNA鑑定を使うこと。

e)　犯罪を捜査するために科学的手法を使用すること。

正解は **e)**。第2段落第3文 (Forensics is about ...) に「科学捜査の目的は，犯罪を捜査するのに科学的な手法をいかに応用するかだ」と述べられていることから正解は e) に決まる。

⒄「この講義で，講師は我々にDNA鑑定は…だと言う」

a)　一部の場合，あまりに容易に操作できる場合がある

b)　裁判所に誤った自信を与え得る

c)　入手可能なことは確実

d)　不正確である可能性が最も高い

e)　常に信頼できるわけではない

正解は **e)**。第2段落第6文 (So, we must keep ...) で「DNA鑑定はやはり100パーセント信頼できるわけではない」と述べられているので正解は e) に決まる。

⒅「講師によると，…」

a)　特定の声の主が誰か特定することは難しい。

b)　ある人が録音に疲れているかどうかを知ることは難しい。

c)　声と録音とを一致させることは簡単である。

d)　証人の陳述を記録することは重要である。

e)　犯罪者を有罪にするために録音を使うことは不可能だ。

正解は **a)**。第4段落第2～3文 (The investigators usually ...) で「数秒以内で一致を引き出すことができる，夢のような技術は存在していない」と述べられており，以降の段落で声の主を特定することが難しい理由が述べられているので，正解は a) に決まる。

⒆「『補正された音声録音』について正しくないものはどれか」

a)　聞き手に誤った印象を与える可能性がある。

b)　音声信号を操作することで作られる。

c)　それはときどき刑事裁判に提示される。

d)　それは裁判所により自信を持たせる。

e)　それは録音をより聞き取りやすくする。

正解は **e)**。第7段落第3文 (And I say ...) に「補正されたからといってその録音がより聞き取りやすくなるわけではない」と述べられていることから e) が正解。

⒇「講師によれば，音声録音を書き起こしたものは…」

a)　誤解を招く場合がある。

b)　決して裁判で使うことはできない。

c)　かなり信頼できる。

d)　通常品質が極めて低い。

e)　裁判所に提示されなければならない。

正解は **a)**。第7段落最終文 (To make matters ...) で「補正された録音を文字に起こしたものが裁判に提出され，間違った自信がいっそう強化される場合がある」と述べられている。「間違った自信が強化される」ということは「誤解を招いている」ことになるので，a) が正解となる。

解答

(16)－e)	(17)－e)	(18)－a)	(19)－e)	(20)－a)

2021 年

音声ファイル
21_01～21_03

3 (A) スクリプト

DAVE DAVIES, HOST: If you had the artistic talent to create impressive paintings, could you imagine devoting that skill to copying the work of past artists? Our guest is art scholar Noah Charney, whose new book looks at the techniques, interesting characters and consequences of faking art, dating back to the Renaissance.

Noah Charney, welcome to the program. So what physical things would you look for in a painting to help determine its authenticity?

NOAH CHARNEY: Well, for an oil painting, one of the things that has to be copied is called craquelure.

DAVIES: Can you tell us what craquelure is?

CHARNEY: Craquelure is the web of cracks that appears naturally in oil paint over time as it expands and contracts, and it has a pattern on the surface like a spider web. What you can do is study that pattern and determine whether it was artificially produced to make it look old quickly or whether it appeared naturally.

DAVIES: How do you create craquelure?

CHARNEY: Some of the characters in my book gave accounts of their own recipes because they wanted to be famous, and one of them is Eric Hebborn—and if I'm allowed to have a favourite, it would be him.

DAVIES: Why is that?

CHARNEY: He's the only one who I would argue was at the same artistic level as the people he imitated. In his recent book, he explains how to cover an oil painting in something like butter, and then you literally bake the painting like cookies in an oven and it produces something that looks like craquelure. This takes time and effort but he was able to successfully achieve it.

DAVIES: What else matters—labels, letters, the material that it's painted on?

CHARNEY: Well it's very important to look at the back of paintings and prints.

There's a lot of information there that people tend not to look at, like old stamps from auctions or previous owners. There might be information on the frame itself—where the canvas was purchased, for instance. These sorts of details are very important, but people tend to look at the front of a painting and not turn it over.

DAVIES: And wormholes also tell a story, right?

CHARNEY: Yes, and that is one of the most difficult things to reproduce. These are literally holes that tiny insects make. They eat their way through paintings and it's incredibly difficult to do anything that looks organic and irregular if you're trying to reproduce it by hand using tools like small drills or screws.

So for each means used by someone faking art, there's a way we can spot it. But the trick is that it rarely gets to the point of deep analysis. The nature of the art trade is that, if it looks pretty good and experts agree on it and if the documented history looks credible, then nobody bothers with scientific testing. And it probably shouldn't be that way but it's been that way for a very long time.

全訳　(解説のために，便宜的に発言者名の後ろに番号①～⑥を振ってある)

デーブ・デービス，司会①：もし自分に素晴らしい絵を描く芸術的才能があったなら，その技能を過去の画家たちの作品を複製することに費やすことなど想像できるでしょうか。本日のゲストは美術研究者のノア・チャーニさんです。ご自身の新著の中で，ルネサンスにまで遡って，美術作品を偽造する技術や興味深い特徴，その影響などについて考察していらっしゃいます。ノア・チャーニさん，ようこそ当番組へ。それで，絵画が本物かどうか決める手立てとして，どういった物的要素を絵画の中で探すのでしょうか。

ノア・チャーニ①：そうですね，油絵の場合は，真似なければいけない要素の一つにクラクリュールと呼ばれるものがあります。

デービス②：クラクリュールとはどういうものか説明していただけますか？

チャーニ②：クラクリュールというのは網目状の亀裂のことで，時の経過とともに絵が膨張したり収縮したりするうちに油絵に自然と現れるものです。表面にクモの巣のような模様ができるのです。我々にできることとして，その模様を調べてそれが絵を古く見えさせるために人工的に短時間で作り出されたものか，あるいは自然と生じたものかを決定するといったことがあります。

デービス③：クラクリュールはどのようにして作り出すのですか？

チャーニ③：私の本の中に登場する人物たちの中には，有名になりたいという理由から自分自身のレシピを説明した人がいます。その1人にエリック・ヘボーンがいますが，もし一人自分のお気に入りを選んでよいとすると，彼になりますね。

デービス④：それは何故でしょう？

チャーニ④：自分が真似た画家たちと同じ芸術的水準にいると私が主張できるのは彼しかいないからです。近著の中で彼はバターに似たもので油絵を覆う方法を説明しています。それから文字通りオーブンでクッキーのように絵を焼くと，クラクリュールらしきものが出来上がるわけです。これは手間暇がかかりますが，彼は見事に成し遂げることができました。

デービス⑤：他にはどういったものが重要でしょうか。ラベルだとか，文字だとか，絵が描かれている材質などでしょうか。

チャーニ⑤：そうですね，絵画や版画の裏側を調べるのが非常に重要です。オークションとか前の所有者とかの古い証印などのような，人々が見落としがちな情報がそこにたくさんあるのです。額縁自体にも情報があるかもしれません。例えば，そのキャンバスの購入先などです。この類の詳細は非常に重要なのですが，皆さん，絵の正面のほうばかり見て，絵をひっくり返さない傾向があるんですよね。

デービス⑥：それから虫食いの穴からも絵画の履歴がわかるのですよね？

チャーニ⑥：そうです。そしてそれが再現するのが最も難しいものの一つなのです。これらは文字通り小さな虫が作り出す穴です。虫が絵を食べて穴を開けるのですが，小さなドリルやネジのような工具を使って手で再現しようとしても，自然で不規則に見えるようにするのはとにかくすごく難しいのです。ですから，美術作品を偽造する人が何かの手段を用いるたびに，それを見抜く方法があるわけです。ですが，要は，それが深く分析されるところまで達することはめったにないということです。美術作品の取引の性質は，見た目が非常によく専門家もそれに同意すれば，そして証明書が示す履歴も信用できそうであれば，誰もわざわざ科学的検査などやらない，といったものなのです。そしておそらくそんなふうであるべきではないのですが，長年ずっとそうだったのです。

考え方

(6)「『クラクリュール』とは何か」

a) 絵画を長期間覆うことで生じる欠陥。

b) 絵画の膨張や収縮により生じる線。

c) 絵画の表面にクモが作り出す印。

d) 絵画を虫が食うことで生じる模様。

e) 絵画の上に画家が作る染み。

正解は **b)**。チャーニは発言②の第1文 (Craquelure is the ...) で「クラクリュールというのは網目状の亀裂のことで，時の経過とともに絵が膨張したり収縮したりするうちに油絵に自然と現れるものです。表面にクモの巣のような模様ができるのです」と述べている。よって，b) が正解となる。a) と e) については，言及がなく誤り。c) については，「クモの巣のような模様」と言われているだけで，実際に「クモが作り出す」とは言われていない。d) については，チャーニの発言⑥で虫食いによる穴が語られているが，これは「クラクリュール」とは別のものであり，誤り。

(7)「チャーニが書き記している全人物のうち，エリック・ヘボーンが彼のお気に入りなのはなぜか」

a) 彼は自分が作品を模倣する画家と同じ水準の技術を有するから。

b) 彼は美術作品を偽造することをテーマとする本を数冊書いているから。

c) 彼は絵画を模倣するための数多くの技法を発明したから。

d) 彼は最も有名だから。

e) 彼はクラクリュールを見事に再現する唯一の人物だから。

正解は **a)**。チャーニは発言④の第1文 (He's the only ...) で「真似している画家たちと同じ芸術的水準にいると私が主張できるのは彼しかいないからです」と述べていることから，a) が正解。b) ～ d) については，言及がなく誤り。e) については，発言④の最終文 (This takes time ...) で関連する内容が述べられているが，ヘボーンがクラクリュールを再現する「唯一の人物」とまでは述べられていない。

(8)「虫食いの穴に関する次の記述のうち，正しくないものはどれか」

a) それらは機械的に再現するのが難しい。

b) それらは規則的な形状をしていない。

c) それらは絵画の模倣で最も難しい側面の一つである。

d) それらは虫が絵画を食べることにより作り出される。

e) それらは適切な種類の道具を使えば簡単に再現することができる。

正解は e)。チャーニは発言⑥の第1文 (Yes, and that ...) から第3文 (They eat

their ...) で「そうです。そしてそれが再現するのが最も難しいものの一つなのです。これは文字通り小さな虫が作り出す穴です。虫が絵を食べて穴を開けるのですが，小さなドリルやネジのような工具を使って手で再現しようとしても，自然で不規則に見えるようにするのはとにかくすごく難しいのです」と述べている。この中の「それ（＝虫食いの穴）が再現するのが最も難しいものの一つなのです」という部分が c) に，「虫が絵を食いちぎって進んでいく」という部分が d) に相当する。同該当箇所の後半の「小さなドリルやネジのような工具を使って手で再現しようとしても，自然で不規則に見えるようにするのはとにかくすごく難しい」という部分が a) と b) に相当する。これらに対し，e) についてはこの箇所と矛盾しているので，これが正解となる。

(9) 「チャーニによると，多くの偽造絵画がそうしたものとして認識されていないのは…からである」

a)　精密な検査にかけられる芸術作品はほとんどない

b)　専門家が絵画の額縁を調べることはめったにない

c)　偽造者には絵画を模倣する方法があまりにも数多くある

d)　偽造絵画の効果的な特定方法が十分に存在しない

e)　時の経過の中での絵画の変化の仕方に関する知識が我々には乏しすぎる

正解は **a)**。チャーニは発言⑥の第5文 (But the trick ...) で「要は，それ（＝偽造された美術作品）が深く分析されるところまで達することはめったにないということです」と述べていることから，a) が正解。b) については，チャーニは発言⑤の第3文 (There might be ...) から最終文 (These sorts of ...) で「額縁自体にも情報があるかもしれません。例えば，そのキャンバスの購入先などです。この類の詳細は非常に重要なのですが，皆さん，絵の正面のほうばかり見て，絵をひっくり返さない傾向があるんですよね」と述べられているが，ここでは主体は単に people となっており specialists とは言われていないので誤り。c) と e) については，述べられておらず誤り。d) については，チャーニは発言⑥の第6文 (The nature of ...) から最終文 (And it probably ...) で「美術作品の取引の性質は，…誰もわざわざ科学的検査などやらない，といったものなのです。そしておそらくそんなふうであるべきではないのですが，長年ずっとそうだったのです」と述べられており，チャーニは科学的検査を偽造絵画の効果的な特定方法として認めているとみなせるが，多くの偽造絵画がそう認識されていないのはそのような方法が「十分に存在しないからだ」と彼が考えているとはみなせないことから，誤り。

⑽「我々は偽造品と本物の作品を…最も はっきりと区別することができる」

a) その様式が同じ画家の他の既知の作品と同様であることを確認することによって
b) その絵画で用いられている正確な材質を特定することによって
c) その絵画の裏側に書かれている内容や他の印を調べることによって
d) その絵画に添付されている証明書に記された履歴を調べることによって
e) 最新の科学技術を使ってその絵画を検査することによって

正解は **e)**。チャーニは発言⑥の第 6 文 (The nature of ...) から最終文 (And it probably ...) で「美術作品の取引の性質は，見た目が非常によく専門家もそれに同意すれば，そして証明書が示す履歴も信用できそうであれば，誰もわざわざ科学的検査などやらない，といったものなのです。そしておそらくそんなふうであるべきではないのですが，長年ずっとそうだったのです」と述べられている。この内容からすると，チャーニが最も重視しているのは（「最新」とまでは述べられていないものの）「科学的検査」であるとみなせることから，e) が正解。a) については，述べられておらず誤り。b) については，デービスが発言⑤ (What else matters ...) の中で言及しているものの，チャーニ自身は何も述べておらず，誤り。c) と d) については，それぞれチャーニの発言⑤ (Well, it's very ...) と発言⑥第 6 文 (The nature of ...) で関連する内容が述べられているが，それらが偽造品と本物を「最もはっきりと」区別できる方法だとまでは言われておらず，誤り。

解答

⑹－b)　⑺－a)　⑻－e)　⑼－a)　⑽－e)

3 ⑻ **スクリプト**

MARY LOUISE KELLY, HOST: In a Manhattan court, a trial is taking place that has attracted the art world's attention. The trial is about a painting that was believed to be by the famous artist Mark Rothko and valued at more than eight million dollars. Or at least it was right up to the moment it was discovered that the painting is not by Rothko but is in fact a fake and worth, well, a lot less than eight million dollars. To learn more we called up Noah Charney. He's the author of a new book on art fakes. Mr. Charney, describe the painting for us if you would. I gather it's actually in the court room there, propped up next to the witness stand?

NOAH CHARNEY: It is. It's a large-scale work on canvas. It's red and black. And it's abstract the way we think of most of the Rothko works. Certainly, in terms of style, it looks like an authentic painting by Rothko.

KELLY: Now, it must be an awfully good fake. I was reading through some of the reports of the trial, and one columnist wrote, it's so good it almost looks as though Rothko was guiding the painter's hand. Apparently it was good enough to fool the buyer, who is none other than the chairman of Sotheby's, the best-known art auction house in the world.

CHARNEY: It's an interesting question because knowing whether an artwork is fake is a centuries-old problem. Sometimes, painters of fakes become more famous than the original artists whose style they have copied. And so as an object, it's an absolutely beautiful one.

KELLY: Are fakes getting better?

CHARNEY: Fakes might be getting better, but they wouldn't have to be. And this is where it's a little bit complicated. There has always been too much dependence on expert opinion, which is subjective. It's not good, but that's what people still rely on. So when experts say that this is original, people are inclined to believe them.

KELLY: You mean an expert like the owner of the gallery that sold this painting?

CHARNEY: Exactly. And so there's a dependence and a sort of general agreement within the art world that has existed for centuries now that says, you know, if we say this is genuine, it is to the best of our knowledge, and that's that. There are two other things to consider, though. You can do research that looks at the documented history of the object to see if it matches what we see on the surface. And then there's scientific testing. And very few fakes would pass scientific tests. But they don't have to, and painters of fakes know this. If it looks pretty good, and if the history of the artwork appears convincing enough, then it will almost never be tested scientifically.

KELLY: Any idea what will happen to this painting at the end of the trial?

CHARNEY: I would like to see it survive and be put on display in a museum as a fake, for educational purposes. But some countries require that fake artworks be destroyed. And that's a shame because it's a beautiful object and it's something we can learn from as long as it does no harm and doesn't trick anyone in the future.

KELLY: All right. That's art historian Noah Charney. Thank you so much.

CHARNEY: Thanks for having me.

全訳（解説のために，便宜的に発言者名の後ろに番号①～⑥を振ってある）

メアリー・ルイーズ・ケリー，司会①：あるマンハッタンの裁判所で，美術界の注目を集めているある裁判が現在行われています。その裁判はある絵画を巡るものなのですが，その絵画というのは著名画家マーク・ロスコによるもので800万ドル超の価値があると思われていました。いや少なくとも，その絵画がロスコによるものではなく実は偽物で，800万ドルにはるかに及ばない価値しかないことが発見される瞬間までずっと，そう考えられていました。さらに事情を把握すべく，ノア・チャーニさんに電話が繋がっています。チャーニさんは贋作に関する新刊の著者です。チャーニさん，よろしければその絵画を我々に説明していただきたいのですが。私が思うに，実際にその絵はそちらの法廷内にあって，証人席の横に立てかけられているようですね？

チャーニ①：そうです。それは大型のキャンバス画です。赤と黒で，たいていのロスコ作品について我々がイメージするように抽象的なものです。たしかに，様式の点からすると，ロスコの本物の絵画のように見えますね。

ケリー②：そうすると，それは非常によくできた偽造品に違いありませんね。裁判に関する記事をいくつか読んでいたのですが，あるコラムニストがほとんどロスコが画家の手を動かしていると思われるくらいによくできていると書いていましたよ。どうやら買い手も騙されるほど似ていたようですね。買い手というのは，世界で最も著名な美術品競売会社サザビーズの他ならぬ会長だったわけですが。

チャーニ②：芸術作品が偽物か見抜けるかどうかというのは何世紀も前からある問題ということもあって，興味深い問題ですね。時には偽物の画家のほうが彼らが様式を真似た本物の画家よりも有名になることもあります。ですから，オブジェとしては間違いなく美しいものなのです。

ケリー③：贋作の質はよくなっているのですか。

チャーニ③：贋作の質があがっている可能性もあるでしょうが，そうだとも限らないでしょう。またそこが少し話が複雑になるところです。専門家の意見に頼りすぎるところが常にあったわけですが，専門家の意見といえども主観的なものです。それはよくないのですが，しかし依然としてそれが皆の頼みの綱になっています。ですから専門家がこれは本物だと言えば，人は専門家の言うことを信じる傾向があります。

ケリー④：つまり，この絵を売った画廊のオーナーのような専門家のことでしょうか？

チャーニ④：その通りです。ですから専門家へのある種の従属があって，『いいですか，我々がこれは本物だと言ったら我々の知る限り本物であり，それで決まりです』といった，もう何世紀も存続してきた一般的な取り決めのようなものが美術界の内部にあるわけです。ただし，考慮するべき点がもう二つあるのですがね。その作品の証明書に記されている履歴を確認して調査することができますよね。それが表面的に我々に見えるものと一致するかどうか確かめるためにです。また次に科学的検査があります。そうすると科学的検査を通過する偽造品はごく僅かでしょう。しかしそれは必要ではありませんし，偽造画家たちもそれを知っています。外見上非常によく出来ていて，作品の履歴も十分説得力があるように見えれば，その場合はその作品が科学的な検査を受けることはほぼ絶対にないでしょう。

ケリー⑤：最終的に裁判でこの絵はどうなるか，何かお考えはありますか？

チャーニ⑤：私としてはそれが生き延びて偽造品として美術館に展示されるのを見たいです，教育上の目的からですが。しかし偽造された芸術作品を破壊するよう義務づけている国もあります。そうなってしまうと残念なことです。それは美しいオブジェなのですし，この先危害をもたらさず誰も騙したりしない限り，それは我々が何かを学べるものであるわけですから。

ケリー⑥：わかりました。以上，美術史研究者のノア・チャーニさんでした。どうもありがとうございました。

チャーニ⑥：お招き頂きありがとうございました。

考え方

(11)「ロスコの絵の偽造作品の特徴としてチャーニが言及していないものは次のうちどれか」

a)　それは大きな絵画である。

b)　それは抽象画である。

c)　それはロスコ的な様式で描かれている。

d)　それはかつてロスコが使ったキャンバスに描かれている。

e)　それは赤と黒を使っている。

正解は **d)**。チャーニは発言①の第 2 文 (It's a large-scale ...) から最終文 (Certainly, in terms ...) で「それは大型のキャンバス画です。赤と黒で，たいていのロスコ作品について我々がイメージするように抽象的なものです。たしかに，様式の点からすると，ロスコの本物の絵のように見えますね」と述べている。このうち，「それは大型のキャンバス画です」という部分は a) に相当する。同様に，「たいていのロスコ作品について我々がイメージするように抽象的なものです」という部分は b) に，「様式の点からすると，ロスコの本物の絵のように見えますね」という部分は c) に，「赤と黒で」という部分は e) に相当する。他方で，d) の内容については述べられておらず，これが正解となる。

⑿「この対話によると，その絵画はロスコの作品にあまりに似ているので，それは…を欺いたほどだった」

a)　ノア・チャーニ

b)　サザビーズの会長

c)　最初にそれについて書いたコラムニスト

d)　あるマンハッタンの裁判所の裁判官

e)　裁判を報道している記者

正解は **b)**。ケリーは発言②の最終文 (Apparently it was ...) で「どうやら買い手も騙されるほど似ていたようですね。買い手というのは，世界で最も著名な美術品競売会社サザビーズの他ならぬ会長だったわけですが」と述べている。よって，b) が正解。

⒀「問題の絵画は現在どこにあるか」

a)　それは破壊された。

b)　それは教育目的で使用されている。

c)　それは法廷内にある。

d)　それは美術館のコレクションに入っている。

e)　それはノア・チャーニの所有物になっている。

正解は **c)**。ケリーは発言①の最終文 (I gather it's ...) で「実際にその絵はそちらの法廷内にあって，証人席の横に立てかけられているようですね？」と尋ねており，それに対してチャーニは発言①の第1文 (It is.) で「そうです」と答えている。よって，正解は c)。

⑭ 「絵画が本物かどうかを決めるのに通常美術界が頼りにしているのは次のうちどれか」

a) 様式の分析。

b) 証明書に記された履歴。

c) 専門家の意見。

d) 所有者の記録。

e) 厳格な検査。

正解は **c)**。チャーニは発言③の第3文 (There has always ...) から最終文 (So when experts ...) で「専門家の意見に頼りすぎるところが常にあったわけですが，専門家の意見といえども主観的なものです。それはよくないのですが，しかし依然としてそれが皆の頼みの綱になっています。ですから専門家がこれは本物だと言えば，人は専門家の言うことを信じる傾向があります」と述べている。また，チャーニは発言④の第2文 (And so there's ...) で専門家の意見について「ですから専門家へのある種の従属があって，『いいですか，我々がこれは本物だと言ったら我々の知る限り本物であり，それで決まりです』といった，もう何世紀も存続してきた一般的な取り決めのようなものが美術界の内部にあるわけです」と述べている。以上より，正解は c) とわかる。

⑮ 「美術品の贋作についてノア・チャーニが打ち明けている意見は次の記述のうちどれか」

a) それらは騙された人に恥をかかせる。

b) それらは誰かがそれらから儲けを得るのを防ぐために破壊されるべきだ。

c) それらは教育上の目的から保存されるべきだ。

d) それらは製作方法を明らかにするために科学的に検査されるべきだ。

e) それらは他のいかなる芸術作品とも同様に扱われて美術館に展示されるべきだ。

正解は **c)**。チャーニは発言⑤の第1文 (I would like ...) で「私としては絵が生き延びて偽造品として美術館に展示されるのを見たいです，教育上の目的からですが」と述べている。「絵が生き延びて」という部分が「保存されて」という部分に相当するとみなせることから，c) が正解となる。e) もこの第1文の内容に近いが，上記該当箇所ではあくまで「偽造品として」美術館に展示されると述べられているのに対して，e) では「他のいかなる芸術作品とも同様に扱われて」とあり，その点で誤りとみなせる。a) と b) については，そのような内容は述べられておらず，誤り。d) については，チャーニの発言④の中で「偽造品は科学的検査を受けるべきだ」という考えは述べられているが，その目的が「製作方法を明らかにするため」だとは言われておらず，誤り。

解答

(11)－d)	(12)－b)	(13)－c)	(14)－c)	(15)－c)

3 (C) スクリプト

In our history, the end of a civilization has rarely been sudden and unexpected. Usually the process is long, slow and leaves society and culture continuing for many years. The collapse of the Mayan civilization in Central America, for example, took place over three centuries between 750 and 1050 CE. It was marked by a 10 to 15 per cent increase in death rate and some cities were abandoned, but other areas flourished, and writing, trade and urban living remained until the arrival of the Spanish in the 1500s.

The collapse of civilizations can also provide benefits for some. The emergence of the nation-state in Europe wouldn't have happened without the end of the Western Roman Empire many centuries before. This has led some scholars to speculate that collapse is like a forest fire—an act of creative destruction that provides resources for evolution and space for reorganization.

Our visions of past collapses are typically seen through the eyes of its most privileged victims: the elite, whose lives, unlike those of the poor, remain comparatively well documented. But for the peasants of Sumer in ancient Mesopotamia, for instance, the political collapse that took place at the beginning of the second millennium BCE was the best thing that could have happened. Researchers have known for some time that early states had to restrict the freedom of much of their population. The end of the Sumerian civilization and the disappearance of harsh rulers from cities meant that the peasants could escape from hard labor and heavy taxation.

None of this means, however, that we should not be concerned about the prospects for a future fall. We are more dependent than ever on state infrastructure; lack of this can cause chaos. Take the near-total loss of electricity that affected New York City in 1977. Crime and destruction surged; 550 police officers were injured, and 4,500 people were arrested. This was the outcome of the financial crises in the 1970s as well as a simple loss of electricity. By contrast, a power cut in 1877 in New York City probably wouldn't even have been noticed.

Modern civilizations might be less capable of recovering from deep collapse than earlier ones. Individual hunter-gatherers knew how to live off the land—yet people in industrial society lack basic survival skills. Knowledge is increasingly held not by individuals but by groups and institutions. It is not clear if we could recover if our present society collapsed.

Finally, it's significant that the world has become more interconnected and complex. This enhances our capabilities but interconnected systems are more prone to random failure than isolated ones. Interconnectedness in financial systems can initially provide protection, but after a certain point it can actually cause everything to collapse. Historically this is what happened to Bronze Age societies in the Mediterranean. The interconnectedness of these people increased the prosperity of the region, but also set up a row of dominoes that could be knocked down by a powerful combination of earthquakes, warfare, climate change and rebellions.

Collapse, then, is a double-edged sword. Sometimes it's a chance to revive decaying institutions, yet it can also lead to loss of population, culture and political structures. If in the past, collapse has had both positive and negative consequences, in the modern world it might only lead to a dark future.

全訳　我々の歴史において，文明の終わりが突然に予期せぬ形で起こったことは滅多になかった。通例，その過程は長く，ゆっくりとしたもので，社会や文化を長年の間続かせておく。例えば，中央アメリカにおけるマヤ文明の崩壊は，西暦 750 年から 1050 年にかけて 300 年にわたって起こった。その特徴は，死亡率が 10 ～ 15％増えたことで，一部の都市は廃墟と化したが，他の地域は繁栄し，1500年代にスペイン人が到来するまで，ものを書くことや貿易や都市生活は残った。

文明の崩壊によって恩恵を受ける可能性がある人もいる。ヨーロッパの国民国家は，もし何世紀も前に西ローマ帝国が終焉を迎えていなかったら，出現しなかっただろう。このため，学者たちの中には，崩壊は森林火災，つまり進化のための資源と再編成のための空間を与えてくれる創造的な破壊行為に似ていると考える人も出てきたのだ。

過去の崩壊に対する我々のイメージは，一般的には，最も特権のある犠牲者，つまりエリートの目を通して見たもので，彼らの生活は，貧しい人々の生活とは違って，比較的十分に文書で裏付けられている。しかし，例えば，古代メソポタミアのシュメールの小作農たちにとって，紀元前第二千年紀の始まりに起こった政治的崩壊は，起こる可能性のあったことの中で最高のことだったのだ。初期の国家は住民の多くの自由を制限しなければならなかった，ということを研究者たちが知って久しい。シュメール文明が終焉し，都市から厳しい支配者が居なくなったということは，小作農が厳しい労働と重税から逃避できる，ということを意味したのだ。

しかしながら，このことはいずれも，将来の衰退の可能性について心配する必要がない，ということを意味するわけではない。我々はかつてないほど国家基盤に依存している。これが無くなってしまうと，大混乱が生じる可能性がある。1977年にニューヨーク市に影響を及ぼしたほぼ全面的な停電について考えてみよう。犯罪や破壊行為が急増し，550人の警察官が負傷し，4,500人の人々が逮捕された。これは，単なる停電のみならず，1970年代の金融危機の結果でもあった。それとは対照的に，ニューヨーク市で1877年に停電が起こったとしても，おそらく気づかれさえしなかっただろう。

現代の文明は，以前の文明よりも，深刻な崩壊から復興する能力に劣るかもしれない。個々の狩猟採集民は，自給自足で暮らす方法を知っていたが，工業社会の人々は生き残るための基本的な技術に欠けている。知識は，個人ではなく，集団や組織がますます所有している。もし我々の現在の社会が崩壊したら，我々が復興できるかどうか明らかではない。

最後に，世界がより相互につながり複雑になってきたことが重要である。このことによって我々の能力が高まるのだが，相互につながりのある組織は，孤立した組織よりも偶発的な不具合を起こしやすい。金融制度において相互につながりがあることは，はじめは保護をしてくれる可能性があるが，ある時点を過ぎると，実際には何もかも崩壊させてしまう可能性がある。歴史的に見ると，これが青銅器時代の地中海の社会に起こったことである。これらの人々が相互につながっていたことで，その地域の繁栄が増大したが，地震や戦争や気候変動や反乱が強力に組み合わさることによって倒される可能性があるドミノの列のようなものも作り上げてしまったのだ。

そうなると，崩壊とは諸刃の剣のようなものである。時にはそれは腐敗しつつある組織を復活させるための機会にもなるが，住民や文化や政治機構を失うことにつながる可能性もあるのだ。過去であれば崩壊には肯定的な結果も否定的な結果もあったが，現代の世界においては，暗い未来につながるだけかもしれない。

考え方

⒃「以下の文のうち，マヤ文明の崩壊と一致しないものはどれか」

a) ますます多くの人々が文明の衰退と共に亡くなった。

b) 文明が没落したにもかかわらず，一部の地域は繁栄し続けた。

c) 人口が減少したため，一部の都市は人が住まなくなった。

d) スペイン人が到来するまで一部の文化的な活動は続いた。

e) マヤ文明は比較的速く破壊された。

正解は **e)**。第1段落第3文 (The collapse of ...) で「中央アメリカにおけるマヤ文明の崩壊は，西暦750年から1050年にかけて300年にわたって起こった」と述べられており，速いとは言えないので e) が一致しない選択肢である。

a)，b)，c)，d) はいずれも第1段落最終文 (It was marked ...) の「その特徴は，死亡率が10～15％増えたことで，一部の都市は廃墟と化したが，他の地域は繁栄し，1500年代にスペイン人が到来するまで，ものを書くことや貿易や都市生活は残った」という記述に一致する。

⒄「文明の崩壊についての以下の文のうち，講義で言及されていないものはどれか」

a) それは生態系全体が永遠に失われる森林火災に似ている。

b) それは成長と衰退という自然の過程の一部である。

c) それによってヨーロッパで国民国家が出現することが可能になった。

d) それは，我々が通例エリートたちの観点から歴史を見るので，否定的な観点で見られる傾向がある。

e) 社会の最も貧しい構成員たちに起こったことに関する記録を我々はほとんど持っていない。

正解は **a)**。第2段落最終文 (This has led ...) で「このため，学者たちの中には，崩壊は森林火災，つまり進化のための資源と再編成のための空間を与えてくれる創造的な破壊行為に似ていると考える人も出てきたのだ」と述べられていることから，b) に関しては一致すると言えるが，一度崩壊したうえで，さらに進化をするための創造的な行為なのだから，「永遠に失われる」という a) は本文の内容に反しており，これが一致しない選択肢である。

c) については，第２段落第２文 (The emergence of ...) の「ヨーロッパの国民国家は，もし何世紀も前に西ローマ帝国が終焉を迎えていなかったら，出現しなかっただろう」と仮定法で述べられていることから，「西ローマ帝国が崩壊したからこそヨーロッパに国民国家が出現した」ということがうかがえるので正しい。d) と e) だが，まず第３段落第１文 (Our visions of ...) で「過去の崩壊に対する我々のイメージは，一般的には，最も特権のある犠牲者，つまりエリートの目を通して見たもので，彼らの生活は，貧しい人々の生活とは違って，比較的十分に文書で裏付けられている」と述べられていることから，裏を返せば貧しい人々の生活は文書で裏付けられていないことがうかがえるので，e) は正しい。そして第３段落第２文 (But for the ...) で「しかし，例えば，古代メソポタミアのシュメールの小作農たちにとって，紀元前第二千年紀の始まりに起こった政治的崩壊は，起こる可能性のあったことの中で最高のことだったのだ」と述べられていることから，裏を返せばエリートの視線から見た崩壊は良くないイメージであることがうかがえるので，d) も正しい。

⒅「講義によると，古代メソポタミアのシュメールの崩壊は」

a)　都市だけに影響を及ぼした衰退の具体例である。

b)　重税へとつながった。

c)　紀元前第二千年紀の終わりに起こった。

d)　シュメール社会の下層階級の人々にとっては安堵となるものだった。

e)　地主に起こる可能性のあった最高の出来事だった。

正解は **d)**。第３段落第２文 (But for the ...) で「古代メソポタミアのシュメールの小作農たちにとって，紀元前第二千年紀の始まりに起こった政治的崩壊は，起こる可能性のあったことの中で最高のことだったのだ」と述べられていることからまず時期的には c) は誤りで，小作農たちに影響があったということは都市だけとは言えないので，a) も誤りである。さらに第３段落最終文 (The end of ...) で「シュメール文明が終焉し，都市から厳しい支配者が居なくなったということは，小作農が厳しい労働と重税から逃避できる，ということを意味したのだ」と述べられていることから，b) も誤りで，結果的に d) が正解だと判断できる。e) の地主については講義では言及されていない。

⒆「1970 年代のニューヨークにおける停電についての講演者の意見に最もよく一致する文を選べ」

a)　多くの人々が地下鉄の事故で負傷した。

b)　文明の崩壊はいつでもどこでも起こり得る。

c)　ニューヨーク市は犯罪を減らすための措置をもっと取るべきだった。

d)　テクノロジーへの我々の依存は，今は他のどの時代よりも大きい。

e)　停電によって犯罪者が刑務所から逃走できた。

正解は **d)**。第4段落第2文 (We are more ...) で「我々はかつてないほど国家基盤に依存している。これが無くなってしまうと，大混乱が生じる可能性がある」と述べられており，実際それに対する具体例が1977年にニューヨーク市で起こった停電である。第4段落最終文 (By contrast, a ...) で「それとは対照的に，ニューヨーク市で1877年に停電が起こったとしても，おそらく気づかれさえしなかっただろう」と述べられていることから，この100年でテクノロジーへの依存度がかつてないほど高まったことに対する具体例であることがわかるので，d) が正解である。他の選択肢は講義では一切言及されていないので誤りである。

(20)「講義によると，現代社会が以前の社会よりも崩壊する可能性が高いのは…からである」

a)　気候変動が緊急の脅威をもたらす

b)　人々は暗い将来の可能性について不安に思っている

c)　世界はかつてないほど相互につながっている

d)　それらの政治構造がより脆弱である

e)　今の戦争ははるかに破壊的な可能性を持っている

正解は **c)**。第6段落第1文 (Finally, it's significant ...) で「世界がより相互につながり複雑になってきたことが重要である」，続く第2文 (This enhances our ...) で「このことによって我々の能力が高まるのだが，相互につながりのある組織は，孤立した組織よりも偶発的な不具合を起こしやすい」と述べられている。今がかつてないほど相互につながっているということは，孤立した組織というのは以前の社会と考えることができる。さらに第6段落第3文 (Interconnectedness in financial ...) で「金融制度において相互につながりがあることは，はじめは保護をしてくれる可能性があるが，ある時点を過ぎると，実際には何もかも崩壊させてしまう可能性がある」と述べられていることから，現代社会が以前の社会よりも崩壊する可能性が高いのは相互につながりがあるからだということがわかる。c) が正解。他の選択肢については講義の中で社会が崩壊する理由として言及されていない。

解答

(16) − e)　(17) − a)　(18) − d)　(19) − d)　(20) − c)

2020 年

音声ファイル
20_03

3 (A) スクリプト

著作権の都合上，省略します。

全訳

著作権の都合上，省略します。

考え方

(6) 「次の文のうち，子育てを大工仕事に喩える考え方と合わないものはどれか」

a) それは，子育てが基本的な材料を特定の形態へと形作るのに似ているということを前提としている。

b) それは子育ての最終目標に関する明確な考えを含んでいる。

c) それは子どもをうまく育てるための具体的な計画に従うことを伴う。

d) それは今日の先進諸国における子育ての主要なモデルである。

e) それは親とその他の活動的な主体者の間の協力を必要とする。

正解は **e)**。ゴプニックは２つ目の発言の第１文 (Well, if you ...) および第２文 (The idea is that ...) で「そうですねえ，現在の先進諸国における子育ての主流な文化を見てみると，それは大工であることと非常に似ています。イメージとしては，形作ったり並べ替えたりできる決まった材料を用いて作業していて，適切な技術を持って正しい指示に従えば，子どもをある特定の種の大人へと形作ることができる，というものです」と述べている。この中の「形作ったり並べ替えたりできる決まった材料を用いて作業していて，適切な技術を持って正しい指示に従えば，子どもをある特定の種の大人へと形作ることができる」という部分がa) に相当する。同様に，「子どもをある特定の種の大人へと形作ることができる」という部分が b) に，「適切な技術を持って正しい指示に従えば，子どもをある特定の種の大人へと形作ることができる」という部分が c) に，「現在の先進諸国における子育ての主流な文化を見てみると，それは大工であることと非常に似ています」という部分が d) に相当する。これらに対し，e) については述べられていないので，これが正解。

(7) 「次の人間社会における変化のうち，先進諸国における子育ての主要なモデルを生み出すのにより重要だったのはどれか」

a) 産業経済の発達。

b) 高等教育の出現。

c) 自身の子どもを持つ前に子どもの世話をする経験の減少。

d) 大きな拡大家族の増加。

e) 狩猟採集から定住農耕社会への移行。

正解は **c)**。ゴプニックは２つ目の発言の第１文 (Well, if you ...) で「そうですねえ，現在の先進諸国における子育ての主流な文化を見てみると，それは大工であることと非常に似ています」と述べていることから，「先進諸国における子育ての主要なモデル」は「大工モデル」である。そして，ヴェダンタムが３つ目の発言の第２文 (How did we ...) で「私たちはどのようにして大工の社会へと変わったのでしょうか」と尋ねたのを受けて，ゴプニックは３つ目の発言の第２段落第１文 (During the 20th ...) から最終文 (If I can ...) に渡って「しかし，20世紀の間に，家族はより小さくなって，より流動性が増し，夫婦が子どもを授かる年齢がより遅くなり，歴史上で初めて，家庭を築く人々の多くには，子どもの世話をする経験はあまりなかったが，学校に通ったり働いたりする経験はたくさんあるようになりました。なので，人々が次のように考えるのは自然なことだったと思います。『なるほど，これは学校に行くことや働くことのようなものになるんだな。適切なマニュアルまたは正しい方式を見つけることさえできれば，私はこの仕事をうまくこなし，良い物を産み出せるぞ』 こういった考えです」と，自分の子どもが生まれる前に子どもの世話をする経験が減ったことが，大工モデルの台頭に寄与したと説明している。よって c) が正解。

(8) 「次の文のうちインタビューで言及されていないものはどれか」

a) 現代社会においては，人々は子どもの世話をするという経験を最初にすることなしに家庭を持つことが多い。

b) 子育ては20世紀に変化し始めた。

c) 子育ては，学校に通うことや働くことと同様のものだとみなされるようになっている。

d) 子育ては，まず仕事で成功を収めるとよりスムーズに進む。

e) 親の中にはうまく子どもを育てるために正しいマニュアルを探すものもいる。

正解は **d)**。a) および b) については，ゴプニックの３つ目の発言の第２段落第１文 (During the 20th ...) に「しかし，20世紀の間に，家族はより小さくなって，より流動性が増し，夫婦が子どもを授かる年齢がより遅くなり，歴史上で初めて，家庭を築く人々の多くには，子どもの世話をする経験はあまりなかったが，学校に通ったり働いたりする経験はたくさんあるようになりました」と述べられている。c) および e) については，続く第２文 (So I think ...) および最終文 (If I can ...) に「なので，人々が次のように考えるのは自然なことだったと思います。『なるほど，これは学校に行くことや働くことのようなものになるんだな。適切なマニュアルまたは正しい方式を見つけることさえできれば，私はこの仕事をうまくこなし，良い物を産み出せるぞ』 こういった考えです」と述べられている。これらに対し，d) についてはどこにも述べられていないので，これが正解。

(9) 「次のうち，人間には特に長い子ども時代がある理由としてゴプニックが言及しているものはどれか」

a) それにより人間が言語を獲得できる。

b)　それにより人間がより柔軟で適応力を持つようになれる。

c)　それにより人間がより大きな脳を発達させることができる。

d)　それにより人間が人生をより十分に経験できる。

e)　それにより人間が周りの環境を保護できる。

正解は **b)**。ヴェダンタムが４つ目の発言 (You also point ...) で「あなたはまた，他の大半の動物と比べて，人間には非常に長い子ども時代があることも指摘していますね」と述べたのを受けて，ゴプニックは４つ目の発言の第４文 (One idea is ...) および次の最終文 (And that's what ...) で「一つの考えは，長い子ども時代によって，新しい状況に適応する方法を理解することができる，ある保護された期間が与えられるということです。そしてそれこそが，人間が非常に多くの異なる環境で生活することを可能にしているのです」と述べている。「人間が非常に多くの異なる環境で生活する」という部分が「柔軟で」に相当すると考えられるので b) が正解。他の選択肢については，どこにも述べられていない。

⑽「この会話に基づくと，次の文のうちゴプニックと司会のヴェダンタムの見解を最もよく説明しているのはどれか」

a)　ゴプニックとヴェダンタムはともに大工モデルの方を好んでいる。

b)　ゴプニックとヴェダンタムはともに造園モデルの方を好んでいる。

c)　ゴプニックとヴェダンタムは両方のモデルに多くの評価すべき点を見出している。

d)　ゴプニックは大工モデルの方を好んでいるが，ヴェダンタムは造園モデルの方を好んでいる。

e)　ゴプニックは造園モデルの方を好んでいるが，ヴェダンタムは大工モデルの方を好んでいる。

正解は **b)**。ヴェダンタムは５つ目の発言 (It seems to ...) で「私には，造園モデルはそのような状況，つまり長期にわたる人間の子ども時代に完璧に合ったものに思えます」と述べている。そして，それを受けてゴプニックは５つ目の発言の第１文 (That's exactly right.) で「まさにその通りです」と返答し，その後大工モデルについて否定的な発言を続けている。以上より b) が正解。

解答

⑹－e)　⑺－c)　⑻－d)　⑼－b)　⑽－b)

3 (B) スクリプト

著作権の都合上，省略します。

全訳

著作権の都合上，省略します。

考え方

⑾「ゴプニックによると，子育ての大工モデルの結果として起こる可能性が高いのはどれか」

a) 子どもたちがリスクを冒すことでより多くを成し遂げる。

b) 子どもたちが不確定性によりうまく対応できるようになる。

c) 子どもたちが慎重になる可能性が高くなる。

d) 子どもたちが後の人生でバランスの取れた人間になる。

e) 子どもたちがより大きな自由から恩恵を得る。

正解は **c)**。ゴプニックはまず，1つ目の発言の第2文 (They're achieving more ...) で「彼らはより多くのことを達成していますが，それは一部にはリスクを冒す可能性が低いからです」と述べている。そしてヴェダンタムに大工モデルとの関係性を説明するよう求められると，ゴプニックは2つ目の発言の第1文 (Well, in the ...) および次の最終文 (And it's not ...) で「ええと，大工モデルの話では，人は子どもが『正しく』育つかがあまりに不安で，子どもにリスクを冒し，探究し，自立する自由を与えていません。そして，本当に間違った方向へと進む可能性がある程度ない限り，リスクを冒すことにはなりません。そしてそれが，問題をはらんだ現在の子育て文化のもう一つの側面だと思います」と説明している。このことより c) が正解。

⑿「ヴェダンタムによると，ゴプニックが主張しているのはどれか」

a) 子どもたちはリスクを冒すことで貴重な教訓を得る。

b) 子どもたちは幼い年齢の頃から特化した技能を育成する必要がある。

c) 親は子どもたちのために具体的な目標を持つ必要がある。

d) 大工モデルは子どもの持つ自由の意識を増やすように作られている。

e) 現在の子育て文化がうまくいくために必要なのは微調整のみである。

正解は **a)**。ヴェダンタムは3つ目の発言の第1文 (So, Dr. Gopnik ...) で「ということは，ゴプニック博士，あなたの主張は，子どもたちが自由に学び探究できる環境を作ることによって，世界が投げかけてくるものによりうまく対処できるようにおそらくなるような子どもを育てることとなる，ということですね」と述べている。ゴプニックが2つ目の発言の第1文 (Well, in the ...) で「ええと，大工モデルの話では，人は子どもが『正しく』育つかがあまりに不安で，子どもにリスクを冒し，探究し，自立する自由を与えていません」と述べていることから，「子どもたちが自由に学び探究できる環境を作る」ことで，子どもたちは「リスクを冒す」ようになると考えられる。また，「世界が投げかけてくるものによりうまく対処できるようにおそらくなるような子どもを育てることとなる」という部分が「子どもたちが重要な教訓を得る」ことに相当する。よってa)が正解。

⒀「ウェブはゴプニックの主張にどんな異論を唱えているか」

a) 子どもたちに多くの自由を与えることは彼らの将来の機会を制限しうる。

b) 不安がないようにしたければ，体系化された生活が必要である。

c) 成功しようとするならば，1つを選ぶ前にたくさんのことを試す必要がある。

d) オリンピック選手になるためには，14歳になる前にレッスンを受け始めなければならない。

e) 人生における成功は子どもの生まれつきの能力に基づいている。

正解は**a)**。ヴェダンタムが3つ目の発言の最終文(But Dr. Webb, ...)で「しかし，ウェブ博士，あなたの観点から見ると，物事は違って見えるのでしょうか」とゴプニックの意見に対する反論を求めたのを受けて，ウェブはオリンピックで金メダルを取るようなアイススケーターを例に挙げ，1つ目の発言の第4文(And even though ...)で「そして，ほら，子どもが何をしたいのか自ら見いださせてあげようなんておっしゃるかもしれませんが，もし子どもが14歳の時にアイススケーターに心からなりたいと気づいたとしても，その時点では本当に上手になるにはおそらく遅すぎるでしょう」と先行するゴプニックの主張に対する異論を述べている。この発言の「子どもが何をしたいのか自ら見いださせてあげよう」という部分がa)の「子どもたちに多くの自由を与えること」に相当し，「14歳の時にアイススケーターに心からなりたいと気づいたとしても，その時点では本当に上手になるにはおそらく遅すぎるでしょう」という部分がa)の「彼らの将来の機会を制限しうる」という部分に相当するので，これが正解。

d)については，オリンピック選手になることは，あくまでわかりやすい例えとして挙げられているにすぎないことや，レッスンを受け始めるタイミングが厳密に14歳より前である必要性について述べているわけでもないことから不適切。

⒁「ゴプニックはウェブが説明している問題についてどう思っているか」

a) 子どもたちは親を信頼するよう促されるべきだ。

b) 子どもたちは成功するためにそんなにも一生懸命頑張ることを期待されるべきでない。

c) 競争の激しい文化にいる親は子どもに大きな要求をするべきだ。

d) 親は子どもたちが成功するのを支援するために，可能な限りの優位を彼らに与えるべきだ。

e) 私たちは，この状況にいる親に同情を感じるべきだ。

正解は **b)**。ウェブが子育ての２つの異なる目標間に存在する対立に関する問題を指摘したのを受けて，ゴプニックは３つ目の発言の第１文 (There's no question ...) および第２文 (I mean, parents ...) で「大半の親が競争の非常に激しい世界にいるという意識を持っていることは間違いありません。つまり，親たちは自分の 10 代の子どもたちが，自分を最高の大学に入れることへとつながるあのほんの少しの追加の優位を得るために，毎晩２時まで起きて勉強しているのを見ています」と世間での現状を説明した上で，続く第３文 (That's crazy.) および最終文 (I'm genuinely sympathetic ...) で「それはバカげています。心から同情しますが，ここには何か異常なことがあります」と述べ，子どもが激しい競争にさらされている現状を望ましくないものであると考えていることを明らかにしている。以上より b) が正解。

⒂ 「この議論からウェブは最終的にどんな結論を導き出しているか」

a)　人生は不公平な競争のようなものだ。

b)　子育ての大半のモデルは人生に向けて子どもたちを十分にうまく準備させていない。

c)　自分の子どもたちが人生で成功するのを支援する方法を理解している親の数は十分でない。

d)　子育てはとても報われない活動になりうる。

e)　真の問題は社会にある。

正解は **e)**。ウェブの３つ目の発言が彼の最後の発言で，ここに彼の導いた結論が述べられている。もっとも端的には第２文 (But perhaps it ...) で「しかしおそらく，変わる必要があるのは子育てではないでしょう。そうではなく，変わるべきは，社会が学校での成功にどう報いどう罰を与えるかです」と述べられている。また最終文 (But that's what ...) で「しかしそれこそが，私たちが子どもたちに準備させなければならないことであり，本当の問題はそこにあるのであって，子育てのモデル自体に問題があるのではないと私は思います」とも述べられている。ここでの「私たちが子どもたちに準備させなければならないこと」とは，「社会が子どもたちに求めていること」なので，ウェブは「子育てよりも社会（が求めていること）の方にむしろ問題がある」という結論に至っていることがわかる。以上より e) が正解。

解答

⑾－c)　⑿－a)　⒀－a)　⒁－b)　⒂－e)

3 (C) スクリプト

Farmers and plant breeders are in a race against time. According to Lee Hickey, an Australian plant scientist, "We face a grand challenge in terms of feeding the world. We're going to have about 10 billion people on the planet by 2050," he says, "so we'll need 60 to 80 percent more food to feed everybody."

Breeders develop new kinds of crops—more productive, disease-resistant—but it's a slow process that can take a decade or more using traditional techniques. So, to quicken the pace, Dr. Hickey's team in Australia has been working on "speed breeding," which allows them to harvest seeds and start the next generation of crops sooner. Their technique was inspired by NASA research on how to grow food on space stations. They trick crops into flowering early by shining blue and red LED lights 22 hours a day and keeping temperatures between 17 and 22 degrees Celsius. They can grow up to six generations of wheat in a year, whereas traditional methods would yield only one or two.

Researchers first started growing plants under artificial light about 150 years ago. At that time, the light was produced by what are called carbon arc lamps. Since then, advances in LED technology have vastly improved the precision with which scientists can adjust light settings to suit individual crop species.

Researchers have also adopted new genetic techniques that speed up the generation of desirable characteristics in plants. Historically, humans have relied on a combination of natural variation followed by artificial selection to achieve these gains. Now, breeders use gene-editing tools to alter DNA with great speed and accuracy. In 2004, scientists working in Europe identified a variation on a single gene that made a type of barley resistant to a serious disease. Ten years later, researchers in China edited the same gene in wheat, one of the world's most important crops, making it resistant as well.

Gene-editing tools have been used to protect rice against disease, to give corn and soybeans resistance to certain chemicals, and to save oranges from a type of bacteria that has destroyed crops in Asia and the Americas. In South Korea, scientists are using these tools to rescue an endangered variety of bananas from a devastating soildisease.

With cheaper, more powerful technology, opportunities are opening up to improve crops around the world. Dr. Hickey's team plans to use these discoveries to help famers in India, Zimbabwe and Mali over the next couple of years, since he wants the discoveries to benefit developing countries, too.

According to Hickey, we will need to combine speed breeding and gene editing with all the other tools we have if we are to meet the food security challenges of the future. "One technology alone," he says, "is not going to solve our problems."

However, while basic speed breeding is generally accepted, many are reluctant to embrace gene-editing technology. They worry about unexpected long-term consequences. The benefits of this revolutionary technology, they feel, must be weighed against its potential dangers.

全訳 農夫と植物育種家は時間との戦いを行っている。オーストラリア人の植物学者であるリー・ヒッキーによると，「私たちは世界に食料を供給するという点で大きな難題に直面しています。2050 年までに地球上には約 100 億人の人がいることになるでしょう。よって，全員に食料を供給するためには，今よりも 60%から 80%多くの食料が必要になります」 このように彼は言っている。

育種家は，生産力がより高く病気に耐性がある新しい種類の作物を開発するが，それは従来の方法を用いると 10 年かそれ以上かかることもある時間のかかる工程である。それで，ペースを速めるために，オーストラリアにあるヒッキー博士のチームは，種子を収穫して次世代の作物をより早く始めることができる「スピード繁殖」に取り組んできた。彼らの技術は，宇宙ステーションで食べ物を育てる方法に関する NASA の研究から着想を得たものである。青と赤の LED ライトを 1 日に 22 時間照射し，温度を 17 度から 22 度に保つことで，作物をだまして早期に開花させる。従来の方法では 1 ないしは 2 世代しか収穫できなかった小麦を，1 年で 6 世代まで育てることができる。

研究者たちは約 150 年前に人工の光の下で初めて植物を育て始めた。当時は，カーボン・アーク・ランプと呼ばれるもので光は生み出されていた。それ以来，LED 技術の進歩によって，科学者が個々の作物の種類に合わせて光の設定を調整することができる精度が大幅に向上した。

研究者たちはまた，植物における望ましい特徴の生成を早める新しい遺伝子技術も採用した。歴史的には，人類はこれらの利益を得るために，自然変異とそれに続く人工的選択の組み合わせに依存してきた。現在では，育種家は遺伝子編集ツールを使って，DNAを非常に速くかつ正確に改変している。2004年には，ヨーロッパで研究していた科学者たちが，深刻な病気に対する耐性をある種の大麦に持たせる単一遺伝子の変異を特定した。その10年後，中国の研究者が，世界で最も重要な作物の一つである小麦の同じ遺伝子を編集し，小麦にも耐性を持たせた。

遺伝子編集ツールは，米を病気から守り，とうもろこしや大豆に特定の化学物質に対する耐性を与え，アジアや南北アメリカで穀物を破壊してきたバクテリアの一種からオレンジを守るために使われてきた。韓国では，絶滅危惧種のバナナを壊滅的な土壌病から救うために，科学者たちがこれらのツールを用いている。

より安価で強力な技術によって，世界中で作物を改良する機会が広まっている。ヒッキー博士のチームは，今後数年間にわたって，インド，ジンバブエ，およびマリの農夫たちを支援するためにこれらの発見を利用する予定であるが，それは，この発見が発展途上国のためにもなることを彼は願っているからである。

ヒッキーによると，私たちが将来の食料確保という難題にうまく対処しようとするならば，スピード繁殖と遺伝子編集を私たちが持つ他のあらゆる手段と組み合わせる必要がある。「1つの技術だけでは，私たちの問題を解決することにはなりません」と彼は言う。

しかしながら，基本的なスピード繁殖は一般的に受け入れられているものの，多くの人は遺伝子編集技術の採用に消極的である。彼らは予期せぬ長期的な影響を心配している。彼らが感じているのは，この革命的な技術の利点は，潜在的な危険との比較において検討されなければならないということである。

考え方

⒃　「スピード繁殖における最近の発展を可能にしたのはどの科学的進歩か」

a)　より優れた宇宙飛行技術。

b)　LED技術の発展。

c)　温度調整技術の改善。

d)　より効率的な収穫法。

e)　カーボン・アーク・ランプの発明。

正解は**b)**。第2段落第4文 (They trick crops ...) で「青と赤のLEDライトを

1日に22時間照射し，温度を17度から22度に保つことで，作物をだまして早期に開花させる」と述べられていることから「スピード繁殖」にはLEDライトと温度調整が用いられていることがわかる。さらに，第3段落最終文 (Since then, advances ...) に「それ以来，LED技術の進歩によって，科学者が個々の作物の種類に合わせて光の設定を調整することができる精度が大幅に向上した」と述べられていることから，b) が正解。

a) については，第2段落第3文 (Their technique was ...) に「彼らの技術は，宇宙ステーションで食べ物を育てる方法に関するNASAの研究から着想を得たものである」と述べられてはいるが，着想を得たのみであり，宇宙飛行技術の進歩がスピード繁殖の発展を可能にしたとは述べられていない。c) については，上述の第2段落第4文から「温度を17度から22度に保つこと」が「スピード繁殖」に用いられていることはわかるが，「温度調整技術の進歩がスピード繁殖の発展を可能にした」とはどこにも述べられていない。d) についてはどこにも述べられていない。e) については第3段落第2文 (At that time, ...) に「当時は，カーボン・アーク・ランプと呼ばれるもので光は生み出されていた」と述べられているに過ぎない。

(17) 「中国の科学者が，世界で極めて重要な食用作物の1つを病気に耐性を持ったものにさせる飛躍的進歩を成し遂げたのはいつか」

a) 2002年
b) 2004年
c) 2008年
d) 2012年
e) 2014年

正解は **e)**。第4段落第4文 (In 2004, scientists ...) で「2004年には，ヨーロッパで研究していた科学者たちが，深刻な病気に対する耐性をある種の大麦に持たせる単一遺伝子の変異を特定した」と述べられた後，続く最終文 (Ten years later, ...) で「その10年後，中国の研究者が，世界で最も重要な作物の一つである小麦の同じ遺伝子を編集し，小麦にも耐性を持たせた」と述べられているので，e) の2014年が正解。

(18) 「以下に挙げられている作物のうち，遺伝子編集がいかにして植物を病気から守ってきたかを説明するために用いられていないものはどれか」

a) バナナ
b) 大麦
c) 米

d)　大豆

e)　小麦

正解は **d)**。この設問はb)の「大麦」かd)の「大豆」かで迷うところである。大麦に関しては，第4段落第4文 (In 2004, scientists ...) および次の最終文 (Ten years later, ...) で「2004年には，ヨーロッパで研究していた科学者たちが，深刻な病気に対する耐性をある種の大麦に持たせる単一遺伝子の変異を特定した。その10年後，中国の研究者が，世界で最も重要な作物の一つである小麦の同じ遺伝子を編集し，小麦にも耐性を持たせた」と述べられている。ここから，大麦自体には遺伝子編集は施されていないものの，どの遺伝子を編集すれば病気に対する耐性を持たせることができるかを知ることに寄与しているので，大麦は「遺伝子編集がいかにして植物を病気から守ってきたかを説明するために用いられている」と言える。その一方，大豆に関しては第5段落第1文 (Gene-editing tools have ...) で「遺伝子編集ツールは，米を病気から守り，とうもろこしや大豆に特定の化学物質に対する耐性を与え」と述べられている。ここから，大豆が遺伝子編集により耐性を与えられているのは，「病気」ではなく「特定の化学物質」に対してであるとわかる。よってd)が正解となる。

a)については第5段落最終文 (In South Korea, ...) に「韓国では，絶滅危惧種のバナナを壊滅的な土壌病から救うために，科学者たちがこれらのツールを用いている」と述べられているため不適切。c)については，上述の第5段落第1文の内容から不適切。e)については，上述の第4段落第4文および次の最終文の内容から不適切。

⒆「研究プロジェクトが現在行われている場所として述べられていないのは次のうちどれか」

a)　オーストラリア

b)　中国

c)　ヨーロッパ

d)　インド

e)　韓国

正解はd)。第6段落最終文 (Dr. Hickey's team ...) で「ヒッキー博士のチームは，今後数年にわたって，インド，ジンバブエ，およびマリの農夫たちを支援するためにこれらの発見を利用する予定であるが」と述べられており，インドでは現時点で研究は行われていないとわかるのでd)が正解。

a)については，第2段落第2文 (So, to quicken ...) に「オーストラリアにあるヒッキー博士のチームは，種子を収穫して次世代の作物をより早く始めることができる『スピード繁殖』に取り組んできた」と述べられている。e) については，第5段落最終文 (In South Korea, ...) に「韓国では，絶滅危惧種のバナナを壊滅的な土壌病から救うために，科学者たちがこれらのツールを用いている」と述べられている。b) と c) については，第4段落第4文 (In 2004, scientists ...) および次の最終文 (Ten years later, ...) で「2004年には，ヨーロッパで研究していた科学者たちが，深刻な病気に対する耐性をある種の大麦に持たせる単一遺伝子の変異を特定した。その10年後，中国の研究者が，世界で最も重要な作物の一つである小麦の同じ遺伝子を編集し，小麦にも耐性を持たせた」と述べられている。b) の中国に関しては2014年のこと，c) のヨーロッパに関しては2004のことしか明示的には述べられていないが，直前の第3文 (Now, breeders use ...) に「現在では，育種家は遺伝子編集ツールを使って，DNAを非常に速くかつ正確に改変している」と述べられていることから，おそらく研究は今も続いているのだろうと推論される。さらに，上述のようにd) のインドに関する記述は明らかにこれから先の将来についてのものなので，b) と c) は正解にならないと考えるのが妥当だろう。

(20) 「ヒッキーによると，将来の食料確保という難題にうまく対処するには…が必要となる」

a) スピード繁殖における進歩を継続すること

b) 人口増加を抑制する努力

c) 遺伝子編集における新たな飛躍的進歩

d) 利用可能な技術全ての応用

e) 新しいツールの開発

正解はd)。第7段落第1文 (According to Hickey, ...) に「ヒッキーによると，私たちが将来の食料確保という難題にうまく対処しようとするならば，スピード繁殖と遺伝子編集を私たちが持つ他のあらゆる手段と組み合わせる必要がある」と述べられているので，d) が正解。

解答

(16)－b)	(17)－e)	(18)－d)	(19)－d)	(20)－d)

2019年

音声ファイル 19_01～19_03

3 (A) スクリプト

Moderator: Welcome, everyone, to the 2019 Winter Lecture Series of the Society for Social Research, held this year in the beautiful village of Seefeld, Austria, where we're looking at sports and culture. We're delighted to have the renowned anthropologist Clifford Turner here to start things off. Before going any further, I'd like to thank the staff for their hard work and extend a hearty mountain greeting to those joining us on our live video stream. And now, Dr. Turner—.

Dr. Turner: Thanks, Harry. Hello, everyone. I believe I saw many of you on the slopes today. Fresh snow, amazing scenery—a great place to talk about sports.

As you know, a lot of research in our field looks at ancient sports in contexts where they're closely tied either to religious ceremonies—say, dealing with the spirit world, pleasing the gods—or to practicing core tasks of survival like hunting and combat. Then, of course, there are rites of passage, you know, fitting people into their social roles. That's all fascinating stuff, but tonight I'd like to focus on team sports in modern societies.

I argue that modern sports, especially team sports, serve a different set of functions. They're much more about representation—projecting a model of our society, either as we wish it were or as we think it really is. And although sports still help us fit into society, the target today isn't any particular role, just adjusting to life in general.

So, what am I saying here? On the one hand, sports offer an ideal image of society, life as we think it should be—competition, sure, but with clear, fair rules. Think of the basic elements of team sports: skill, strategy, chance, and rules that govern how to play the game and how to determine a winner. And there's a close tie to social education. Today, school systems promote these sports as a way to teach teamwork, fair play, discipline, respect for authority, respect for opponents: their main objective here is to turn students into responsible members of society.

So, that's sports reflecting how we think things ought to be. But that function always exists alongside another one, the representation of *non*ideal life, life as we experience it, so-called "real life." This second function begins to take over as we move toward professional sports. Here, the competition is more intense; more emphasis is placed on victory than on moral behavior or fair play, and so more attention is paid to the terrible consequences of failure, "the agony of defeat." You've heard what people say: "If you're not cheating, you're not trying" ; "Just win, baby."

But here's the interesting thing: It's a paradox. That language, those sayings hide and even try to deny half the purpose of the ritual! In fact, the experience we fear—defeat—is as important as the victory we desire. Sports, in this sense, is preparing us to deal with *real* "real life." Bad things happen. Things don't always break our way. And we often lose. As we say, "That's life."

Okay, now I want to back up a step and return to earlier points before I go further ...

全訳

司会者：皆様，社会調査協会2019年度冬期連続講義にようこそお越しくださいました。今年は，オーストリアの美しい村ゼーフェルトでの開催となります。この地で，スポーツと文化の問題を考えてまいりたいと思います。会議を始めるにあたり，名高い人類学者であられるクリフォード・ターナー氏をここにお迎えできて誠に嬉しく思います。討論を進める前に，スタッフの方々の尽力に感謝するとともに，ライブビデオ配信に参加されている方々にも，山中より心よりご挨拶申し上げます。では，ターナー博士です――。

ターナー博士：ハリー，ありがとう。皆さん，こんにちは。皆さんのうちの多くには，きっと今日ゲレンデでお会いしたことと思います。美しい雪，すばらしい景色…スポーツのお話をするにはおあつらえ向きの場所ですね。ご承知の通り，我々の専門分野の研究の多くは古代のスポーツを扱っており，それを取り巻く状況の中では，そのようなスポーツは，たとえば精神世界を扱ったり神様を愛でたりする宗教儀式か，あるいは，狩猟や戦いといった生存のための重要な作業の実践と密接に結びついています。それからもちろん，そうですねえ，人々を自身の社会的役割に適応させる通過儀礼というのもあります。これらはすべて魅力的なものではありますが，今晩は現代社会におけるチームスポーツにテーマを絞りたいと思います。

私が主張したいのは，現代のスポーツ，特にチームスポーツは，先ほど述べたものとは別の一連の役割を果たしているということです。その役割の本質は表象作用といった方がはるかに近いものです。つまり，我々がそうであったらと望むものであれ現実はこうだと考えているものであれ，社会のモデルを映し出すという役割です。そして，もちろんスポーツは依然として我々が社会に適応するのに役立ってはいますが，今日では適応する対象はいかなる特定の役割でもなく，単に生活全般に適応するというだけです。

さて，これはどういうことでしょうか。一方では，スポーツは社会の理想的なイメージを提供します。それは，我々がかくあるべきと考える生活であり，もちろんそこには競争はありますが，明白で公正なルールにのっとった競争です。チームスポーツの基本となる要素を考えてみましょう。それはたとえば，技術，戦略，偶然，競技の行い方や勝者の決め方を定める規則などです。そして，社会教育との密接な結びつきも存在します。今日では学校制度が，チームワークやフェアプレー，規律，権威を敬う気持ち，対戦相手を敬う気持ちといったものを教える方法として，こうしたスポーツを奨励しています。ここでのその主たる目的は，生徒たちを責任ある社会の構成員にするというものです。

つまりそれは，世界はどうあるべきかという我々の考えをスポーツが反映しているということです。しかしながら，その役割にはつねにもう一つの役割が伴います。それは非理想的な生活，つまり我々が経験しているような生活，いわゆる「実生活」の表象です。この第二の役割は，プロスポーツに目を向けてみるとその重要性が増してきます。そこでは，競争がさらに激しくなり，正しい行動やフェアプレーよりも勝利が重視され，その結果，失敗の恐ろしい結末，「敗北の苦悩」へと，より多くの注意が向けられることになります。「いんちきをしないうちは，頑張っているとは言えないぞ」「ほら，勝てばいいんだよ」などと人が口にするのを耳にしたことがおありでしょう。

しかし，ここで興味深いことが生じます。一種の逆説です。そういう言葉遣いやそういった格言は，その儀式の目的を半ば隠してしまい，それを半ば否定しようとさえしてしまうのです！　実際は，我々が恐れる体験，つまり敗北は，我々が望む勝利と同じくらい重要です。この意味で，スポーツは実の「実生活」に我々が対処するための準備となっているのです。良くないことは起こります。事態は必ずしも思うように進んではくれません。そして我々はしばしば敗北を味わいます。よく言いますよね，「人生ってそういうものだ」と。

さて，話を先に進める前に，ちょっと戻って先ほどの論点に目を向けてみたいと思います…

考え方

(7)「講義が行われている場所を最もよく説明しているものは次のうちどれか」

a)　地方自治体センター。

b)　スキーリゾート。

c)　学園都市。

d)　古代史跡。

e)　運動場。

正解は **b)**。ターナー博士が第１段落第３文 (I believe I ...) で the slopes「山・谷・丘などの斜面」という語を述べているが，続く同段落最終文 (Fresh snow, amazing ...) で同氏が「美しい雪，すばらしい景色」と述べていることから，ここでの the slopes は「ゲレンデ」という意味であることがわかる。以上より b) が正解。

他の選択肢に相当することは，講義の開催地に関する情報としてはどこにも述べられていない。

(8)「古代スポーツが社会の中での自分の場所を見つけるのに役立つ例としてどんなものを講師は挙げているか」

a)　戦闘訓練としてのスポーツ。

b)　通過儀礼として機能するスポーツ。

c)　宗教儀式で行われるスポーツ。

d)　理想的な社会秩序を表すスポーツ。

e)　初期の教育形態の役割をなすスポーツ。

正解は **b)**。古代のスポーツについてターナー博士が述べているのは，その発言の第2段落においてである。ここで，設問文の "helping people find their place in society" は同段落第2文 (Then, of course ...) で述べられている "fitting people into their social roles" に相当する。同文に there are rites of passage「通過儀礼というのもあります」と述べられていることから b) が正解。

他の選択肢は述べられていないか，または上述の該当箇所ではない部分で述べられているため不適切。

(9)「講師が言及しているチームスポーツの中核的要素のどれとも一致しないのは次のうちどれか」

a)　能力。

b)　規律。

c)　運。

d)　規則。

e)　戦略。

正解は **b)**。ターナー博士の発言の第4段落第3文 (Think of the ...) に「チームスポーツの基本となる要素を考えてみましょう」と述べられているので，この部分が該当箇所になる。同文の skill が a) Ability. に，strategy が e) Tactics. に，chance が c) Luck. に，rules that govern ... winner が d) Rules. に相当する。よって b) が正解。

(10)「学校制度にとってのチームスポーツの主たる目標を最もよく表しているのは次のうちどれか」

a)　その望みは，学生が善良な市民になることである。

b)　その望みは，学生が規則に従い権威に敬意を示すことである。

c)　その望みは，学生がフェアプレーを実践することである。

d)　その望みは，学生が他者に思いやりを示すことである。

e)　その望みは，学生がチームワークを重んじることである。

正解は**a)**。ターナー博士の発言の第4段落最終文 (Today, school systems ...) の後半部分 (their main objective ...) に「ここでのその主たる目的は，生徒たちを責任ある社会の構成員にするというものです」と述べられている。同部分の responsible members of society と a) の good citizens がほぼ同意なので，これが正解。

他の選択肢は上述の該当箇所ではない部分で述べられているため不適切。

⑾「ターナー博士は，その講義の終わりに近い部分で，現代のチームスポーツは＿(ア)＿を最重要視しているように思われるが，実は＿(イ)＿もそれと同じくらい重要であると主張している」

（各選択肢は文を完成させるために空所に入れることができる表現のペアから成っている。）

a)　(ア)　努力　　　　　(イ)　不正を行うこと

b)　(ア)　フェアプレー　(イ)　勝利

c)　(ア)　技術　　　　　(イ)　偶然

d)　(ア)　集団　　　　　(イ)　個人

e)　(ア)　勝つこと　　　(イ)　負けること

正解は**e)**。ターナー博士の発言の第5段落第4文 (Here, the competition ...) に「正しい行動やフェアプレーよりも勝利 (victory) が重視され」と述べられていることから＿(ア)＿は「勝つこと (winning)」が適切だとわかる。また，同氏の発言の第6段落第3文 (In fact, the ...) に「実際は，我々が恐れる体験，つまり敗北 (defeat) は，我々が望む勝利 (victory) と同じくらい重要です」と述べられていることから＿(ア)＿はやはり「勝つこと (winning)」が適切で＿(イ)＿は「負けること (losing)」が適切だとわかる。以上より e) が正解。

解答

⑺－b)　⑻－b)　⑼－b)　⑽－a)　⑾－e)

3 (B) スクリプト

Moderator: Before we open the floor to questions about Dr. Turner's presentation, let's hear from our panelists: sports psychologist Dr. Lisa DeBoer and cultural anthropologist Dr. Dale Van Klay.

Dr. Van Klay, can we start with you?

Van Klay: Well, I like Dr. Turner's work, but to be honest, it seems out of touch with the modern global scene. I agree that sports is a kind of social education, that is, a way of teaching important social values, but his model is fixed. We have a global sports culture now. You can't just treat a particular sport as if it carries a fixed set of values. Once a sport moves to another society, it loses its original meanings and gains new ones.

Moderator: What's your opinion, Dr. DeBoer?

DeBoer: I think that is not being fair to Dr. Turner. I am sure he would agree with that, but he wasn't talking about sports spreading from one culture to another. He was talking about how sports function within a single society. An interesting case is France's 2018 World Cup team—the French media loved it because it showed this image of a diverse France with players from a variety of ethnic backgrounds. They wanted that diversity to be truly the French reality. This example also raises something Dr. Turner didn't touch on: sports as a means for social or political change. Think of last year in the United States, when African-American football players protested police violence by refusing to join the opening ceremony ...

Van Klay: And think about the angry reaction that produced! I mean, that rather goes against the basic idea of sports, doesn't it? People want sports to be free from politics.

DeBoer: I disagree. Sports have always been about politics—what about the nationalism and flag-waving? But sports are also capable of introducing political change. Women and minorities in many cases found equal treatment in sports before they won rights in society. For example, the rugby player in the England league who recently came out as gay became a famous role-model.

Van Klay: I would argue that that might be an example of the reverse, of how changes in society make it possible for people in sports to take steps forward.

DeBoer: Well, that's just it—they're mutually reinforcing. In a sport like rugby, where male culture has been such an unfortunate element of the game, at least in certain societies, it's doubly hard to come out. But when someone does, that makes it easier for others in the rest of society.

Van Klay: I'm not saying that sports can't have political meaning, only that they're expected to be outside politics.

DeBoer: But isn't it exactly when they challenge that expectation that sports have the greatest potential to produce change? The examples of the American football players and the rugby player both show that breaking with prior expectations of what a sport should be is key to the political meaning. And, of course, those expectations govern the culture of the game, too. When a sport challenges these, it can teach society more than just fair play. I think that's another way of understanding what Dr. Turner meant when he talked about sports as a kind of social education.

全訳

司会者：お集りの皆様からターナー博士の講演についてのご質問をお受けする前に，パネリストの方々にお話を伺いましょう。スポーツ心理学者のリサ・ディ・ボア博士と，文化人類学者のデイル・ヴァン・クレイ博士です。ヴァン・クレイ博士，まず最初によろしいでしょうか？

ヴァン・クレイ：ええと，ターナー博士の研究には敬意を表しますが，正直に申しますと，現代のグローバルシーンが視野に入っていないように思えますね。スポーツが一種の社会教育，つまり重要な社会的価値観を教える方法である点には同意しますが，博士のモデルには柔軟性が欠けています。現代のスポーツ文化はグローバルなものとなっており，決まった一連の価値観を担っているかのようにある特定のスポーツを扱うことなどできません。あるスポーツがいったん別の社会に伝わったら，それは元の意味を失って新たな意味を獲得するのです。

司会者：あなたのご意見はどうですか，ディ・ボア博士。

ディ・ボア：それはターナー博士に対して公平ではないように思います。博士もきっと同意してくれると思いますが，博士はスポーツがある文化から別の文化に伝播するという話はしていなかったですよね。博士の話は，スポーツがある単一の社会の内部でどのような役割を果たすかという問題に関するものでした。ここで興味深いケースとして挙げられるのが，2018年サッカーワールドカップのフランスチームです。フランスのメディアがそのチームを愛してやまなかったのは，様々な民族的背景を持った選手からなるそのチームが，多様なフランス社会というイメージを映し出していたからなのです。メディアは，その多様性こそが真の意味でフランスの現実であってほしいと願っていたのです。この実例は，ターナー博士が言及しなかった論点も明らかにしてくれます。それは，社会的および政治的変化の手段としてのスポーツというものです。昨年アメリカで起きた，アフリカ系アメリカ人のアメリカンフットボール選手が警察の暴力に抗議するために開会式への参加を拒否したという一件のことをお考え下さい。

ヴァン・クレイ：でしたら，その後に生じた怒りの反応のこともお忘れなく！　つまり，そういう行動はスポーツの基本理念にかなり反しているのではないでしょうか？　人々は，スポーツは政治とは無縁であってほしいと願っています。

ディ・ボア：私はそうは思いませんね。スポーツは常に政治と関わってきました。ナショナリズムや愛国心の誇示を考えてみてください。しかし，スポーツは政治的な変化の先導役となることもできます。女性やマイノリティの人々は多くの場合，社会で権利を勝ち得る以前に，スポーツにおいて平等な扱いを受けてきました。たとえば，つい最近自分がゲイだとカミングアウトしたイングランドリーグのラグビー選手は，著名なロールモデルになりましたよね。

ヴァン・クレイ：私が思うに，それはその逆，つまり，社会の変化がきっかけとなって，スポーツ関係者が前に踏み出すことができることを示す実例なのかもしれませんね。

ディ・ボア：ええ，まさにその通りです。両者は互いに支えあっているのです。少なくとも一部の社会では，男性文化が競技の非常に好ましくない要素になってしまっているラグビーのようなスポーツにおいては，カミングアウトするのは非常に困難です。しかし，誰かがそうすれば，それによって世間の誰か別の人が同じことをするのがより容易になるのです。

ヴァン・クレイ：私はスポーツが政治的意味を持ってはならないと言っているのでは

ありません。ただ，スポーツは政治の枠外にあるのを期待されていると言っているだけです。

ディ・ボア：しかし，スポーツが変化を生む最も大きな可能性を有するのは，まさしくそのような期待に異議を唱える場合ではないでしょうか？アメリカンフットボール選手やラグビー選手の例はともに，スポーツとはどうあるべきかに関するこれまでの期待と決別することが，政治的意味にとって重要なのだということを示しているのです。そしてもちろん，そのような期待はその競技の文化にも影響しています。スポーツがその期待に異議を唱えれば，それは単なるフェアプレーよりも重要なものを社会に教えることができます。私が思うに，それは，スポーツは一種の社会教育であるとターナー博士が語った際に彼が言いたかったことを理解するためのもう一つの方法なのです。

考え方

⑿「ヴァン・クレイがターナーの分析に反対しているのはなぜか」

a)　ターナーの分析は現代の世界に合っていないと彼は考えている。

b)　ターナーの分析は社会化を十分強調していないと彼は考えている。

c)　ターナーの分析はチームスポーツに焦点を当てすぎていると彼は考えている。

d)　ターナーの分析は西洋志向が強すぎると彼は考えている。

e)　ターナーの分析は政治を強調しすぎていると彼は考えている。

正解は**a)**。ヴァン・クレイ博士は，1つ目の発言の第1文 (Well, I like ...) で「正直に申しますと，現代のグローバルシーンが視野に入っていないように思えますね」と述べており，これに一致するのはa) である。

⒀「ヴァン・クレイがスポーツに関する議論に加えている新しい主張はどんなものか」

a)　スポーツが社会改革や政治改革における役割を果たすことは決してありえない。

b)　スポーツがあらゆる社会で基本的な価値観を反映しているわけではない。

c)　スポーツは現実の生活を反映するものであり，娯楽を反映するものではない。

d)　スポーツが反映する価値観は社会ごとに異なる。

e)　あるスポーツが1つの社会から別の社会へと移ると，もはや基本的価値観を反映しなくなる。

正解は**d)**。ヴァン・クレイ博士は，1つ目の発言の最終文 (Once a sport ...) で「あるスポーツがいったん別の社会に伝わったら，それは元の意味を失って新たな意味を獲得するのです」と述べており，ここでの「意味」とは，もう1文前 (You can't just ...) で同氏が述べている「一連の価値観」に相当する。以上より d) が正解。

e) は「もはや基本的価値観を反映しなくなる」という部分が不適切。上述の通り「新たな意味を獲得するのです」と述べているので「新たな価値観を反映する」と考えるのが正しい。同じ根拠で b) も誤り。

⒁「…がゆえに，ヴァン・クレイはターナーに対して不公平であるとディ・ボアは述べている」

a)　ターナーは実はヴァン・クレイと同意見である

b)　ターナーにはヴァン・クレイの反対意見を聞く機会がなかった

c)　ヴァン・クレイはターナーの議論を正確に説明してはいない

d)　ヴァン・クレイの論点はターナーが分析していた背景と関連性がない

e)　ヴァン・クレイの主張は証明されていない

正解は **d)**。ディ・ボア博士は，１つ目の発言の第１文 (I think that ...) で「それはターナー博士に対して公平ではないように思います」と述べた上で，続く第２文 (I am sure ...) でその根拠を提示している。力点が置かれる逆接の but 以降に「…が，博士はスポーツがある文化から別の文化に伝播するという話はしていなかったですよね」と述べていることから，ヴァン・クレイ博士が１つ目の発言の最終文 (Once a sport ...) で指摘した「あるスポーツがいったん別の社会に伝わったら」という論点は，ターナー博士が論じた内容とはずれているということを根拠としていることがわかる。これに相当するのは d) である。

c) と迷う人がいるかもしれないが,「正確に説明してはいない」という表現は「(やや) 不正確な説明をしてしまっている」という意味である。実際は論点をずらしてしまっているので,「そもそも説明していない」と捉えるのが正しい。よって不適切。

⒂「ラグビー選手の例からディ・ボアが導いている最終結論はどんなものか」

a)　ラグビーのようなスポーツにおいて，自分がゲイであることを打ち明けるのは難しい。

b)　保守的な社会でカミングアウトをするのは難しい。

c)　社会とスポーツはお互いに影響を与えうる。

d)　社会はスポーツを良い方へと変えることができる。

e)　ラグビーのようなスポーツは男性に支配されすぎている。

正解は **c)**。まず，ディ・ボア博士は２つ目の発言の第４文 (Women and minorities ...) で「女性やマイノリティの人々は多くの場合，社会で権利を勝ち得る以前に，スポーツにおいて平等な扱いを受けてきました」と述べている。それを受けて，ヴァン・クレイ博士は３つ目の発言 (I would argue ...) で「私が思うに，それはその逆，つまり，社会の変化がきっかけとなって，スポーツ関係者がいかにして前に踏み出すことができるのかを示す実例なのかもしれませんね」と逆方向の視点を提供している。そして彼の発言を受け，ディ・ボア博士は3つ目の発言の第1文 (Well, that's just ...) で「ええ，まさにその通りです。両者は互いに支えあっているのです」と述べており，これが彼女の結論となっているので，c) が正解。

⒃「…ときにそれは最も大きな影響を与えることができるとディ・ボアは信じている」

a)　スポーツが既成の前提に異議を唱える

b)　スポーツが政治的な意味をほとんどあるいは全く持たない

c)　スポーツが革新的な考え方によって変えられる

d)　スポーツが適切なフェアプレーの感覚を教える

e)　スポーツが試合の規則への従い方を我々に教える

正解は **a)**。ディ・ボア博士は最後の発言の第1文 (But isn't it ...) で「しかし，スポーツが変化を生む最も大きな可能性を有するのは，まさしくそのような期待に異議を唱える場合ではないでしょうか？」と述べている。また，同発言の第2文 (The examples of ...) で，第1文の that expectation を prior expectations of what a sport should be と言い換えている。これと a) の established assumptions「既成の前提」がほぼ同意であるため，a) が正解。

解答

⑿－a)　⒀－d)　⒁－d)　⒂－c)　⒃－a)

3 (C) スクリプト

When I try to remember my life before my fifth birthday, I recall only a few passing images—collecting rocks in a playground, finger-painting in my bedroom, watching a film about ocean creatures, tracing letters on a sheet of white paper. And that's all. But I must have experienced so much more back then. Where did those years go?

Psychologists have a name for this dramatic loss of memory: "childhood amnesia." On average, our memories reach no farther back than age three. Everything before then is dark.

The famous psychologist Sigmund Freud gave childhood amnesia its name in the early 1900s. He argued that adults forget their earliest years of life, up to age four, in order to shut out disturbing memories. Some psychologists accepted this claim, but most adopted another explanation for childhood amnesia: Children simply couldn't form stable memories until age seven. So, for nearly 100 years, the commonly accepted view was that early childhood memories didn't endure because they were never durable in the first place.

The 1980s brought the first modern scientific efforts to test these theories. One experiment after another in the decade revealed that the memories of children three and younger do in fact persist, but with limitations. At six months of age, infants' memories last for at least a day; at nine months, for a month; by age two, for a year. And a later 1991 study showed that four-and-a-half-year-olds could recall detailed memories from a trip to an amusement park 18 months before.

Yet, at around age six, children begin to forget many of their first memories. A 2005 study of memories formed at age three found that seven-and-a-half-year-olds recalled only 40% of them, while five-and-a-half-year-olds remembered twice as many. This work revealed a striking fact: Children can create and access memories in their first few years of life, yet most of those memories will soon vanish at a rate far beyond what we experience as adults.

What might explain the puzzle of this sudden forgetting? Research conducted in the last decade has begun to reveal the solution. Throughout childhood, the brain grows at an incredibly rapid rate, building out structures and producing an excess of connections. In fact, far more links are created between cells in those early years than the brain ends up with in adulthood. Without such flexible brains, young children would never be able to learn so much so quickly. However, most of the excess connections must eventually be cut away to achieve the efficient structure and function of an adult mind.

The problem, it turns out, is not so much that our childhood memories are unstable as that they are built in a construction zone, a crowded work site undergoing rapid growth and change. As a result, many of those memories will be effectively removed, others covered up, and yet others combined with later memories and impressions. And that is just as it should be. Nature values the overall process of development more than those first memories. Far from being the result of an infant's mental weakness or the need to block out bad memories, childhood amnesia, that first forgetting, is a necessary step on the path to adulthood.

全訳 私が5歳の誕生日より前の人生を思い出そうとすると，ごく少数の，つかの間の映像しか思い浮かべることができません。遊び場で石を集めたり，寝室で指に絵の具をつけて絵を描いたり，海の生き物についての映画を見たり，白い紙に文字をなぞって写したりする映像です。そして，それでおしまいなのです。しかし当時，それよりもはるかに多くのことを経験したことは間違いありません。それらの年月はどこへ行ってしまったのでしょうか。

心理学者は，この劇的な記憶の喪失に対する名称を持っていて，それは「幼児期健忘」と言います。平均的に，私たちの記憶は3歳よりも前に遡ることはありません。それより前のことはすべて暗闇なのです。

有名な心理学者であるジークムント・フロイトは，1900年代の初頭に幼児期健忘にその名を付けました。不穏な記憶を排除するために，大人は，最大で4歳までの，人生の最初の数年のことを忘れると彼は主張しました。心理学者の中にはこの主張を受け入れた人もいましたが，大半の心理学者は，幼児期健忘に対する別の説明を受け入れました。その説明は，子どもは7歳まで安定した記憶を形成することがまったくできない，というものです。よって，100年近くの間，一般的に受け入れられてきた見解は，幼児期の記憶はそもそも決して長続きしないものであるため脳内に持続しない，というものでした。

1980年代に，これらの理論を検証するための最初の現代的な科学的努力が行われることになりました。その10年間に次々と行われた実験によって，3歳以下の子どもたちの記憶は実際には持続しているが，それには限界があることが明らかになりました。生後6ヵ月になると，乳児の記憶は少なくとも1日は持続します。生後9ヵ月では1ヵ月持続し，2歳になるときまでには，1年間持続するようになります。その後1991年に行われた研究によって，4歳半の子どもは18ヵ月前に遊園地に行った時の詳細な記憶を思い出すことができることが示されました。

しかし，6歳頃になると，子どもたちは最初の記憶の多くを忘れ始めます。2005年に行われた，3歳の時点で形成された記憶に関する研究でわかったのは，7歳半の子どもは3歳時に形成された記憶の40％しか思い出せなかったが，5歳半の子どもはその二倍のことを思い出せた，ということです。この研究により驚くべき事実が明らかになりました。それは，子どもたちは人生の最初の数年間に記憶を形成してそれにアクセスできるが，その記憶の大部分はまもなくして，私たちが大人になって経験するのをはるかに凌ぐ速度で消えてしまう，というものです。

この突然の忘却の謎は何によって説明できるでしょうか？　過去10年間に行われた研究が解決策を明らかにし始めています。幼少期を通して，脳は信じられないほど急速に成長し，構造を構築し，過剰なつながりを生み出します。実際，脳が成人期に結局持つようになるよりもはるかに多くのつながりがそれら初期の年月で細胞間に形成されます。そのような柔軟な脳がなかったとしたら，幼い子どもたちがとても多くのことをあんなにも早く学ぶことはできないでしょう。しかしながら，大人の頭脳の効率的な構造と機能を実現するためには，過剰なつながりのほとんどは，最終的に切断されなければならないのです。

わかったのは，問題は私たちの幼少期の記憶が不安定であるということよりもむしろ，それがいわゆる建設区域，つまり急速な成長と変化を遂げる混み合った作業場で構築されるということです。結果的に，それらの記憶の多くは実質上取り除かれ，他の記憶は覆い隠され，さらに他の記憶はその後の記憶や印象と組み合わされるのです。そして，それがまさにあるべき姿なのです。自然は，最初の記憶よりも，全体的な発達過程を重視するのです。幼児の精神的な弱さや悪い記憶を遮断する必要性の結果では決してなく，人生で最初の忘却である幼児期健忘は，大人になるために必要なステップなのです。

考え方

⒄「講師の幼少期の記憶の1つと最も一致するのは次のうちどれか」

a)　海辺で石を集めること。

b)　遊び場で行った，指で絵を描くこと。

c)　海洋生物に関する映画を見たこと。

d)　寝室で文字をなぞったこと。

e)　上記のいずれでもない。

正解は **c)**。第1段落第1文 (When I try ...) で講師は，幼少期の記憶として「遊び場で石を集めたり，寝室で指に絵の具をつけて絵を描いたり，海の生き物についての映画を見たり，白い紙に文字をなぞって写したりする映像」と述べていることから，c) が正解。また，この部分より a) は「海辺で」，b) は「遊び場で」，d) は「寝室で」がそれぞれ誤り。c) が正解なので e) はむろん誤り。

⒅「1980年代以前は，大半の心理学者たちの考えでは，幼少期の記憶は…」

a)　自己防衛のために遮断される。

b)　「建設区域」で築かれる。

c)　当然ながら不安定である。

d)　記憶に留まる可能性が40%しかない。

e)　歪められた形で残る。

正解は **c)**。第3段落最終文 (So, for nearly ...) で講師は「よって，100年近くの間，一般的に受け入れられてきた見解は，幼児期の記憶はそもそも決して長続きしないものであるため脳内に持続しない，というものでした」と述べている。その後，次の第4段落第1文 (The 1980s brought ...) で講師が「1980年代に，これらの理論を検証するための最初の現代的な科学的努力が行われることになりました」と続けているので，第3段落最終文の内容が1980年代以前に広く受け入れられていた考えだとわかる。同文の「そもそも決して長続きしないものである」という部分から，c) が正解。他の選択肢については別の箇所で述べられており，1980年代以前に広く受け入れられていたものではないため，全て誤り。

(19)「1980年代に行われた研究での発見でないのは次のうちどれか」

a)　生後6ヵ月では，記憶は少なくとも1日は持続する。

b)　生後9ヵ月では，記憶は1ヵ月持続する。

c)　2歳の時点で，記憶は1年持続する。

d)　4歳半の子どもは，細かく覚えたことを少なくとも18ヵ月間は思い出すことができる。

e)　3歳以下の子どもの記憶は残るものの，それには制限がある。

正解は **d)**。第4段落最終文 (And a later ...) で講師は「その後1991年に行われた研究によって，4歳半の子どもは18ヵ月前に遊園地に行った時の詳細な記憶を思い出すことができることが示されました」と述べているため，d) の内容は1980年代ではなく1990年代の研究結果である。よってこれが正解。他の選択肢については，1980年代に行われた研究結果として，同段落第2文 (One experiment after ...) に「その10年間に次々と行われた実験によって，3歳以下の子どもたちの記憶は実際には持続しているが，それには限界がある（**e) と一致**）ことが明らかになりました」とあり，第3文 (At six months ...) に「生後6ヵ月になると，乳児の記憶は少なくとも1日は持続します（**a) と一致**）。生後9ヵ月では，1ヵ月持続し（**b) と一致**），2歳になるときまでには，1年間持続するようになります（**c) と一致**）」と述べられている。

(20)「以下の記述のうちどれが2005年の研究での発見であったか」

a)　子どもは大人よりも早く記憶を形成するが，より早く忘れもする。

b)　子どもの記憶は大人の経験を築き上げるのに合わせて消える。

c)　5歳半の子どもは，3歳時に形成された記憶の80%を保持する。

d)　7歳半の子どもは，3歳時に形成された記憶の半分を保持する。

e)　3歳児は記憶の14%しか保持しない。

正解は **c)**。第5段落第2文 (A 2005 study ...) で講師は「2005年に行われた，3歳の時点で形成された記憶に関する研究でわかったのは，7歳半の子どもは3歳時に形成された記憶の40%しか思い出せなかったが，5歳半の子どもはその二倍のことを思い出せた，ということです」と述べていて，これに一致する c) が正解。d) と e) は同文の内容に反するため誤り。また，同段落最終文の後半 (Children can create ...) の「子どもたちは人生の最初の数年間に記憶を形成してそれにアクセスできるが，その記憶の大部分はまもなくして，私たちが大人として経験するよりもはるかに速い速度で消えてしまう」という内容から，a) は「大人よりも」とは述べられていないため誤りで，b) は「大人の経験を築き上げるのに合わせて」とは述べられていないため誤り。

(21)「講師が最も主張したいのは：」

a)　幼年時代の記憶が失われるのは，それが急速に発育している脳内に形成されるからである。

b)　私たちの持つ最も早期の記憶はかつて思われていたよりも信頼できるものである。

c)　幼児の脳はまだ発育途中であり，そのことによりその脳は多大な柔軟性を得られる。

d)　私たちが幼年時代の記憶のほとんどを忘れてしまうのは，その中でも最も貴重な記憶を保持できるようにするためである。

e)　幼少期の方が，成人期よりも私たちの脳細胞間のつながりが強い。

正解は **a)**。この講義のテーマは「なぜ我々は幼少期の記憶を失ってしまうか」であり，これの答えに相当する部分が，講師が最も主張したいことだと考えられる。それに関して，講師は第6段落第3文 (Throughout childhood, the ...) で「幼少期を通して，脳は信じられないほど急速に成長し，構造を構築し，過剰なつながりを生み出します」と述べた上で，その後同段落最終文 (However, most of ...) で「しかしながら，大人の頭脳の効率的な構造と機能を実現するためには，過剰なつながりのほとんどは，最終的に切断されなければならないのです」と述べている。また，同様の内容が，まとめの段落となる最終段落第1文 (The problem, it ...) および第2文 (As a result, ...) に「問題は私たちの幼少期の記憶が不安定であるということよりもむしろ，それがいわゆる建設区域，つまり急速な成長と変化を遂げる混み合った作業場で構築されるということです。結果的に，それらの記憶の多くは実質上取り除かれ，他の記憶は覆い隠され，さらに他の記憶はその後の記憶や印象と組み合わされるのです」と繰り返し述べられている。この部分が講師が最も述べたい部分と言えるので，その内容と一致する a) が正解。b) については，「早期の記憶がどの程度信頼できるものか」については述べられていない。c) については，第 6 段落第 5 文 (Without such flexible ...) に「そのような柔軟な脳がなかったとしたら」という言及はあるが，その柔軟性が「幼児の脳はまだ発育途中である」ことが理由で得られるものだとはどこにも述べられていない。d) については，「最も貴重な記憶を保持できるようにするため」ということは述べられていない。e) については，第 6 段落第 4 文 (In fact, far ...) に「実際，脳が成人期に結局持つようになるよりもはるかに多くのつながりがそれら初期の年月で細胞間に形成されます」と述べられていることと一致はしているが，上述の通り，この講義のテーマは「なぜ我々は幼少期の記憶を失ってしまうか」であるため，これの答えと関係のない e) は講師が最も主張したいことではない。

解答

⒄－ c)	⒅－ c)	⒆－ d)	⒇－ c)	㉑－ a)

2018年

音声ファイル
18_01～18_03

3 (A) スクリプト

Interviewer: Welcome to another edition of *Window on the World*. My guest today is Dr. Abi Gisemba, who has recently returned from living for two years among the Maasai people of Eastern Africa. Dr. Gisemba, why don't you tell us about your research?

Dr. Gisemba: Well yes. I suppose the theme is cooperation. My argument is that we humans have a kind of instinct to help each other.

Interviewer: And your experiences with the Maasai support that argument ...?

Dr. Gisemba: Very much so. Traditional Maasai culture and society is based on herding. Wealth means cattle. But that wealth is under constant threat from thieves and lack of rain and so on, no matter how careful or hard-working you are.

Interviewer: I see.

Dr. Gisemba: However, Maasai culture has evolved a system which reduces the risk—a system of mutual obligations.

Interviewer: People have to help each other?

Dr. Gisemba: Exactly. They call it *osotua*—the word *osotua* means the tube through which a pregnant woman gives her baby its essential nutrition before it's born.

Interviewer: Oh, you mean the umbilical cord.

Dr. Gisemba: Yes, the umbilical cord. That's why I call it the "Cord" system.

Interviewer: How does it work?

Dr. Gisemba: Everyone has a kind of network of others they can ask for help. Anyone in the network can ask for help if they're in trouble, and the person asked is obliged to help.

Interviewer: Rather like our own friendship networks ...?

Dr. Gisemba: No, it's much more fundamental, and it's taken much more seriously. Parents pass their Cord network down to their children. And no one keeps track of who asks or who gives.

There is no expectation of being paid back.

Interviewer: Extraordinary ...

Dr. Gisemba: This is an extreme example, but in fact humans seem to be more generous than other animals, more inclined to help others. And that is a puzzling fact. They help even if there's no advantage to the individual who helps. Did you know that if a small child—as young as 18 months perhaps—sees an adult drop something "accidentally," the child will pick the thing up for the adult, or try to alert the adult? Even our closest evolutionary relatives, chimpanzees, don't do that.

Interviewer: So your real interest is in people's tendency to help others?

Dr. Gisemba: Well, actually, my main interest is in understanding how that tendency might have evolved, which is where the Maasai come in.

Interviewer: Oh I see. And I believe you have a computer model ...?

Dr. Gisemba: We ran a computer simulation that measured life expectancy in three different kinds of societies: no giving at all, giving with the expectation of being repaid, and finally, giving freely without expectation of return ...

Interviewer: Like the "Cord" system ...

Dr. Gisemba: Yes. And when we compared the simulated societies, we found that the "Cord" system produced the highest family survival rates.

Interviewer: So it does make sense, after all, from the evolutionary point of view?

Dr. Gisemba: The only exception is when the whole group faces some large-scale risk which threatens them all equally—a really serious epidemic, for example. In that situation, giving without expectation of return doesn't help. But in that situation, nothing helps, so giving generously does no worse.

全訳

インタビュアー：今回も『ウィンドウ・オン・ザ・ワールド』へようこそ。本日のゲストはアビ・ギゼンバ博士です。彼女は東アフリカのマサイ族の人々と共に２年間暮らしていたところから最近お戻りになりました。ギゼンバ博士，あなたの研究について教えていただけますでしょうか。

ギゼンバ博士：ええ，わかりました。テーマは協力なのだと思います。私の主張は，私たち人間にはお互いを助け合う一種の生まれつきの特性がある，ということです。

インタビュアー：そしてマサイ族とのあなたの経験はその主張を裏づけているということですか…？

ギゼンバ博士：まさにその通りです。マサイ族の伝統的な文化および社会は牧畜に基づいています。富は畜牛を意味します。しかし，その富は常に泥棒や雨不足などに脅かされています。どれほど注意深くしているか，あるいはどれほど勤勉であるかは関係ないのです。

インタビュアー：なるほど。

ギゼンバ博士：しかしながら，マサイ族の文化はそのリスクを減らすシステムを発達させました。相互義務のシステムです。

インタビュアー：人々はお互いを助けなければならない，ということですか？

ギゼンバ博士：その通りです。彼らはそれを *osotua*（オゥソトゥワ）と呼んでいます。*osotua* という言葉は，妊娠した女性が，赤ちゃんが生まれる前，お腹の子に必要不可欠な栄養素を与える媒介となる管のことを意味します。

インタビュアー：ああ，へその緒のことですね。

ギゼンバ博士：そう，へその緒です。そういうわけで私はそれを「コード」システムと呼んでいます。

インタビュアー：それはどのように機能するのですか？

ギゼンバ博士：皆が，助けを求めることができる他者からなる，一種のネットワークを持っています。ネットワーク内の誰もが，苦しい状況に陥った場合に助けを求めることができ，頼まれた人には助ける義務があるのです。

インタビュアー：私たち自身の持つ友情のネットワークにかなり近いものでしょうか…？

ギゼンバ博士：いいえ，それよりもはるかに根本的なものですし，はるかに真剣に捉えられているものです。親たちは子どもに自分たちのコードネットワークを伝承します。そして，誰が頼むか，または誰が与えるかを記録し把握している人は誰もいません。お返しをしてもらおうという期待はないのです。

インタビュアー：すごいですね…

ギゼンバ博士：これは極端な例ですが，実際，人間は他の動物よりも寛大で，他者を助ける傾向がより大きいようです。そして，そのことは私たちを当惑させる事実です。人間は，たとえ助ける側の個人に利点がなくても助けを差し伸べます。小さい子ども，具体的には生後おおよそ18ヵ月ほどにしか満たない幼い子どもが，大人が何かを「うっかり」落としてしまうのを目にすると，その子どもは大人のために落としたものを取ってあげるか，大人に注意喚起をしようとすることを知っていましたか？　私たちに最も近い進化を遂げてきた生物であるチンパンジーですら，そのようなことは行いません。

インタビュアー：ということは，あなたの本当の関心は，人が他者を助ける傾向を持っているということにあるのですね？

ギゼンバ博士：ええと，実際には，私の主な関心は，どのようにしてその傾向が発達した可能性があるかを理解することにあって，そこでマサイ族が関わってくることになるのです。

インタビュアー：ああ，なるほど。そして私の考えでは，コンピューターモデルをお持ちですよね…？

ギゼンバ博士：３つの異なる種類の社会における平均余命を測定するコンピューターシミュレーションを私たちは行いました。それらの社会は，まったく施しを与えない社会，見返りを期待して施しを与える社会，そして最後の１つは，見返りを期待せずに惜しみなく施しを与える社会です…

インタビュアー：「コード」システムのように，ですね…

ギゼンバ博士：そうです。そしてシミュレーションを作成した社会を比較した時，「コード」システムを用いることによって一族の生存率が最も高くなるということを私たちは発見しました。

インタビュアー：ということは，結局，進化論的な観点からもそれは理にかなっているということですね？

ギゼンバ博士：唯一の例外は，集団全体が，たとえば，本当に重大な伝染病など，彼ら全員を平等に脅かす何かしらの大規模な危険に直面する時です。そういった状況では，見返りを期待せずに施しを与えても役に立ちません。しかし，そのような状況では，何をやっても役立たないので，寛大に施しを与えることが，他と比べて劣るということは全くありません。

考え方

(6)「ギゼンバ博士によると，『コード』システムが伝統的に回避してきた１つのリスクは何か？」 正解は **d)「長期間にわたり雨が降らないことにより畜牛を失うリスク」**。ギゼンバ博士は3つ目の発言の文 (However, Maasai culture ...) で「しかしながら，マサイ族の文化はそのリスクを減らすシステムを発達させました。相互義務のシステムです」と述べており，このシステムについては，5つ目の発言の第2文 (That's why I ...) で「そういうわけで私はそれを『コード』システムと呼んでいます」と述べている。3つ目の発言の文における「そのリスク」とは，2つ目の発言の第3文 (Wealth means cattle.) および最終文 (But that wealth ...) で「富は畜牛を意味します。しかし，その富は常に泥棒や雨不足などに脅かされています」と述べていることから「畜牛が泥棒に盗まれたり雨不足により死んでしまうリスク」であるとわかる。よって d) が適切。上記の説明より，a)「窃盗によりお金を失うリスク」，b)「あまりに多すぎる義務に巻き込まれるリスク」，c)「妊娠期間の，母と子に対する危害というリスク」，e)「共同体全体に伝染病が広がる際の，畜牛の大規模な喪失のリスク」はどれも不適。

(7)「次のうちどれが実践において『コード』システムが機能する方法を最もよく説明しているか？」 正解は **e)「援助が必要とされる場合，ネットワーク内の任意の人からの要請があり次第，必ず与えられる」**。インタビュアーが6つ目の発言の文 (How does it ...) で「それはどのように機能するのですか？」と述べたのを受けて，ギゼンバ博士は6つ目の発言の第2文 (Anyone in the ...) で「ネットワーク内の誰もが，苦しい状況に陥った場合に助けを求めることができ，頼まれた人には助ける義務があるのです」と述べていることから，e) が適切。a)「それは母とその出生前の子どもをつなぐ，へその緒のようなものである」は，上記の説明から不適。b)「友人関係にある集団と同様に，メンバーは互いに対して自由にお願いごとをできる」だが，インタビュアーが7つ目の発言の文 (Rather like our ...) で「私たち自身の持つ友情のネットワークにかなり近いものでしょうか…？」と尋ねているのに対して，ギゼンバ博士は7つ目の発言の第1文 (No, it's much ...) で「いいえ，それよりもはるかに根本的なものですし，はるかに真剣に捉えられているものです」と返答しているので不適。c)「誰もが困ったときに必ず助けてくれる1人の別の人とつながっている」だが，ギゼンバ博士は6つ目の発言の第1文 (Everyone has a ...) で「皆が，助けを求めることができる他者からなる，一種のネットワークを持っています」と述べているので，「1人の別の人」が不適。d)「困ったときには同じネットワーク内にいる人々は進んでお互いを助けなければならない」だが，上記の説明の通り「要請に応じて助けなければならない」のであり，「進んでお互いを助けなければならない」という記述は不適。

(8)「ギゼンバ博士によって述べられている『私たちを当惑させる事実』とは何か？」

正解は **a)「人間は最も寛大な動物である」**。ギゼンバ博士は８つ目の発言の第２文 (And that is ...) で「そのことは私たちを当惑させる事実です」と述べている。このthat「そのこと」の指示対象は，１つ前の第１文 (This is an ...) で述べている「人間は他の動物よりも寛大で，他者を助ける傾向がより大きいようです」という部分である。よって a) が適切。上記の説明より b)「チンパンジーですらお互いに対して寛大でない」, c)「幼い子どもたちは, 大人が何かを落とした時に彼らを助けようとする」, d)「人間は，自分に利点がない場合には他者を助けない傾向にある」，e)「大人が何かを落とすのを幼い子どもたちが目にすると, 子どもたちはそれが偶発的であるとわかる」は全て不適。

(9)「マサイ族を研究することにおける，ギゼンバ博士の『主な関心』は何か？」正解は **b)「マサイ族は，人間の寛大さの発達を私たちが理解する手助けとなる」**。インタビュアーが９つ目の発言の文 (So your real ...) で「ということは，あなたの本当の関心は，人が他者を助ける傾向を持っているということにあるのですね？」と尋ねているのに対して, ギゼンバ博士は９つ目の発言の文 (Well, actually, my ...) で「ええと，実際には，私の主な関心は，どのようにしてその傾向が発達した可能性があるかを理解することにあって，そこでマサイ族が関わってくることになるのです」と返答しているので，b) が適切。上記の説明より a)「マサイ族は，どのようにして牧畜文化がリスクを軽減するのかを私たちが理解する手助けとなる」，c)「マサイ族は，現代社会が寛大さを保ったり増やしたりできる方法を示している」，d)「マサイ族は，寛大さを自らの根底となる特徴として持っている文化の良い例である」，e)「マサイ族は，単独のシステムが多くの異なるリスクから社会を守ることができる方法を示している」は全て不適。

(10)「以下のどの文が，コンピューターシミュレーションによる主な発見と最もよく合致しているか？」 正解は **d)「見返りを期待せずに施しを与えることが行われると，共同体はより存続しやすくなる」**。コンピューターシミュレーションについては，ギゼンバ博士が10番目の発言 (We ran a ...) で「３つの異なる種類の社会における平均余命を測定するコンピューターシミュレーションを私たちは行いました。それらの社会は，まったく施しを与えない社会，見返りを期待して施しを与える社会，そして最後の１つは，見返りを期待せずに惜しみなく施しを与える社会です…」と説明している。その発言の最後の１つの社会を指して, インタビュアーが11番目の発言 (Like the “Cord” ...) で「『コード』システムのように，ですね…」と述べたのを受けて，ギゼンバ博士は11番目の発言の第１文 (Yes.) で「そうです」と答えている。そして，続く第２文 (And when we ...) で「そしてシミュレーションを作成した社会を比較した時，『コード』システムを用いることによって一族の生存率が最も高くなるということを私たちは発見しました」と述べていることから d) が適切。a)「寛大な個人は，より長生きする傾向にある」および c)「家族制度の一部である個人は，そうでない個人よりも長生きする」は，「個人」のことを述べているものなので不適。b)「寛大な社会は，より利己的な社会と同じくらい成功する」は上記の第２文の内容と矛盾する。e)「非常に厳しい問題が共同体全体に影響を及ぼす際には，気前よく施しを与えることで事態がより悪化することがある」だが，ギゼンバ博士は最後の発言の第１文 (The only exception ...) で「集団全体が，たとえば，本当に重大な伝染病など，彼ら全員を平等に脅かす何かしらの大規模な危険に直面する時です」と「非常に厳しい問題が共同体全体に影響を及ぼす」場合について述べているが，同発言の最終文 (But in that ...) で「しかし，そのような状況では，何をやっても役立たないので，寛大に施しを与えることが，他と比べて劣るということは全くありません」と述べているので不適。

解 答

(6)－ d)	(7)－ e)	(8)－ a)	(9)－ b)	(10)－ d)

3 (B) スクリプト

Interviewer: Thank you, Dr. Gisemba. I'd like to turn to my second guest, Mr. Eugene Park, who chairs a conservative political group called "Self-Reliance." I wonder how you react, Mr. Park, to these ideas about giving freely, giving for nothing?

Mr. Park: Well, Dr. Gisemba's research was very interesting, but there's a danger of making a false generalization here. Just because the Maasai practice giving freely doesn't mean that this system can be applied to other societies.

Interviewer: In fact, you believe that there are dangers in the kind of generosity Dr. Gisemba has described?

Mr. Park: That's right. We believe that, as far as possible, people should provide for themselves, rather than depending on other people. If you just give people things freely without conditions—whether they work or not, whether they succeed or whether they fail—well, that encourages laziness, it encourages dependence.

It sounds like heaven, but it doesn't work in the real world.

Interviewer: Dr. Gisemba, I wonder how you respond to that?

Dr. Gisemba: Well, my research question was, why do humans have an instinct for generosity? Mr. Park's question is, how should we organize society for the best? These are two different questions ...

Mr. Park: The problem is, some people are going to think, "If humans have an instinct for generosity, then governments ought to be generous too." Dr. Gisemba rightly sees that these issues are separate, but some people are going to make the jump—mistakenly—from her question to mine.

Interviewer: But some people might say, why not connect these questions? If humans have an instinct to help one another, and if, as Dr. Gisemba has shown, societies that give freely are more likely to prosper, then why shouldn't governments be generous too?

Mr. Park: Well, modern urban societies are organized very differently from Maasai society. If wealth is mainly in cattle, everyone can easily see whether a neighbor is truly in need or not. With us, wealth is often invisible, hidden in bank accounts for example, so it's easy for people who aren't really in need to cheat the system.

Dr. Gisemba: But systems of generosity can be found in other societies as well. Take Fiji, for example. In Fijian culture, wealth is easier to hide, yet they have a system which is very like the "Cord" system. It's called *kerekere*, which means "to request." In one experiment, fifty Fijian men were simply given an amount of money equal to a day's wages. On average, they only kept 12% for themselves, and almost half gave all the money away.

Mr. Park: Of course, it's fine for people to give money away if they choose to. In fact, we think that the government should encourage donations to charities, churches, and so on. But if you just hand out money to anybody who asks, you reward the undeserving as well as the deserving.

Dr. Gisemba: But if you analyze the *kerekere* system, you find that the people who receive the most money from their friends are those who themselves have a good reputation for giving. So it seems that systems of generosity actually encourage honest behavior, rather than inviting people to "cheat the system."

Mr. Park: Well, another important difference is that Dr. Gisemba's research is based on small communities where people know each other. Maybe generosity works under these circumstances, but this is very different from a large government system that forces people to pay taxes to help others they've never met—the so-called "safety net." We think that this should provide only a basic minimum and no more.

Dr. Gisemba: I think there are good reasons to make the "safety net" as generous as we can afford. Firstly, we value fairness: life can be very unfair and we want to correct that if we can. Second, we want to live in a civilized society, and it's not civilized for large numbers of people to live below the poverty line.

Mr. Park: Of course, I'm not arguing that governments should let people who are genuinely in need starve to death. But it can't be right either for the government to force hard-working taxpayers to support people who could support themselves.

Interviewer: Well, I suppose politics has always been about finding a balance between competing philosophies. There we must end. But let me thank you both.

全訳

インタビュアー：ギゼンバ博士，ありがとうございます。2人目のゲストであるユージーン・パク氏の方に移りたいと思います。彼は「セルフリライアンス（自立）」という名称の保守派の政治団体の委員長をされています。パクさん，あなたは惜しみなく施しを与える，無償で施しを与えることに関するこれらの考えに対してどのような反応をお示しでしょうか？

パク氏：そうですねえ，ギゼンバ博士の研究は非常に興味深いものでしたが，そこには誤った一般化を行ってしまう危険があります。単にマサイ族に惜しみなく施しを与えるという習慣があるからといって，そのシステムが他の社会にも適用できるということは意味しません。

インタビュアー：実は，ギゼンバ博士が説明してくれた類の寛大さには危険があるとあなたは思っている，ということですか？

パク氏：その通りです。人々は，他者に頼るのではなく，出来る限り，自分で自分を養うべきだと私たちは思っています。働いているか否かに関係なく，成功するか失敗するかに関係なく，単に人々に無条件にものを惜しみなく与えれば…ええとですね，それは怠惰さを助長することになります。依存を助長するのです。天国のように聞こえますが，現実世界ではうまくいかないですよ。

インタビュアー：ギゼンバ博士，それに対してどのようにお答えになりますでしょうか？

ギゼンバ博士：ええと，私の研究上の問いは，なぜ人間には寛大さが生まれつき備わっているか？というものです。パクさんの問いは，社会を最善なものにするにはどのように組織化するべきか？というものです。これらは2つの異なる問いです…

パク氏：問題なのは，「もし人間に生まれ持った寛大さがあるならば，政府だって寛大であるべきだ」と考えるようになる人たちがいることです。ギゼンバ博士はこれらの問題が別々のものであると正確にわかっておられますが，中には誤って，彼女の問いから私の問いへと考えを飛躍させてしまうようになる人たちがいるのです。

インタビュアー：ですが，どうしてこれらの問いを繋いではいけないというのか？と言う人たちもいるかもしれません。人間にお互いを助ける生まれつきの特性があるならば，そしてもし，ギゼンバ博士がお示しになったように，惜しみなく施しを与える社会の方が繁栄する可能性が高いならば，政府も寛大になるというのがなぜいけないというのでしょうか？

パク氏：ええとですね，現代の都市社会はマサイ族の社会とは非常に異なった組織化のされ方をしています。もし富が主に畜牛という形態であるならば，近隣住人が本当に困って助けを必要としているかそうでないか，誰もが簡単にわかります。私たちに関しては，たとえば，銀行口座に隠れていたりして，富は目に見えないことが多いので，本当に困っているわけではない人たちがシステムを不正利用することが容易にできてしまうのです。

ギゼンバ博士：ですが，寛大さのシステムは他の社会にも見受けられます。たとえば，フィジーがそうです。フィジーの文化では，富はより隠しやすいですが，彼らは「コード」システムに非常によく似たシステムを有しています。それは*kerekere*（ケレケレ）と呼ばれていて，「お願いをする」という意味です。ある実験で，50人のフィジー人男性が一日分の賃金と同等のお金を単純に与えられました。平均して，彼らはたった12パーセントしか自分のために取っておきませんでした。そしてほぼ半数の人がお金をすべてあげてしまいました。

パク氏：もちろん，人々が自らそうすることを選択するならお金をあげても構いません。実際，政府は慈善団体や教会などへの寄付を奨励すべきだと私たちは考えています。しかし，求める相手誰にでも単純にお金を配ってしまったら，受け取るに値する人たちだけでなく，受け取るに値しない人たちにも報いてしまうことになります。

ギゼンバ博士：しかし，ケレケレシステムを分析すると，友人たちから最も多くのお金を受け取る人々は，自分たち自身，与えることに対して良い評判を得ている人々であることがわかります。よって寛大さのシステムは，人々に「システムを不正使用する」よう促すのではなく，実際には誠実な振る舞いを助長しているように思われます。

パク氏：ところで，もう１つ別の重要な違いは，ギゼンバ博士の研究は，人々がお互いを知っている小さな共同体に基づいているということです。もしかすると，寛大さはそういった状況下ではうまくいくかもしれませんが，これは会ったことのない他者を助けるために税金を払うことを人々に強いる大規模な政治システムとは非常に異なります。いわゆる「セーフティーネット」というものです。このシステムは必要不可欠な最小限のものだけを提供し，それ以上のものは与えるべきでないと私たちは考えます。

ギゼンバ博士：「セーフティーネット」を財政面で可能な限り寛大なものにする十分な動機があると私は思います。第１に，私たちは公平さを尊重しています。人生は非常に不公平なものになる可能性があり，私たちは可能であればそれを是正したいと思っています。第２に，私たちは文明社会に暮らしたいと思っていますが，多数の人々が貧困ラインよりも低い水準で生活するのは，文明化しているとは言えません。

パク氏：もちろん私は，政府が真に助けを必要としている人々を餓死させてしまうべきだと主張しているのではありません。しかし，政府が勤勉な納税者に自分で自活できる人々を支えるのを強いることもまた，正しいことではありえません。

インタビュアー：まあ，政治とは常に，相反する物の見方のバランスを見つけることを基本目的としてきたのでしょうね。そこで本日は終わりにしなければいけません。ですが，お二人ともに感謝させてください。

考え方

⑾「パク氏によると,『自由に施しを与えること』の主な危険は何か？」 正解は **c)「無料でものを与えられた人たちが自分で物事を行いたくなくなってしまう」**。インタビュアーが2つ目の発言 (In fact, you ...) で「実は，ギゼンバ博士が説明してくれた類の寛大さには危険があるとあなたは思っている，ということですか？」と尋ねたのに対して,パク氏は2つ目の発言の第1文 (That's right.) で「その通りです」と答え，それに続く第3文 (If you just ...) で「働いているか否かに関係なく，成功するか失敗するかに関係なく,単に人々に無条件にものを惜しみなく与えれば…ええとですね，それは怠惰さを助長することになります。依存を助長するのです」と述べていることから c) が適切。a)「働かなかったら，人々はやがて雇用できない人材になってしまう」，b)「人々が何もお礼を返さずに何かを受け取ることを助長する」，d)「無償の施しを与えることが非常に一般的な社会では，それがありがたいと思われなくなってしまう」，e)「無料で物を与えられると，人々は達成感を得ることができない」はどれも述べていないため不適。

⑿「パク氏によると，現代の都市社会がマサイ族の社会と異なる1つの重要な点は何か？」 正解は **e)「マサイ族の方が自分の周りにいる人たちが困っているかどうかを知るのが簡単だと感じる」**。パク氏は4つ目の発言の第2文 (If wealth is ...) で「もし富が主に畜牛という形態であるならば，近隣住人が本当に困って助けを必要としているかそうでないか,誰もが簡単にわかります」と述べていることから e) が適切。a)「マサイ族の方が物質的に必要とする物が少ない」，b)「マサイ族の方が生まれ持った寛大さをより強く持っている」，c)「マサイ族には収入を再分配するための税制度がない」，d)「マサイ族の方が近隣住人の富に嫉妬する可能性が高い」はどれも述べていないため不適。

⒀「ギゼンバ博士によると，フィジーのケレケレシステムはどのようにして寛大な振る舞いを促すか？」 正解は **c)「寛大であるという評判があるフィジー人が報いを受ける傾向がある」**。ギゼンバ博士は，3つ目の発言の第1文 (But if you ...) および第2文 (So it seems ...) で「しかし，ケレケレシステムを分析すると，友人たちから最も多くのお金を受け取る人々は，自分たち自身，与えることに対して良い評判を

得ている人々であることがわかります。よって寛大さのシステムは，人々に『システムを不正使用する』よう促すのではなく，実際には誠実な振る舞いを助長しているように思われます」と述べているのでc) が適切。a)「フィジー人は忠実な友人に対して寛大である傾向がある」，b)「フィジー人は最もお金を必要としている人々に対して寛大である傾向がある」，d)「フィジー人は自分たちがお金に関してより寛大になれるように一生懸命働く」，e)「寛大であるという評判があるフィジー人が他の人たちよりも多くのお金をあげる」はどれも述べていないため不適。

⑭「会話に基づくと，これらの供述のどれにギゼンバ博士は同意する可能性が最も高いか？」正解は**c)「寛大さのシステムの中では，人々が不正をしようとする可能性は低い」**。ギゼンバ博士は，3つ目の発言の第2文 (So it seems ...) で「寛大さのシステムは，人々に『システムを不正使用する』よう促すのではなく，実際には誠実な振る舞いを助長しているように思われます」と述べているので，c) が適切。a)「社会は貧困層に対して以前ほど親切でなくなりつつある」，b)「富を容易に隠すことができる社会は，相対的に寛大さが低い」，d)「現代の財政制度によって豊かな人から貧しい人へとお金を再分配することがより簡単になる」，e)「一部の人たちが過剰な富を持っている限り，社会が文明化していると見なされることはありえない」だが，これらに同意することを示唆するような内容は，どこにも述べていないため不適。

⑮「会話に基づくと，これらの供述のどれにパク氏は同意しているか？」 正解は**c)「自由に施しを与えるシステムは小さな共同体ではうまくいくかもしれない」**。パク氏は6つ目の発言の第1文 (Well, another important ...) および第2文 (Maybe generosity works ...) で「ところで，もう1つ別の重要な違いは，ギゼンバ博士の研究は，人々がお互いを知っている小さな共同体に基づいているということです。もしかすると，寛大さはそういった状況下ではうまくいくかもしれませんが，これは会ったことのない他者を助けるために税金を払うことを人々に強いる大規模な政治システムとは非常に異なります」と述べているので，c) が適切。a)「政府は貧困層を援助すべきでない」，b)「貧困層が最小限必要としている物は慈善団体によって満たされるべきである」，d)「税制度は自発的な寄付によって置き換えられるべきである」，e)「私たちは他人よりも友人に対してより寛大であるべきではない」だが，これらに同意することを示唆するような内容は，どこにも述べていないため不適。

解答

⑾－c)　⑿－e)　⒀－c)　⒁－c)　⒂－c)

3 (C) スクリプト

For centuries, sailors have told stories about monster waves, giant waves as tall as a 9- or 10-storey building that suddenly rise in the middle of the ocean, as if out of nowhere. And for centuries, those who live on land, having never seen them, have dismissed stories of these waves as fairy tales—exaggerations or outright fantasies—like the old stories of mermaids and dragons. But new evidence confirms that monster waves are real, and happen much more often than anyone thought.

In 1978, a German cargo ship disappeared in the middle of the Atlantic, with the loss of 27 crew. Investigators recovered a lifeboat that showed signs of having been struck by an extreme force. The lifeboats on that ship were stored 20 metres above the water.

Then, in 1995, a huge wave hit an oil drilling platform off Norway during a hurricane. Twelve-metre waves were hitting the platform. Everyone was inside to escape the storm, so no one saw the monster wave, but laser equipment measured it at 26 metres high.

According to the standard theory of how waves form, a wave that enormous should occur only once every 10,000 years.

Scientists were shocked and began using satellite images to locate and count these monster waves. A study of one three-week period in 2003, using 30,000 satellite images, found 10 waves that were 25 metres or more in height.

How can this phenomenon be explained? The standard theory treats waves as individuals that grow larger when one wave overtakes and merges with another. But a new theory suggests that waves can organize themselves into groups, which tend to stay together over time. According to that theory, waves within groups can pass energy to each other, creating terrifying waves like the ones that struck in 1978 and 1995. If this theory proves true, it might be possible to forecast these giants, and thus give an early warning to ships and oil platforms that are in danger.

The sea, as sailors have always known, is unpredictable, yet still we try to prepare for the most dangerous ocean events. Monster waves can do immense damage—another such wave sank an American cargo ship in October 2015, taking 33 lives. And as global warming pumps more energy into the earth's wind and ocean systems, these extraordinary events are likely to become more frequent. That is why new approaches are being developed to keep ships and oil platforms safe, including new designs that can survive the devastating impact of monster waves, waves that were once thought to exist only in the imagination of sailors.

全訳 何世紀もの間，船乗りたちは，怪物のような巨大波，つまり，大洋の真ん中に，まるでどこからともなくといったように突如として生じる，高さが9階から10階建ての建物ほどもある巨大な波について語ってきた。そして何世紀もの間，陸に暮らしている人々は，そんなものを見たことがなかったので，こういった波に関する話を，人魚や竜に関する古い物語のようなおとぎ話だと，つまり大げさな話だとか完全なる空想だと退けてきた。しかし，巨大波は実在するもので，どの人間が思っていたよりもはるかに頻繁に起こることが，新しい事実によって裏付けられている。

1978年に，一艘（そう）のドイツの貨物船が大西洋の真ん中で姿を消し，27人の乗組員の命が失われた。捜査官たちは，極めて大きな力によって打撃を受けた跡を示している一艘の救命ボートを回収した。その船に積まれていた救命ボートは，海抜20メートルのところに備えられていた。

その後，1995年に，1つの巨大な波が，ハリケーンの最中にノルウェーの沖にある石油掘削プラットフォームを襲った。12メートルある複数の波がそのプラットフォームを襲撃していた。嵐を逃れるために皆が屋内にいたため，だれもその巨大波を目にすることはなかったが，レーザー機器の計測では，それは高さ26メートルのものだった。

どのように波が形成されるかに関する標準理論によると，それほど巨大な波は10,000年ごとに一度しか生じないはずである。

科学者たちは衝撃を受け，これらの巨大波の場所を特定し，その数を数えるために衛生画像を用い始めた。30,000個の衛星画像を用いた，2003年のある3週間にわたる研究では，高さが25メートル以上ある波が10個発見された。

この現象は一体どのようにしたら説明できるのだろうか？　標準理論は，1つの波が別の波を追い越しそれと合体する際に大きくなる個別のものとして波を扱っている。しかし新しい理論は，波が組織立って集団になることがあり，ある程度の時間共に留まる傾向があるということを示唆している。その理論によれば，集団内の波はお互いにエネルギーを伝達することができ，1978年と1995年に襲ってきたもののような恐ろしい波を作ることがありうる。この理論が正しいと判明すれば，これらの巨大波を予測し，そうすることで，危険な状態にある船や石油プラットフォームに早期の警告を与えることが可能になるかもしれない。

船乗りたちはずっとわかっていたように，海とは予測不可能なものであるが，それでも私たちは最も危険な海洋上の事態に備えようとするのである。巨大波は莫大な損害をもたらすことがある。また別のそのような波が，2015年10月にアメリカの貨物船を沈没させ，33人の命を奪ったように。そして，地球温暖化がより多くのエネルギーを地球の風系や海洋システムへと注ぎ込むにつれて，これらの異常な事象より頻繁になる可能性が高い。そういうわけで，船や石油プラットフォームを安全に保つ新しい手法が開発されており，そこには，かつては船乗りたちの想像の中にのみ存在すると思われていた波である，巨大波の破壊的な衝撃を切り抜けることができる新しい設計が含まれているのである。

考え方

⑯「巨大波はこれまで考えられていたよりも…ものである」　正解は**a)「ありふれた」**。第1段落最終文 (But new evidence ...) に「巨大波は実在するもので，どの人間が思っていたよりもはるかに頻繁に起こることが，新しい事実によって裏付けられている」と述べられていることからa)が適切。b)「巨大な」，c)「強力な」，d)「予想可能な」，e)「突然の」は，以前考えられていたよりもそうであるとはどこにも述べられていないため，どれも不適。

⑰「証拠が示唆するところでは，ドイツの貨物船を襲った巨大波は少なくとも高さ…メートルだった」　正解は**c)「20」**。第2段落第1文 (In 1978, a ...) に「1978年に，一艘(そう)のドイツの貨物船が大西洋の真ん中で姿を消し，27人の乗組員の命が失われた」と述べられていることから，ドイツの貨物船を襲った巨大波に関して述べられているのは同段落であることがわかる。その第2文 (Investigators recovered a ...) および最終文 (The lifeboats on ...) に「捜査官たちは，極めて大きな力によって打撃を受けた跡を示している一艘の救命ボートを回収した。その船に積まれていた救命ボートは，海抜20メートルのところに備えられていた」と述べられていることから，少なくとも海抜20メートルの高さまでは巨大波が襲ったことがわかる。よってc)が適切で，他の選択肢は全て不適。

⒅「2003年に，衛星画像を用いた調査により，25メートル以上の高さがある10個の波が…の期間内に発見された」 正解は**b)「3週間」**。第5段落第2文 (A study of ...) に「30,000個の衛星画像を用いた，2003年のある3週間にわたる研究では，高さが25メートル以上ある波が10個発見された」と述べられているので，b) が適切で，他の選択肢は全て不適。

⒆「新しい理論の特別な主張は…ということである」 正解は**b)「波は必ずしも個々のものとして扱われるべきではない」**。新しい理論については，第6段落第3文 (But a new ...) に「しかし新しい理論は，波が組織立って集団になることがあり，ある程度の時間共に留まる傾向があるということを示唆している」と述べられている。この理論の特別な主張は，同段落第2文 (The standard theory ...) に述べられている内容と異なる部分である。同文では「標準理論は，1つの波が別の波を追い越しそれと合体する際に大きくなる個別のものとして波を扱っている」と述べられていることから，新しい理論の特別な主張は波を個々のものではなく集団として見なしているという点にある。よって b) が適切。a)「波はエネルギーという観点から考える方がよい」は同段落第4文 (According to that ...) に「その理論によれば，集団内の波はお互いにエネルギーを伝達することができ，1978年と1995年に襲ってきたもののような恐ろしい波を作ることがありうる」とは述べられてはいるものの，これが「特別な主張」がどうかを考えると，b) の方が正解として適切である。c)「波の形成は私たちが思っていたよりもさらに予想不可能である」に関しては，どこにも述べられていない。d)「個々の波は他の波を通り抜けたり他の波と合体したりすることができる」は，上記の第2文に述べられていることであり，これは標準理論における考え方である。e)「巨大波に対する早期の警告システムは開発するのが難しいだろう」は，同段落最終文 (If this theory ...) に「この理論が正しいと判明すれば，これらの巨大波を予測し，そうすることで，危険な状態にある船や石油プラットフォームに早期の警告を与えることが可能になるかもしれない」と述べられているので不適。

⒇「語り手は，将来私たちは，…のような，巨大波の脅威から身を守る方法を発見するかもしれないということを示唆している」 正解は**d)「巨大波に襲われることに耐えることができる構造物を設計すること」**。最終段落最終文 (That is why ...) に「そういうわけで，船や石油プラットフォームを安全に保つ新しい手法が開発されており，そこには，かつては船乗りたちの想像の中にのみ存在すると思われていた波である，巨大波の破壊的な衝撃を切り抜けることができる新しい設計が含まれているのである」と述べられているので d) が適切。a)「巨大波の形成を防ぐこと」，b)「巨大波に対する意識を船乗りたちにより強く持たせること」，c)「海洋システムに対す

る地球温暖化の影響を減らすこと」, e)「巨大波によって船が沈没させられた時に失われる命がより少なくなるよう確実にすること」については, どこにも述べられていないので不適。

解答

⒃－a)	⒄－c)	⒅－b)	⒆－b)	⒇－d)

2017年

音声ファイル
17_01〜17_03

3 (A) スクリプト

As human beings, we like to think that there is something unique about our minds that makes us superior to the rest of the world. So it was a great shock when in 1997 a supercomputer called "Deep Blue" beat the world chess champion, Garry Kasparov. A mere machine had won at a purely mental challenge, defeating one of the strongest players ever.

How had that happened? People came up with various excuses. Perhaps Kasparov had got tired, or perhaps he felt frightened of machine. There was even a suggestion that the team of scientists overseeing Deep Blue were giving it some unfair assistance.

But the true explanation is Deep Blue's sheer computing power. The powerful processors used by Deep Blue could analyse millions of possible moves. No human being could possibly consider so many options. So, when Kasparov lost, many people said: "Deep Blue's victory is just another demonstration of a machine's power or strength: it doesn't really show intelligence or creativity".

But if chess is not a test of intelligence, what is? Some people argued that the game of "Go" would be more appropriate. Go is played on a larger board, and there are many more possibilities. Human Go players often say they are compelled to choose a move by instinct, not by calculation. It seemed that computers would never have the creative intelligence to defeat a human Go champion.

But then, in March 2016, a computer program called AlphaGo did defeat one of the world's best human players, the South Korean Professional Lee Sedol. In a five-game match, the computer won by four games to one.

Two aspects of this victory were particularly impressive. The first was how much the machine had improved. Six months before the match with Lee Sedol, AlphaGo had played a professional European Go player, a much weaker opponent. Although the computer won that match, it still showed certain weaknesses. In the following six months, however, the computer played many millions of games against itself, gradually learning how to improve. By the time it played Lee in March, it was much stronger. Lee acknowledged that the machine had been too strong for him, although he said that it was a defeat only for him personally, not for "humankind".

The second impressive aspect was the way in which the machine played. It did not seem superior in calculating power. In fact, it made some mistakes. But in its creative use of strategy, in the originality of some of its moves, the computer seemed superior. This could not be described as a victory for mere calculating power.

The program which defeated Kasparov at chess did so merely by simple calculation. But AlphaGo's success seems to prove that computers can also show intelligence and creativity. Perhaps that is why one commentator described AlphaGo as not just "the best player of the past two thousand years" but also as "a work of art".

全訳　人として，私たちは，世界のその他のものよりも自分たちを優れた存在にさせる何か独特なものが自分たちの頭脳にあると思うことを好む。なので，1997年に「ディープ・ブルー」とよばれるスーパー・コンピュータがチェスの世界チャンピオンだったゲーリー・キャスパロフを打ち破ったときは，大きなショックであった。単なる機械が純粋に知性を試す課題において，歴代でもっとも強いプレーヤーの１人を破り，勝利したのである。

それはどのようにして起こったのだろうか？　人々はさまざまな言い訳を思いついた。おそらくキャスパロフは疲れたのだ，とか，おそらくキャスパロフは機械に恐怖を感じたのだ，とかいったものである。ディープ・ブルーを監督していた科学者のチームがそれに不正な援助を与えていたのだという示唆さえも存在した。

しかし，本当の理由説明となるのはディープ・ブルーの純粋な情報処理能力である。ディープ・ブルーが用いていた強力なプロセッサは，何百万もの指しうる手を分析することが出来たのである。それほど多くの選択肢を考慮できる人間など到底いない。なので，キャスパロフが負けたとき，「ディープ・ブルーの勝利は，機械の処理能力あるいは強さを立証する，もう１つの例にすぎない。それは知性や創造性を本当に発揮しているわけではないのだ」と多くの人は言った。

しかし，チェスが知性を試すものでないならば，何であればそうなのか？　「囲碁」の試合の方がより適切だろうと主張する人たちがいた。囲碁はチェスよりも大きな盤の上で行われ，チェスよりも可能な選択肢がはるかに多い。人間の囲碁の棋士は，自分たちが計算によってではなく，本能によって打つ手を選ぶことを強いられるとしばしば言う。コンピュータが人間の囲碁のチャンピオンを破ることができる創造的知性を持つことは決してないだろうと思われた。

しかしその後，2016年３月に，アルファ碁とよばれるコンピュータ・プログラムが，世界最高の人間の棋士の一人である韓国人プロ棋士の李世乭(イセドル)を実際に打ち負かした。５番勝負で，そのコンピュータは４勝１敗で勝ったのである。

この勝利の２つの側面が特に印象的であった。１つ目はその機械がどれほど上達したかであった。李世乭との対局の６ヵ月前に，彼よりはるかに弱い相手であるヨーロッパ人の囲碁のプロ棋士とアルファ碁は対局した。そのコンピュータは対局に勝利したが，それでも一定の弱さを示した。しかしながら，それに続く６ヵ月で，そのコンピュータは自分相手に何百万回もの試合を行い，徐々に上達の仕方を学んでいった。３月に李と対局した時点までに，それははるかに強くなっていた。李は，それが「人類」にとっての敗北ではなく，彼個人にとってのみの敗北だとは言ったものの，その機械が自分には強すぎたと認めた。

２つ目の印象的な側面は，その機械の戦い方であった。それは計算力において優れているようには思われなかった。実際，それはいくつかのミスを犯したのである。しかし，それが戦略を創造的に使用したことや，それが打った手のいくつかの独自性において，そのコンピュータは優れているように思われた。このことは，単なる計算能力が故(ゆえ)の勝利とは説明できないものだった。

チェスでキャスパロフを破ったプログラムは，単に単純計算によってそれを遂行した。しかし，アルファ碁の成功は，コンピュータも知性や創造性を発揮することが可能だということを証明しているように思われる。ことによると，そういう理由である評論家がアルファ碁のことを単に「過去２千年で最も強い棋士」であるだけでなく，「芸術作品」でもあると表現したのかもしれない。

考え方

⑹「話者によると，ディープ・ブルーがキャスパロフを破ることができたのはな

ぜか？」　正解は **c)「ディープ・ブルーの処理能力は，キャスパロフにはとても手に負えなかった」**。第 2 段落第 1 文 (How had that ...) で「それはどのようにして起こったのだろうか？」と疑問提起が述べられた後，人々が考えたさまざまな言い訳が提示されるが，第 3 段落第 1 文 (But the true ...) で「しかし，本当の理由説明となるのはディープ・ブルーの純粋な情報処理能力である」と逆接を用いて真の理由が述べられている。よって c) が適切。a)「キャスパロフはその試合を真剣にとらえなかった」については，どこにも述べられていない。b)「ディープ・ブルーは数人の人間の専門家から助けを得ていた」だが，第 2 段落最終文 (There was even ...) に「ディープ・ブルーを監督していた科学者のチームがそれに不正な援助を与えていた」と述べられてはいるが，これは人々が考えた言い訳の 1 つであり真の理由ではないため不適。d)「コンピュータと対局するストレスにキャスパロフは耐えられなかった」については，どこにも述べられていない。

(7)「…という理由でチェスよりも囲碁の方がコンピュータの知性を試すものとしてより良い，と主張する人たちがいた」　正解は **d)「囲碁の試合には，多くの可能な選択肢がありすぎて分析することは不可能である」**。第 4 段落第 1 文 (But if chess ...) で「しかし，チェスが知性を試すものでないならば，何であればそうなのか？」と疑問提起が述べられ，次の第 2 文 (Some people argued ...) で「『囲碁』の試合の方がより適切だろうと主張する人たちがいた」と，その疑問に対する一部の人の主張が述べられている。そして，その理由が述べられているのが，続く第 3 文 (Go is played ...) と第 4 文 (Human Go players ...) である。第 3 文に「チェスよりも可能な選択肢がはるかに多い」と述べられていることと，第 4 文の「計算によってではなく，本能によって打つ手を選ぶことを強いられる」から「分析不可能」というのも妥当だと考えられるので，d) が適切。a)「囲碁は視覚パターンを認識することに，より大きく左右される」だが，視覚パターンの認識については，どこにも述べられていない。b)「囲碁の棋士はチェスプレーヤーよりも賢いと言われている」と c)「囲碁に熟練するには，チェスに熟練するよりも長い時間がかかる」についても，どこにも述べられていない。

(8)「2016 年の 3 月に行われた李世乭との対局の前に，アルファ碁は…」　正解は **a)「自分相手にたくさんの練習試合を行った」**。第 6 段落第 3 文 (Six months before ...) で「李世乭との対局の 6 ヵ月前に，彼よりはるかに弱い相手であるヨーロッパ人の囲碁のプロ棋士とアルファ碁は対局した」と述べられていて，第 5 文 (In the following ...) に「それに続く 6 ヵ月で，そのコンピュータは自分相手に何百万回もの試合を行い」と述べられているので，a) が適切。b)「強いヨーロッパ人アマチュアとの対局に勝利した」だが，上記の第 3 文で「プロ棋士」と述べられているので不適。c)「囲碁のプロとの対局に4勝1敗で勝った」だが，第5段落最終文 (In a five-game ...) で「5番勝負で，そのコンピュータは4勝1敗で勝ったのである」と述べられているが，これは李世乭との対局自体のことなので不適。d)「さまざまな人間の対戦相手とたくさんの練習試合を行った」は上記の第5文より不適。

(9)「アルファ碁が李に勝利したことが印象的だったのは，…からだ」 正解は **c)「それが創造的で独特な手を見つけることができた」**。第7段落第1文 (The second impressive ...) で「2つ目の印象的な側面は，その機械の戦い方であった」と述べられていて，その具体説明の一部に相当する第4文 (But in its ...) で，「それが戦略を創造的に使用したことや，それが打った手のいくつかの独自性において，そのコンピュータは優れているように思われた」と述べられているので c) が適切。a)「いまだ一定の弱さを示した」だが，同段落第3文 (In fact, it ...) で「実際，それはいくつかのミスを犯したのである」と述べられてはいるが，これは第2文 (It did not ...) で「それは計算力において優れているようには思われなかった」と述べられていることを受けているものなので，印象的であったことの説明ではない。逆接表現でつながれている上記の第4文以降が印象的であったことの具体説明である。b)「ディープ・ブルーよりもはるかに処理能力が高かった」と d)「それははるかに多くの可能な選択肢を計算することができた」は上記の第2文より不適。

(10)「この文章のタイトルとして最も適切でないものを選べ」 正解は **c)「最近のコンピュータ処理能力の増加」**。この文章の全体像は，最終段落にまとめられているとおり，「ディープ・ブルーがキャスパロフを破ったのは，そのコンピュータ処理能力の高さが理由だったが，アルファ碁が李世乭を破ったのは処理能力によってではなく，知性や創造性を発揮することによってであったように思われる」というもの。よって c) が最もタイトルにふさわしくない。上記の説明より，a)「ディープ・ブルーからアルファ碁へ」, b)「人間の知性は独特なものか？」, d)「コンピュータの知性の進化」は c) よりもタイトルとして適したものである。

解答

(6)－c)	(7)－d)	(8)－a)	(9)－c)	(10)－c)

3 (B) スクリプト

Alex: How was the computer club today, Megan?

Megan: Oh, it was great, Alex! We were visited by an executive from a European software company. Her talk was called "How Computers

Make Decisions".

Alex: I never thought of computers making decisions before. I thought they just followed the rules that we give them. After all, they don't have ambitions or desires like we do.

Megan: But that doesn't mean that they have worse judgment. In fact, maybe the opposite. The speaker said that humans are affected by tiredness, or by sickness, or by their superficial impressions about a topic. They also do badly when there are many possible outcomes to consider—like when we want to find an apartment to live in, or to map the quickest route between two places. Humans quickly get overwhelmed by the choices.

Alex: So computers can be better than us at making decisions?

Daniel: To a dangerous degree—if you ask me.

Megan: Oh, Daniel! What about strategy games such as chess? The computer maps out possibilities like branches on a tree. It gives a rating to each branch, and then it just picks the option with the highest rating. It can do that very, very quickly.

Alex: Still, I don't think I'd want to live in a world in which computers made all the important decisions. After all, they don't care about the results of their choices. Chess computers try to win the game only because we program them to.

Megan: That's true. But the speaker today also said that sometimes decisions made by computers can seem more caring.

Alex: How can that be?

Megan: In medicine, for example, doctors often can't adjust treatments to each individual, because that would mean handling too much information. They just provide standard amounts of medicines, for example. But a computer can quickly analyse all the tests and give each individual the exact treatment that they need. Isn't this more "caring", in a sense, than human doctors?

Alex: What do you think, Daniel? Should we let computers make all the choices for us?

Daniel: I'm worried that we will lose control if we give machines too much information. I read recently that personal health data held by a private company in Britain was leaked onto the internet. Besides, you say that computers can make better decisions than humans. Suppose they decide to take over the world? They might start keeping us as pets!

Megan: Oh, don't be so dramatic. Even the most advanced computers just follow the instructions in their software. Plus, they need electricity—which we provide.

Alex: Maybe the problem isn't so much giving control to the computers, as giving it to the companies that run them. I don't think that computers are trying to take over the world, but I do think that companies are.

Daniel: You both don't see what's happening! Before long, it'll be the computers that are running the companies!

Alex: Well, we can't uninvent them, can we? What do you think we should do?

Daniel: I think we have to set them against each other. Divide and rule. We need computers to police the computers.

全訳

アレックス：今日のコンピュータ・クラブはどうだった，メーガン？

メーガン：ああ，素晴らしかったわよ，アレックス！ ヨーロッパのソフトウェア会社の取締役が訪問してくれたの。彼女の話は「コンピュータはどのように決断を下すのか」という題目だったわ。

アレックス：コンピュータが決断を下すなんてことはこれまで考えたことがなかったよ。単に僕たちが与える規則に従うだけだと思っていた。だって，僕たちみたいに念願だとか願望だとかを持っていないよね。

メーガン：でもそれだからといって，コンピュータの下す判断が私たちよりも劣っているということにはならないわ。実は，その逆かもしれないの。講演者の話だと，人間は疲れによって，あるいは病気の状態でいることによって，もしくは主題に関する表面的な印象によって影響を受けるのよ。人間はまた，住むアパートを見つけたり，２つの場所の間の最も早い経路を特定したいときのように，考慮しないといけない多くの生じうる結果があるときに出来が悪くなるの。人間は選択肢によってすぐに圧倒されてしまうの。

アレックス：ということは，コンピュータが僕たちよりも決断を下すのが上手いってことがありうるんだね？

ダニエル：僕に言わせれば，危険なくらいにね。

メーガン：あら，ダニエル！　チェスみたいな戦略ゲームについてはどう？　コンピュータは木の枝のように可能性を精密に示し，各枝に評価を与えて，それから単純に最も高い格付けを持った選択肢を選ぶの。それをとってもとっても素早く行うことができるのよ。

アレックス：それでも，僕はコンピュータが全ての重要な決断を下すような世界で暮らしたいとは思わないな。だって，コンピュータは自分の行った選択の結果を「気にかける」ことがないからね。チェス・コンピュータが試合に勝とうとするのは，僕たちがコンピュータにそうするようプログラムするからにすぎないんだよ。

メーガン：そのとおりね。でも今日の講演者は，時にはコンピュータが下した決断の方が「より」気遣いのあるように思われることがあるとも言っていたわ。

アレックス：どうやってそんなことがありうるんだい？

メーガン：たとえば，医療では，医師が治療を各個人に合わせることができないことが多いのだけど，それはあまりに多すぎる情報を扱うことを意味するからなの。たとえば，医師たちは単に標準量の薬を提供するの。でもコンピュータは素早く全ての検査を分析して各個人に彼らが必要とする正確な治療を与えることができるの。これって，ある意味，人間の医師より「気遣いがある」んじゃない？

アレックス：ダニエル，君はどう思う？　僕たちの代わりにコンピュータに全ての選択をさせるべきだと思う？

ダニエル：機械に情報を与えすぎてしまったら，僕たちは支配力を失ってしまうと僕は心配してるよ。最近読んだのだけど，イギリスのある民間企業が保持していた個人の健康に関するデータがインターネット上に流出したんだ。さらに，君の言うところだと，コンピュータの方が人間よりも良い決断を下せるんだよね。仮にコンピュータが世界を乗っ取ろうと決めたとしたらどうなってしまうだろうか？　コンピュータが僕たちをペットとして飼い始めるかもしれないよ！

メーガン：まあ，そんな大袈裟なこと言わないで。最先端のコンピュータでさえ，ソフトウェア内の指示に従っているだけなのよ。それに，コンピュータには電気が必要だけど，それを提供するのは私たちでしょ。

アレックス：たぶん問題なのはコンピュータに支配力を与えることというよりは，コンピュータを動かす企業に支配力を与えることなんじゃないかな。コンピュータが世界を乗っ取ろうとしているとは思わないけど，企業のほうはそうしようとしていると思うよ。

ダニエル：君たちは二人とも何が起きているかがわかっていないんだよ！　もうまもなく，企業を運営しているのはコンピュータになるんだよ！

アレックス：でも，コンピュータの発明をなかったことにするわけにはいかないだろ？どうするべきだと思う？

ダニエル：お互いに敵対させないとだめだと思うな。分断して支配するのさ。コンピュータがコンピュータを監視する必要があるんだよ。

考え方

⑾「メーガンによれば，人間が時にコンピュータよりも決断を下すのが下手な一つの理由は何か？」 正解は **d)「人間は多数の選択肢の中から選択することが得意でない」**。メーガンは2つ目の発言の第1文 (But that doesn't ...) で「でもそれだからといって，コンピュータの下す判断が私たちよりも劣っているということにはならないわ」と述べており，続く第2文 (In fact, maybe ...) で「実は，その逆かもしれないの」と，人間の方がコンピュータよりも決断を下すのが下手かもしれないことを述べている。その理由を第3文 (The speaker said ...) 以降で提示しているのだが，第4文 (They also do ...) で「考慮しないといけない多くの生じうる結果があるときに出来が悪くなるの」と述べていて，次の第5文 (Humans quickly get ...) で「人間は選択肢によってすぐに圧倒されてしまうの」と端的に言い換えている。以上より d) が適切。a)「人間は間違った情報に基づいて決断を下す」，b)「人間は主観的な願望によって気が散ってしまう」，c)「人間は不快な決断に直面するとあまりに容易に諦めてしまう」は，どれも述べていない。

⑿「メーガンによれば，チェスのプログラムはどのように決断を下すか？」 正解は **c)「プログラムが可能性としてありうる手の1つ1つを体系的に評価する」**。メーガンは3つ目の発言の第3文 (The computer maps ...) と第4文 (It gives a ...) で「コンピュータは木の枝のように可能性を精密に示し，各枝に評価を与えて，それから単純に最も高い格付けを持った選択肢を選ぶの」と述べている。これは「体系的な」方法と言えるので，c) が適切。a)「プログラムが対戦相手のプレースタイルを評価する」，b)「プログラムが以前に行った対局から得た手を用いる」，d)「プログラムが人間の専門家による入力に基づいた手を用いる」は，どれも述べていない。

⒀「アレックスがコンピュータに重要な決断を下してほしくないと思うのはなぜ

か？」 正解は **d)「コンピュータは自分が決めることに個人的な関心を持たない」**。アレックスは4つ目の発言の第1文 (Still, I don't ...) で「それでも，僕はコンピュータが全ての重要な決断を下すような世界で暮らしたいとは思わないな」と述べ，次の第2文 (After all, they ...) で「だって，コンピュータは自分の行った選択の結果を『気にかける』ことがないからね」とその理由を述べているので，d) が適切。a)「コンピュータ・プログラムはセキュリティ面での危険性をもたらす」，b)「コンピュータには正しいことと間違っていることの感覚がない」，c)「コンピュータ・プログラムは急に作動しなくなったりバグがあったりすることが多い」は，どれも述べていない。

⒁「メーガンによると，どのようにしてコンピュータが人間の医師よりも『気遣いがある』ということが生じうるだろうか？」 正解は **b)「コンピュータは1人1人の患者が必要とする薬の量を計算することができる」**。メーガンは5つ目の発言の第3文 (But a computer ...) で「でもコンピュータは素早く全ての検査を分析して各個人に彼らが必要とする正確な治療を与えることができるの」と述べた上で，続く最終文 (Isn't this more ...) で「これって，ある意味，人間の医師より『気遣いがある』んじゃない？」と述べているので，b) が適切。a)「コンピュータは患者の気持ちを解釈するようプログラムできる」，c)「コンピュータは患者とより温かくふれあうようプログラムできる」，d)「コンピュータは患者に個人情報を共有するよう勧めることがより容易にできる」は，どれも述べていない。

⒂「ダニエルがコンピュータのことを心配している1つの理由は何か？」 正解は **b)「コンピュータが人類を支配するかもしれないと彼は思っている」**。ダニエルは2つ目の発言の第1文 (I'm worried that ...) で「機械に情報を与えすぎてしまったら，僕たちは支配力を失ってしまうと僕は心配してるよ」と不安を述べていて，その後に具体説明を続けている。その中の第4文 (Suppose they decide ...) と次の最終文 (They might start ...) で「仮にコンピュータが世界を乗っ取ろうと決めたとしたらどうなってしまうだろうか？　コンピュータが僕たちをペットとして飼い始めるかもしれないよ！」と述べていることから，b) が適切。c)「コンピュータが警察組織を乗っ取るかもしれないと彼は思っている」だが，ダニエルは4つ目の発言の最終文 (We need computers ...) で police という語を口にしているが，これは「監視する」という意味の動詞で，発言全体は「コンピュータがコンピュータを監視する必要があるんだよ」という意味。「警察組織を乗っ取る」とは述べていないので不適。a)「コンピュータが戦争を始めるかもしれないと彼は思っている」，d)「人々が働く必要性をコンピュータが排除するかもしれないと彼は思っている」は，どちらも述べていない。

解答

(11)－ d)	(12)－ c)	(13)－ d)	(14)－ b)	(15)－ b)

3 (C) スクリプト

I remember standing at the foot of the long stairway in our new house. I was too frightened to climb. Then my sister Uche silently took my hand and we went up together. I was four; she was fifteen. It is my earliest memory of my attachment to her.

My mother tells me that the close relationship between me and my sister started much earlier. I was a restless baby, whose nightly screaming was soothed only by her. When I was first given regular food, my mother tried to feed me okra and liver sauce. But I would eat it only if my sister fed me.

In my teenage years she was the glamorous big sister who was studying medicine at university. I looked up to her: Her beautiful face, her smooth grape-dark skin, the gap in her teeth inherited from our mother.

I was always impressed by her original style. She made long earrings from parts of an abandoned chandelier and made bows for her shoes from old handbag straps. She designed her own clothes—dresses with colorful ribbons, lavishly shaped trousers—for the tailor in the market to make for her. Many of her clothes were handed down to me. At the age of thirteen, I wore elegant, fitted dresses when my classmates were still in little-girl clothes.

She was the tough one in the family—the unconventional girl. When she was in primary school, the neighbor's son called her a devil, and she climbed over the hedge, beat him up, and climbed back home to continue her game of table tennis. That evening, the neighbors came over to complain to my parents. Asked to apologize to the boy, my sister said, "But he called me a devil".

She once sneaked into my mother's wardrobe and took her high-heeled sandals to school. They were promptly seized by the teacher. She told my mother about it more than ten years later, describing the sandals, in detail, laughing.

She laughs easily and often. She sends funny jokes by e-mail.

She is the second and I am the fifth of my parents' six children.

I became a writer; she is a successful docter. We have different tastes. She touches my natural curly hair and says, "What is this rough mop?" I point to her long, straight hair and joke, "That looks like plastic!"

Still, we ask each other's opinions of outfits and hairstyles. We have long conversations about my book events and her medical conferences. We talk and e-mail often. I love to spend weekends with her, her wonderful husband, Udodi, who is like a big brother to me, and her eighteen-year-old twin daughters.

There is something very solid about her. To be her little sister is to feel always that a firm cushion exists at my back. When our father went into hospital last year, it was her steady voice that quieted my despair.

"You work so hard," she told me once, simply and plainly, when I was struggling to finish a book, and it made everything seem better.

She turned fifty in early March. "Don't get me cards that say, 'Happy Fiftieth Birthday,'" she told my brothers and sisters and me. "Just 'Happy Birthday' is fine."

全訳　私たちの新居の長い階段の下に立っていたのを覚えている。私はあまりに怖くて登れなかった。そのとき，姉のウチェがそっと私の手を取り一緒に登った。私は4歳，彼女は15歳だった。それが，私が彼女に愛着を抱いた最初の記憶だ。

母は私と姉の仲の良い関係はそれよりずっと早くに始まったと言う。私は寝つきのよくない赤ん坊で，夜中に私が喚(わめ)くと，それを静めることができるのは姉だけだった。普通の食事を初めて与えられたとき，母は私にオクラとレバー・ソースを食べさせようとした。しかし，姉が食べさせる場合にしか私はそれを食べようとしなかった。

私が10代のころ，彼女は大学で医学を勉強している魅力的なお姉ちゃんだった。私は姉のことを尊敬していた。彼女の美しい顔，なめらかなグレープのような濃色の肌，私たちの母から受け継いだすきっ歯，その全てを。

私はいつも彼女の独自のスタイルに感銘を受けていた。彼女は捨てられたシャンデリアのパーツから長いイヤリングを作り，古いハンドバックの肩ひもで靴の蝶結びを作った。市場の仕立屋に作ってもらう自分自身の服を彼女はデザインした。それは，カラフルなリボンのついたドレスと派手な型のズボンだった。彼女の服の多くは私にお下がりとして渡された。13歳の時点で，クラスメートはまだ小さな女の子用の服を着ているのに，私は優雅なぴったりとしたドレスを着ていた。

彼女は家族の中でも気丈な人で，型にはまらない少女だった。彼女が小学生のとき，ご近所さんの息子が彼女のことを悪魔と呼ぶと，彼女は垣根を登ってそこへ行き，その子のことを叩きのめし，再び垣根を登って家に戻り卓球の試合を続けた。その日の晩，そのご近所さんたちがやって来て，私の親に文句を言った。その少年に謝るよう求められると，「でも彼は私を悪魔呼ばわりしたのよ」と姉は言った。

彼女は過去に一度，母のクローゼットに忍び込んで，彼女のハイヒール・サンダルを学校へ持っていった。それは即座に先生に取り上げられた。姉は10年以上経った後に，サンダルの特徴を詳細に述べ，笑いながら，母にそのことについて話した。

彼女は簡単に笑い，よく笑う。彼女は電子メールで可笑(おか)しな冗談を送ってくる。

両親の6人の子どものうち，彼女が2人目で私が5番目の子どもである。

私は作家になり，彼女は医者として成功を収めている。私たちの好みは異なる。彼女は私の生まれつきの巻き髪に触れて「このモジャモジャのモップは何？」と言う。私は彼女の長くて真っ直ぐな髪を指さして「それプラスチックみたいに見えるわね」と冗談を言う。

それでも，私たちは服装や髪型に関するお互いの意見を聞く。私たちは，私の著書の催しや彼女の医学会議について長時間会話する。私たちは頻繁に話し，電子メールを交換する。私は彼女と彼女の素敵な夫で，私にとってお兄ちゃんみたいなウドディと，彼女の18歳になる双子の娘たちと週末を過ごすのが大好きだ。

彼女にはとても揺るぎないところがある。彼女の妹でいることは，安定したクッションが自分の背中のところにあることを常に感じることである。昨年父が入院したとき，私の絶望感を和らげたのは，彼女の落ち着いた声だった。

彼女は一度，私が本を書き上げようと苦戦しているときに，「あなたはとても頑張り屋さんだわ」と私に対して飾り気なく率直に言ってくれたのだが，そのおかげで全てがより良いもののように思えた。

彼女は3月の頭に50歳になった。「『50歳の誕生日おめでとう』って書いてあるカードをくれちゃだめよ」と彼女は私のきょうだいと私に言った。「単に『誕生日おめでとう』でいいんだからね」と。

考え方

⒃「…以来ずっと，話者は姉のウチェと仲良しである」　正解は**a)「彼女が泣くのをウチェがよく静めて」**。第2段落第1文 (My mother tells ...) で「母は私と姉の仲の良い関係はそれよりずっと早くに始まったと言う」と述べられていて，続く第2文 (I was a ...) で「私は寝つきのよくない赤ん坊で，夜中に私が喚(わめ)くと，それを静めることができるのは姉だけだった」と述べられていることから，a) が適切。b)「ウチェが階段上で彼女を泣き止ませて」だが，階段について述べられているのは，第1段落で，私が泣くことについて述べられているのは第2段落なので，2つは無関係であり，不適。c)「ウチェが4歳のときに彼女に愛着を持って」だが，第1段落第4文 (I was four ...) で「私は4歳，彼女は15歳だった」と述べられており，ウチェが4歳だったとはどこにも述べられていないため不適。d)「ウチェが彼女の手を取って新しい家をあちこち連れて回って」だが，第1段落第3文 (Then my sister ...) で「そのとき，姉のウチェがそっと私の手を取り一緒に登った」と述べられているが，これは階段を登っただけなので不適。

⒄「ウチェは気丈だと考えられていたが，それは…からである」　正解は**d)「彼女が社会からの期待をよく無視した」**。第5段落第1文 (She was the ...) で「彼女は家族の中でも気丈な人で，型にはまらない少女だった」と述べられており，続く第2文 (When she was ...) 以降で「男勝りで，叩きのめした男子の親が謝るように求めてきても謝らない」と，型にはまらない子であった様子が具体的に述べられている。これが「社会からの期待を無視した」に相当するので d) が適切。a)「彼女が侮辱をよく無視した」だが，同段落第2文 (When she was ...) に「ご近所さんの息子が彼女のことを悪魔と呼ぶ」という侮辱を受けると，それを無視せず「その子のことを叩きのめし」たと述べられているので不適。b)「彼女がよく男の子用の服を着た」だが，第4段落第3文 (She designed her ...) で「自分自身の服を彼女はデザインした」とは述べられているが，それが「男の子用の服」だとは述べられていない。c)「彼女がよく乱暴な言葉を使った」についてはどこにも述べられていない。

⒅「ウチェは過去に一度…」　正解は**d)「許可を求めもせずに母のサンダルを持っていった」**。第6段落第1文 (She once sneaked ...) で「彼女は過去に一度，母のクローゼットに忍び込んで，彼女のハイヒール・サンダルを学校へ持っていった」と述

べられているので，d) が適切。a)「自分で見つけた素材からドレスを作った」だが，第4段落第2文 (She made long ...) で「彼女は捨てられたシャンデリアのパーツから長いイヤリングを作り，古いハンドバックの肩ひもで靴の蝶結びを作った」と述べられており，見つけた素材から作ったのは，第3文にあるドレスではなく，イヤリングや靴ひもであるため不適。b)「ご近所さんの息子を殴ったことで謝った」だが，第5段落最終文 (Asked to apologize ...) で「その少年に謝るよう求められると，『でも彼は私を悪魔呼ばわりしたのよ』と姉は言った」と述べられているので，謝っていない。c)「話者のためにオクラのレバーソース添えを作った」だが，第2段落第3文 (When I was ...) と最終文 (But I would ...) でオクラとレバー・ソースに関して述べられているが，「姉が食べさせる場合にしか私はそれを食べようとしなかった」とあるだけで，姉が作ったとは述べられておらず不適。

⑲「次のうちどれが，2人の姉妹が異なると述べられている点ではないか」 正解は **a)「忍耐」**。patience という語は「良くないこと，不快なことなどに対して怒ったり文句を言ったりせず何かを待ったりやり続けたりする能力」のことだが，これについては，はっきりと違いが述べられてはいないので，a) が適切。b)「ヘアスタイル」だが，第9段落第3文 (She touches my ...) で「私の生まれつきの巻き髪」と述べられていて，続く第4文 (I point to ...) で「彼女の長くて真っ直ぐな髪」と述べられている。c)「気丈さ」だが，第5段落第1文 (She was the ...) で「彼女は家族の中でも気丈な人で」と述べられているが，She was the tough one と言っているので，家族の中では一人だけということになる。さらに，話者に関しては第1段落第2文 (I was too ...) で，家の階段を「あまりに怖くてのぼれなかった」と述べられていたり，第11段落最終文 (When our father ...) で「私の絶望感を和らげたのは，彼女の落ち着いた声だった」と述べられていたりすることから考えると，必ずしも「気丈な」人柄ではないことがわかる。d)「職業」だが，第9段落第1文 (I became a ...) で「私は作家になり，彼女は医者として成功を収めている」と述べられている。

⑳「以下の文のうちどれが，話者の姉に対する描写を最もよくまとめたものであるか？」 正解は **b)「ウチェは強くて気遣いがある」**。この文章は，姉のウチェが話者にとってどんな存在かを述べているものなので，そのような観点で選べばよい。第5段落第1文 (She was the ...) の「彼女は家族の中でも気丈な人で，型にはまらない少女だった」と，第11段落第1文 (There is something ...) の「彼女にはとても揺るぎないところがある」に代表されるように，彼女の「強さ」については，第5段落および第11段落全体に述べられている。また，第11段落最終文 (When our father ...) に「昨年父が入院したとき，私の絶望感を和らげたのは，彼女の落ち着い

た声だった」と述べられ，第12段落の文（“You work so...）に「彼女は一度，私が本を書き上げようと苦戦しているときに，『あなたはとても頑張り屋さんだわ』と私に対して飾り気なく率直に言ってくれたのだが，そのおかげで全てがより良いもののように思えた」と述べられていることから，「気遣いがある」こともわかる。これらのまとめになっていると言えるのが第11段落第2文（To be her ...）の「彼女の妹でいることは，安定したクッションが自分の背中のところにあることを常に感じることである」と言える。以上より b) が適切。a)「ウチェは好奇心旺盛で大胆だ」だが，確かに第4段落で別の物を代用してアクセサリーを作ったり自分の服をデザインしたりはしているが，全てファッションに関するものであり，全般的に「好奇心旺盛だ」とまでは言えない。c)「ウチェは裕福で気前が良い」だが，ウチェが医師として成功しているとは述べられてはいるが，はっきりと「裕福だ」とは述べられていない。d)「ウチェは話し好きで聡明である」だが，第10段落にウチェと話者がコミュニケーションを頻繁に取っていることは述べられているが，ウチェが一般的に話し好きだとは述べられていない。

解答

⒃－a)　⒄－d)　⒅－d)　⒆－a)　⒇－b)

2016年

音声ファイル
16_01～16_03

3 (A) スクリプト

Welcome to *Art in Focus*, our weekly discussion of news and controversies in art around the globe. Last week we discussed the financial challenges facing young artists, particularly those working in digital media, where countless completely identical copies can be made of any individual work by anyone with a small amount of know-how. The big news of this week presents a thought-provoking comparison. A work of art from the pre-digital age has broken all records for a public auction. A famous painting called "Women of Algiers," by Pablo Picasso, was recently sold for 179 million dollars, a new world record. The auction room grew quiet as the price went up and up. Then people clapped and cheered at the final price—20 million over the estimate! According to the auctioneer, it was—quote—"One of the greatest moments in auction history!"

The works is the last of a series of 15 paintings which Picasso produced in burst of creativity during 1954 and 1955. The subject of the paintings was inspired by a work of a similar name. "Women of Algiers in their apartment," by the French artist Eugene Delacroix, painted in 1834, featuring three women relaxing inside an apartment. But while the Delacroix original is painted in a realistic style, almost like a photograph, the Picasso version distorts the image in various ways, showing different angles at the same time. Where the original shows a dim and quiet scene, Picasso paints a scene full of movement and color.

Picasso finished the series on Valentine's Day, 1955. His great friend and rival, Henri Matisse, had died the previous year, and Picasso's painting takes up themes and ideas from Matisse. It is, in part, a tribute to the memory of his dead friend.

The painting also illustrates the strong influence of inflation in the art market. The entire series of 15 paintings was bought in 1956 for a quarter of a million dollars. In 1997, this paintings alone sold for 32 million dollars. And now, less than 20 years later, it had sold for 179 million. This kind of rapid rise in prices would make any investor sit up and take notice, and we are now experiencing a global boom in the sale of artworks by well-known artists. But are these artworks really worth what people are paying for them? Could any painting really be worth hundreds of millions of dollars? Is there any limit to this? And most importantly of all, what happens when art museums, many of which are funded by taxpayers, can't afford to buy art anymore? Next, we'll take up these issues with two experts.

全訳 「アート・イン・フォーカス」へようこそ。この番組では毎週一回，世界中の芸術に関するニュースや論争について議論しています。先週私たちは，若い芸術家たち，特に，どの個別の作品であれ，少しのノウハウを持っていれば誰にでも完全に同一の複製が無数に作れてしまうデジタル・メディアの分野で働いている者たちが直面している，金銭面の問題について議論しました。今週の大きなニュースは，先週の内容に対する，深く考えさせられる比較を提供してくれます。デジタル以前の時代の芸術作品が，公開競売での全記録を破ったのです。パブロ・ピカソ作の「アルジェの女たち」という名の有名な絵画が，世界新記録となる 1 億 7900 万ドルで最近落札されました。競売が行われた部屋は，値段がどんどん上がっていくのに合わせて静かになっていきました。それから人々は最終価格に拍手喝采をしました。その額は予想を 2000 万ドルも上回ったのです！　競売人によると，それは―以下引用ですが―「競売の歴史における最も素晴らしい瞬間のひとつでした！」

その作品は，創造性が堰(せき)を切ったように溢れ出した 1954 年と 1955 年の期間にピカソが制作した 15 枚の一連の絵画作品の最後の 1 枚です。それらの絵画の題材は，フランス人画家のウジェーヌ・ドラクロワによって 1834 年に描かれた，「アルジェの女たち」（訳者注：in their apartment［仏語：dans leur appartement］は日本語の作品名には含まれないため，ピカソの作品と同じ名前になっている）という同様の名前を持つ作品に着想を得たものでしたが，その作品はアパートの中でくつろいでいる 3 人の女性を描写したものです。しかし，ドラクロワの原画が写実的様式で，ほとんど写真のように描かれている一方で，ピカソ版はさまざまな方法で画像を歪めていて，同時にさまざまに異なる角度を表しています。原画が薄暗くて静かな場面を表している一方で，ピカソは動きと色に満ちた場面を描いています。

ピカソはその一連の作品群を 1955 年のバレンタイン・デーに完成させました。彼の大の友人かつライバルである，アンリ・マティスがその 1 年前に亡くなっていて，ピカソの絵画はマティスの主題や考えを取り上げています。それは，一部には，亡くなった友人への追悼なのです。

その絵画はまた，芸術市場におけるインフレの強い影響を例示しています。一連の絵画作品15枚全体が，1956年には25万ドルで買われました。1997年には，この最後の1枚である絵画のみが3200万ドルで売れました。そして今，それから20年も経っていないのですが，1億7900万ドルで売れたのです。この種の急速な価格上昇は，どんな投資家からも突如注目を浴びることとなり，私たちは今，有名な芸術家による芸術作品の販売における，世界規模の価格高騰を経験しているのです。しかし，これらの芸術作品は，人々がそれを手に入れるのに払っている金額だけの価値が本当にあるのでしょうか？　どんな絵画であれ，何億ドルもの価値があるものが本当にありうるのでしょうか？　この現象に限度はあるのでしょうか？　そしてすべてのうちで最も重要なのは，美術館というのは，納税者たちが資金提供をしているものが多くを占めているのですが，その美術館がもはや金銭的に芸術を買うことができなくなってしまったら，どのようなことが起こるのでしょうか？　次に，2人の専門家と共にこれらの問題を取り上げましょう。

考え方

(6)「話者によると，その絵画の販売について，何が重要だったか？」 正解は **d)「公開競売で絵画にこれまで支払われた額として最も高値でそれが売られた」**。第1段落第3文 (The big news ...) に「今週の大きなニュース」とあり，続く同段落第4文 (A work of ...) で「デジタル以前の時代の芸術作品が，公開競売での全記録を破ったのです」と述べているので，これが適切。a)「それが匿名の買い手に売られた」だが，買い手が匿名であることはどこにも述べられていない。b)「それが予想よりもはるかに低い額で売られた」は，第1段落第7文 (Then people clapped ...) に「その額は予想を2000万ドルも上回ったのです！」と述べられているので誤り。c)「それが今後歴史に残るオンライン競売にて売られた」だが，オンライン競売だったとはどこにも述べられていない。

(7)「話者によると，ピカソの絵画は，それに着想を与えたドラクロワの絵画と，どのような点で最も明確に異なっているか？」 正解は **c)「画像の鮮やかさ」**。第2段落最終文 (Where the original ...) で「原画が薄暗くて静かな場面を表している一方で，ピカソは動きと色に満ちた場面を描いています」と述べているので，これが適切。a)「独特さの度合い」については，どこにも述べられていない。b)「描かれた場面の場所」と d)「描かれた女性の数」については，第2段落第2文 (The subject of ...) に「その作品はアパートの中でくつろいでいる3人の女性を描写したものです」とドラクロワの原画の方の説明はあるが，ピカソの絵画に関する説明はどこにも述べられていないので不適。

(8)「話者によると，ピカソの絵画はアンリ・マティスとどのようにつながっているか？」　正解は **c)「それはマティスから借用した主題に基づいている」**。第3段落第2文 (His great friend ...) で「ピカソの絵画はマティスの主題や考えを取り上げています」と述べているので，これが適切。a)「それはピカソからマティスへの贈り物だった」だが，第3段落最終文 (It is, in ...) に「それは，一部には，亡くなった友人への追悼なのです」とあるため，これは gift「贈り物」とは言えない。b)「それはマティスが頻繁に用いた色を用いている」と d)「それはマティスの死後ピカソが描いた最初の絵画である」に関してはどこにも述べられていない。

(9)「話者によると，その絵画の値段は…増えた」　正解は **c)「1997年の3,200万ドルから現在の1億7900万ドルへと」**。最終段落第3文 (In 1997, this ...) に「1997年には，この最後の1枚である絵画のみが3200万ドルで売れました」とあり，続く同段落第4文 (And now, less ...) に「そして今，それから20年も経っていないのですが，1億7900万ドルで売れたのです」と述べられているのでこれが適切。上記の説明に同段落第2文 (The entire series ...) の「一連の絵画作品15枚全体が，1956年には25万ドルで買われました」を加えて考えれば，他の選択肢 a)「1956年の25万ドルから現在の1790万ドルへ」，b)「1956年の3万2000ドルから1997年の1億7900万ドル」，d)「1956年の25万ドルから1997年の1億7900万ドル」はすべて誤りだとわかる。

解答

(6) − d)　(7) − c)　(8) − c)　(9) − c)

3 (B) スクリプト

A (Moderator): I'm joined hare in the studio by two experts on modern art, to discuss this remarkable news. Lucas Mendez is a specialist in twentieth-century art who writes for the magazine *Image*, and is the author of a book on Picasso. Fatima Nasser is an economist with special interest in the art market, and intellectual property in general.

Let me turn to you first, Fatima. I suppose many people will be asking whether any work of art can possibly be worth so much ...

B (Fatima Nasser): Well, of course, anything is worth what someone is willing to pay for it. If someone wants to pay 179 million dollars, as the former Prime Minister of Qatar did on this occasion, then that's what the painting is worth. If no one were willing to pay a cent for this painting, then it wouldn't be worth anything.

C (Lucas Mendez): No, I can't agree with that. *Value* isn't the same thing as *price*. A thing's price can be out of line with its true value, or—as in this case—can actually diminish its value.

A: What do you mean—*diminish* its value?

C: When a great work of art goes into private ownership like this, what tends to happen is that it disappears from view. It's true, private owners do lend to museums and galleries, for limited periods. But in most cases, the work disappears into private storage.

Museums can't compete with these inflated prices, and the result is that important works like Picasso's "Women of Algiers" are not seen, by the public, by critics, and worst of all, not seen by young artists. That reduces their influence *and* their value.

B: I suppose you don't deny that people have the right to spend their money as they choose? If public institutions like museums can't compete, then it's up to the government to give them more money. And that means it's up to people like *you*, Lucas, to persuade politicians to do that.

C: Don't you think that some things belong to everybody? If everything just went to whoever pays the most, as you suggest, we'd be willing to sell historic buildings or documents, for example. In my opinion, it's criminal to sell national treasures; they just shouldn't be for sale. And this painting, I believe, is an *inter*national treasure.

A: Let's talk about another point. Why is it, Fatima, that people are prepared to pay so much? Do they really love art that much?

B: Well ...

C: Of course not! It's an investment. People believe that the price of a masterpiece like "Women of Algiers" can only go up. They're just looking for somewhere to invest their money. They know that rates of interest paid by banks are low, so ...

B: Wait a minute! It's no business of ours what motivates people to buy. They can buy for any reason they like. It might be love of art—it really is a very nice painting after all. Or it might be as a legacy for their children. It might be as part of a collection. Or it might be as a pure investment. We can't go around saying that people must only buy things for motives we approve of. That's just far too much state control of the individual.

C: Not at all. Some things are so important that they can't be trusted to private ownership: basic infrastructure like roads and bridges, defense, protection of the environment. All I'm saying is that culture has that sort importance too.

A: Well, as you can see, this is a topic which causes strong disagreements. We have to leave our discussion there. Thank you both. On a personal note, I can tell you that I wouldn't pay that much for the painting myself. I'm not even sure I *like* it! A photo of the painting is currently up on our website, so you can decide for yourself.

And next week, we look at a very different side of the art business. We tell the story of a painter who is so good at copying the style old masters that he once made millions of dollars from selling fakes. He was eventually caught and jailed, but his skill as a painter has made him one of the most popular up-and-coming artists for his own paintings. That's next week on *Art in Focus*.

全訳

A（司会者）：この注目すべきニュースについて議論するために，私はここスタジオ内で，現代美術の専門家２人に加わってもらっています。ルーカス・メンデズさんは 20 世紀の芸術の専門家で，『イメージ』という雑誌の記事を書いており，ピカソに関する本の著者でもあります。ファティマ・ナーセルさんは，芸術市場，および知的財産全般に特別な関心を寄せている経済学者です。

ファティマさん，まずあなたから始めさせてください。どんな芸術作品であれ，そんなに高額の価値を持つことがいったいありうるのかと，多くの人が疑問を抱くことになると思うのですが…

B（ファティマ・ナーセル）：ええと，もちろん，どんなものであれ，誰かがそれに対して払うことを厭わない金額分の価値があります。今回カタールの元首相が払ったように，誰かが１億 7900 万ドル払いたいならば，それがその絵画の価値なのです。もしこの絵画に対して誰も１セントたりとも払いたくないのならば，それには何の価値もないということになります。

C（ルーカス・メンデズ）：いや，それには同意できません。「価値」は「価格」と同じものではありません。ある物の価格はその真の価値と一致しないことがありえますし，今回の場合のように，実際にはその価値を減じてしまうことがありえます。

A：どういう意味ですか。その価値を「減じてしまう」とは？

C：偉大な芸術作品がこのように個人の所有するものになってしまうと，起こりがちなことは，それが視界から消えてしまうということです。確かに個人の所有者たちは，期間限定で，美術館や画廊に実際貸し出しはしています。しかし，たいていの場合は，作品は個人の保管所へと姿を消してしまうのです。
美術館はこのような上昇した価格に競り合うことができず，結果的に，ピカソの「アルジェの女たち」のような重要な作品が，一般大衆，批評家たちの目に触れず，そして最悪なことに，若い芸術家たちの目に触れないことになってしまうのです。そのことで，そういった作品の影響力そしてその価値も下がってしまうのです。

B：人々には自分の望むとおりにお金を使う権利がある，ということをあなたは否定しませんよね。もし美術館のような公共機関が競えないならば，それらの機関により多くのお金を与えるのは政府の責任です。そしてそれは，政治家たちにそうするように説得するのは，ルーカス，あなたのような人たちの責任だということを意味するのですよ。

C：世の中にはみんなに属するものがあるとは思わないのですか？　あなたが示唆するように，あらゆるものが単に最高額を払う人のものになってしまうなら，たとえば私たちは歴史的に重要な建造物や文書を売ることを厭わないこととなってしまうでしょう。私の意見では，国家の宝を売ることは言語道断なことです。そういったものは売りに出されるべきでは全くもってありません。そして，私が思うには，この絵画は「国際的な」宝なのです。

A：別の論点について話しましょう。ファティマさん，人々がそれほどまでに多くの額を進んで払うのは一体なぜなのですか？　本当に彼らはそんなにまで芸術を愛しているのでしょうか？

B：ええと…

C：もちろんそんなわけないですよ！　投資なんです。「アルジェの女たち」のような傑作の値段は上がることしかありえないと人々は強く思っているのです。彼らは単にお金を投資するところを探しているだけなのです。銀行が支払う利子の率が低いことを彼らはわかっていて，だから…

B：ちょっと待って下さい！　何が人々の購買動機になるかは私たちには関係のないことです。彼らは好きな理由でものを買ってよいのです。それは芸術に対する愛かもしれません。何しろその作品は実際にとてもすてきな絵画ですから。あるいはそれは子供への遺産としてかもしれません。それは収集品の一部としてかもしれません。あるいはそれは純粋な投資としてかもしれません。私たちは，自分たちが認める動機でしか人々がものを買ってはいけないと言うなどという振る舞いをしてはいけません。それはどう考えても，国家による対個人のはるかに度が過ぎた規制です。

C：そんなことはまったくありません。あまりに重要であるために個人の所有に託すことができないものも世の中にはあります。道路や橋などの基盤インフラ，防衛軍備，環境保護などがそうです。私はただ，文化にもそういった類の重要性があると言っているだけなのです。

A：さて，おわかりのとおり，これは大きな意見の不一致を引き起こす話題です。これまでの内容で議論を離れなければなりません。両者ともありがとうございます。個人的な話をすれば，私自身はその絵画にそれほど多くの額は払わないということはお伝えできます。それを「好き」かさえわかりませんから。その絵画の写真が私たちのウェブサイトに現在掲載されていますので，ご自分でご判断ください。そして，来週は，これとは非常に異なる芸術ビジネスの側面について考えます。古典絵画の巨匠たちのスタイルを模写するのがあまりに上手で，贋作を売ることでかつて何百万ドルも稼いだ画家の話をお伝えします。彼は結局，逮捕され投獄されたのですが，画家としての技術のおかげで，自らの作品による，最も人気な注目株の画家の1人になりました。そのお話を来週の「アート・イン・フォーカス」で。

考え方

⑽「ファティマ・ナーセルは絵画の価値について何と言っているか？」　正解は **d)「それは，その絵画に対して提示された最高金額によって決められる」**。ファティマは，1つ目の発言の第1文 (Well, of course, ...) で「ええと，もちろん，どんなものであれ，誰かがそれに対して払うことを厭わない金額分の価値があります」と述べ，続く第2文 (If someone wants ...) で「今回カタールの元首相が払ったように，誰かが1億7900万ドル払いたいならば，それがその絵画の価値なのです」と述べているため，これが適切。a)「それは，芸術家の評判によって決められる」，b)「それは，作品の

芸術的な質によって決められる」，d)「それは，大規模の博物館の予算によって決められる」はどれも，ファティマの発言内容にはない。

⑾「ルーカス・メンデズによれば，個人によって所蔵される傑作の価値にはどんなことが起こりうるか？」 正解は **b)「若い芸術家たちがそういった傑作を研究できないため，その価値は下がりうる」**。ルーカスは２つ目の発言の第１文 (When a great) で「偉大な芸術作品がこのように個人の所有するものになってしまうと，起こりがちなことは，それが視界から消えてしまうということです」と述べており，続く第４文 (Museums can't compete ...) でさらに具体的に「ピカソの『アルジェの女たち』のような重要な作品が，一般大衆，批評家たちの目に触れず，そして最悪なことに，若い芸術家たちの目に触れないことになってしまうのです」と述べているのでこれが適切。c)「そういった傑作を展示するために博物館が競い続けるので，その価値は上がりうる」は，上記の第４文に「美術館はこのような上昇した価格に競り合うことができず」とあるので不適。a)「そういった傑作を批判することがもはやできなくなるので，その価値は上がりうる」，d)「個人の所有者たちはそういった傑作を十分手入れできないため，その価値は下がりうる」はどちらも，ルーカスの発言内容にはない。

⑿「ルーカス・メンデズによれば，人々がこのような絵画にそれほど高い金額を支払うのはなぜか？」 正解は **c)「お金を銀行に預けるよりもそうする方が良いと彼らは考えているから」**。ルーカスの４つ目の発言の第２文 (It's an investment.) ～最終文 (They know that ...) からこれが適切であることを掴む。具体的には，第２文と第４文 (They're just looking ...) から「投資の対象としている」ことを掴み，最終文で「銀行が支払う利子の率が低いことを彼らはわかっていて，だから…」と述べていることから，「銀行に預けるよりも賢い選択」という部分を理解する。a)「それらの絵画が傑作であると彼らは考えているから」は，司会者が３つ目の発言の最終文 (Do they really ...) で「本当に彼らはそんなにまで芸術を愛しているのでしょうか？」とファティマに尋ねたのを受けて，ルーカスが４つ目の発言の第１文 (Of course not!) で「もちろんそんなわけないですよ！」と割って入るように述べているので不適。b)「自分たち自身の社会的地位がより高くなると彼らは考えているから」と d)「それらの絵画が未来の世代のために保存されるべきだと彼らは考えているから」はどちらも，ルーカスの発言内容にはない。

⒀「人々が芸術作品を買う理由として，次のうちどれをファティマは述べていないか？」 正解は **b)「自分の子供たちを教育するため」**。ファティマは４つ目の発言で人々が絵画を購入しうるさまざまな理由について述べている。a)「資産を増やすた

め」は，第7文 (Or it might ...) に「あるいはそれは純粋な投資としてかもしれません」と，c)「遺産として残すため」は第5文 (Or it might ...) に「あるいはそれは子供への遺産としてかもしれません」と，そして d)「芸術自体を鑑賞するため」は第4文 (It might be ...) に「それは芸術に対する愛かもしれません」とあるのですべて述べられている。

⒁「ファティマ・ナーセルとルーカス・メンデズは，どの点で同意する可能性がもっとも高いか？」 正解は **a)「『アルジェの女たち』はとても良い絵画である」**。ファティマは4つ目の発言の第4文 (It might be ...) 後半で「何しろその作品は実際にとてもすてきな絵画ですから」と述べており，ルーカスは3つ目の発言の最終文 (And this painting, ...) で「この絵画は『国際的な』宝なのです」と述べているので，これが適切。b)「道路や橋は個人によって所有されるべきでない」に関しては，ファティマは何も述べていない。c)「芸術作品を個人的に販売することはその価値を下げるかもしれない」だが，「個人の所有になる」ことは述べられているが「個人的に販売する」ことは述べられていない。d)「『アルジェの女たち』のような絵画は真の芸術愛好家にのみ販売されるべきである」だが，販売する相手を真の芸術愛好家にのみにすべきとはどちらも述べていない。

⒂「次の『アート・イン・フォーカス』の主な話題は何であると司会者は述べているか？」 正解は **d)「今では自身の絵画によって名声を得ている元犯罪者」**。司会者は，最後の発言の第7文 (And next week, ...) 以降で次週の番組の内容について述べている。第8文 (We tell the ...) で「古典絵画の巨匠たちのスタイルを模写するのがあまりに上手で，贋作を売ることでかつて何百万ドルも稼いだ画家の話をお伝えします」と述べた後，第9文 (He was eventually ...) で「彼は結局，逮捕され投獄されたのですが，画家としての技術のおかげで，自らの作品による，最も人気な注目株の画家の1人になりました」と述べていることから，これが適切。他の選択肢はそれぞれ a)「贋作だと思われていたが，実は本物だと発覚した作品」，b)「偽物だと発覚した有名な傑作」，c)「何百万ドルもの値段で独自の作品を売っている現代の画家」。

解 答

⑽－d)	⑾－b)	⑿－c)	⒀－b)	⒁－a)	⒂－d)

3 (C) スクリプト

You come in from a summer hike covered with red mosquito bites, only to have your friends say that they haven't been bitten at all. Or you wake up from a night of camping to find your ankles and wrists burning with bites, while other people are untouched.

You're not alone. It turns out that an estimated 20% of people are especially delicious to mosquitoes, and regularly get bitten more often than others. And while scientists don't yet have a treatment for the condition, other than insect spray, they do have a number of ideas about why some of us are bitten more often than others.

One factor that could play a role is blood type. This would not be surprising since, after all, mosquitoes bite us to take proteins from our blood, and research shows that they find certain blood types more appetizing than others. One study found that in a controlled setting, mosquitoes landed on people with Type O blood nearly twice as often as those with Type A. People with Type B blood fell somewhere in the middle. Additionally, based on their genes, about 85% of people release a chemical signal through their skin that indicates which blood type they have, while 15% do not. And mosquitoes are more attracted to people who release that chemical regardless of which type they are.

One of the key ways mosquitoes locate their targets is by smelling the CO_2 emitted in their breath. They can detect CO_2 from as far as 50 meters away. As a result, people who simply breathe out more air—generally, larger people—have been shown to attract more mosquitoes than others. This is one of the reasons why children generally get bitten less than adults.

Other research has suggested that the bacteria that naturally live on human skin also affect our attractiveness to mosquitoes. In a 2011 study, scientists found that having large amounts of bacteria made skin more appealing to mosquitoes. This might explain why mosquitoes are especially likely to bite our ankles and feet, which naturally have significant bacteria colonies.

As a whole, underlying genetic variation is estimated to account for 85% of the differences between people in their attractiveness to mosquitoes—regardless of whether it's expressed thought blood type or other factors. Unfortunately, we don't yet have a way of modifying these genes. But there is good news: some people rarely attract mosquitoes and are almost never bitten. A group of scientists in the UK have identified some chemicals emitted by these people. This discovery may lead to advanced insect sprays that can keep mosquitoes away from all of us, even the delicious 20%.

http://www.smithsonianmag.com/science-nature/why-do-mosquitoes-bite-some-people-more-than-others-10255934 を編集

全訳 夏のハイキングから自分は蚊に刺されてあらゆるところが真っ赤になって戻ってきたのに，友人たちは全く刺されてないと言うといった経験をする。あるいは，キャンプをした夜の次の日に目覚めると，足首と手首が蚊に刺されて赤く火照っていることに気づくが，一方で他の人たちは全く刺されていない。

こういったことの対象になるのは，あなただけではない。推定20パーセントの人が特に蚊にとって美味しい人で，普段から他の人たちよりもより頻繁に蚊に刺されることがわかっている。そして科学者たちは，その状況に対する対処法を虫除けスプレー以外にまだ持っていないが，なぜ私たちの中には他の人たちよりもよく刺される人がいるのか，ということに関するいくつかの考えは実際に持っている。

影響を及ぼしうる1つの要因は血液型である。何しろ蚊は私たちの血からタンパク質を摂取するために私たちを刺すのだから，このことは驚くべきことではないだろう。そして蚊は一定の血液型を他のものより食欲をそそるものと感じるということが学術研究により示されている。ある研究により，制御された設定の下では，A型の血液を持つ人々のほぼ2倍の頻度でO型の血液を持つ人に蚊が降り立つということがわかった。B型の血液を持つ人々は，その中間のどこかに当てはまった。それに加えて，遺伝子によって，約85%の人が自分の持つ血液型が何型かを示す化学信号を皮膚から出していて，一方で15%は出していない。そして蚊は，その人が何型かに関係なく，その化学物質を出している人により引きつけられる。

蚊が標的の位置を特定する重要な方法の1つは，標的が吐く息に含まれるCO_2を嗅ぐことによるものである。蚊は50メートルも離れたところからCO_2を検知することができる。結果として，単純により多くの息を吐く人たち，つまり一般的には，体のより大きな人たちが，他の人たちよりも多くの蚊を引きつけることが示されてきた。これが，一般的に子供たちが大人ほど刺されない理由の1つである。

人間の皮膚上に自然に生息している細菌もまた私たちが蚊をどの程度引きつけるかに影響を及ぼすということが，他の学術研究により示唆されている。2011年のある研究において，大量の細菌を持っていることで，皮膚は蚊にとってより魅力的なものになる，ということを科学者たちは発見した。このことは，本来細菌の相当大きな群棲地である私たちの足首や足を蚊が刺す可能性が特に高いのはなぜかということに対する説明となるかもしれない。

概して，根底にある遺伝的な差異が，人々の間にある，蚊を引きつける度合いの違いの85%を占めると見積もられていて，その誘引が血液型によって表れるのか，他の要因によってかは関係ない。残念なことに，これらの遺伝子を組み替える方法を私たちはまだ持っていない。しかし，良い知らせがある。ほとんど蚊を引きつけず，ほぼ一度も刺されない人が世の中にはいるという知らせである。あるイギリスの科学者のグループが，これらの人々が出しているいくつかの化学物質を特定した。この発見は，私たち全員，つまり美味しい20%からでさえ，蚊を遠ざけることができる先進的な虫除けスプレーの開発につながるかもしれない。

考え方

⑯「蚊が人を刺すことについて話者は何と言っているか？」 正解は **b)「20%の人は他の人たちよりも頻繁に刺される」**。第2段落第2文 (It turns out ...) に「推定20パーセントの人が特に蚊にとって美味しい人で，普段から他の人たちよりもより頻繁に蚊に刺されることがわかっている」とあるため，これが適切。a)「20%の人はめったにあるいは決して刺されない」だが，最終段落第3文後半 (some people rarely ...) に「ほとんど蚊を引きつけず，ほぼ一度も刺されない人が世の中にはいる」とあるが，20%とは述べられていないため不適。c)「20%の人は虫除けスプレーをしても虫刺されから守られない」はどこにも述べられていないため不適。d)「科学者たちは20%の人に効く，虫刺されへの新しい対処法を発見した」だが，第2段落最終文 (And while scientists ...) に「その状況に対する対処法を虫除けスプレー以外にまだ持っていない」とあるだけで，20%とはどこにも述べられていないため不適。

⑰「話者が言っていないのは次のうちどれか？」 正解は **c)「蚊の15%は人の血液型を識別することができない」**。15%という数値が出てくるのは第3段落第5文 (Additionally, based on ...) だが，そこには「約85%の人が自分の持つ血液型が何型かを示す化学信号を皮膚から出していて，一方で15%は出していない」と述べられており，蚊が人の血液型を識別できるかどうかとは全く関係ない。よってこれが適切。a)「蚊は人からタンパク質を得るために人を刺す」は，第3段落第2文 (This would not ...) に「蚊は私たちの血からタンパク質を摂取するために私たちを刺す」と述べられている。b)「たいていの人たちは自分の血液型を示す化学物質を出す」は上記の第5文に述べられている。d)「B型の血液を持つ人々は，A型の血液を持つ人々よりも頻繁に蚊に刺される」だが，話者が第3段落第3文 (One study found ...) で「A型の血液を持つ人々のほぼ2倍の頻度でO型の血液を持つ人に蚊が降り立つ」と述べ，続く第4文 (People with Type ...) で「B型の血液を持つ人々は，その中間のどこかに当てはまった」と加えていることから，O型→B型→A型の順に刺されやすいことがわかる。よって述べられていると判断できる。

⑱「話者によると，子供たちが大人ほど刺されない1つの理由は何か？」 正解は **c)「子供たちは大人ほど多くのCO_2を吐き出さない」**。第4段落最終文 (This is one ...) で話者は「これが，一般的に子供たちが大人ほど刺されない理由の1つである」と述べていて，この文の this は直前の第3文 (As a result, ...) の「単純により多くの息を吐く人たち，つまり一般的には，体のより大きな人たちが，他の人たちよりも多くの蚊を引きつける」という内容を指している。よってこれが適切。他の選択肢は a)「子供たちは大人よりも動きまわる」，b)「子供たちは大人よりもなめらかな肌をしている」，d)「子供たちは，大人よりも自分の皮膚に蚊がとまっているのに気づく」。

⑲「話者によると，足首や足を刺される傾向が人々にあるのはなぜか？」 正解は **c)「体のそれらの部位は多くの細菌を持つから」**。話者は第5段落第2文 (In a 2011 ...) で「2011年のある研究において，大量の細菌を持っていることで，皮膚は蚊にとってより魅力的なものになる，ということを科学者たちは発見した」と述べた上で，続く同段落最終文 (This might explain ...) に「このことは，本来細菌の相当大きな群棲地である私たちの足首や足を蚊が刺す可能性が特に高いのはなぜかということに対する説明となるかもしれない」と述べているので，これが適切。他の選択肢はそれぞれ，a)「体のそれらの部位は露出している傾向にあるから」，b)「体のそれらの部位はより多くの汗をかく傾向にあるから」，d)「体のそれらの部位は接触に対してそれほど敏感ではないから」。

⑳「『良い知らせ』とは何か？」 正解は **d)「蚊に対する抵抗力を持つ人々が自然に生成する化学物質が，より効果的なスプレーを作るのに利用されるかもしれない」**。最終段落第3文 (But there is ...) で，話者は「しかし，良い知らせがある。ほとんど蚊を引きつけず，ほぼ一度も刺されない人が世の中にはいるという知らせである」と述べた上で，続く第4文 (A group of ...) と最終文 (This discovery may ...) で「あるイギリスの科学者のグループが，これらの人々が出しているいくつかの化学物質を特定した。この発見は，…蚊を遠ざけることができる先進的な虫除けスプレーの開発につながるかもしれない」と，なぜそれが良い知らせなのかを具体的に説明している。よってこれが適切。a)「蚊の遺伝子を組み替えて人を刺さないようにすることが可能かもしれない」と b)「自然と蚊を遠ざけておくように人間の遺伝子を組み替えることが可能かもしれない」だが，最終段落第2文 (Unfortunately, we don't ...) に「残念なことに，これらの遺伝子を組み替える方法を私たちはまだ持っていない」とあり，この文の these genes「これらの遺伝子」とは同段落第1文 (As a whole, ...) の内容から「蚊を引きつける度合いの大半を決定づける人間の遺伝子」であることがわかる。そもそも「人間の遺伝子」なので a) は不適で，「遺伝子を組み替える術はない」のだ

からb) も不適。c)「自然の血中タンパク質が，人々に蚊に刺されることに対する耐性を持たせるために利用されるかもしれない」だが，「血中タンパク質」については最終段落では全く述べられていないので不適。

解答

(16)－b)	(17)－c)	(18)－c)	(19)－c)	(20)－d)

2015年

音声ファイル 15_01～15_03

3 (A) スクリプト

A new telescope, which will be the world's largest, is to be built 3,000 metres above sea level, on top of a mountain in Chile. There—in the middle of the Atacama Desert, one of the driest places on earth—it will have the best possible conditions for observation. Astronomers are expecting it to answer many of the deepest and most important questions in their subject.

The new telescope will have a mirror 39 metres across, making it by far the largest optical telescope in the world. Although a mirror of this size presents huge technical difficulties, its light-gathering capacity should be greater than all existing telescopes put together. That's what makes this telescope truly special. Experts predict that it will even be able to capture images of planets orbiting distant stars. And because looking out into space is also looking back in time, astronomers hope to discover new information about the early history of the universe.

Is it surprising that a telescope funded by Europe should be based so far away in Chile? Not at all. The very clean and dry air of the Atacama Desert is one advantage. Another is that the southern sky is more interesting to astronomers: as one expert said, 'The centre of our Milky Way galaxy is to the south, so there is more to see'.

Then, is it surprising that the telescope is to be based on earth? Recent telescope projects have been based in space, like the Hubble Telescope. But new technology means that land-based telescopes can do far more than previously thought. When light passes through the earth's atmosphere it is affected in various ways—for example, by moisture, by varying wind speeds, or by different temperature layers. However, it is now possible, using computers, to keep images sharp, in spite of these distortions. The new telescope's main mirror will be made up of almost 800 small reflective plates, each of which is 1.4 metres across and 5 centimetres thick. These plates can be moved, under computer control, so that the image is less affected by atmospheric distortion.

The huge cost of the project—over a thousand million euros—is to be shared by about fifteen European countries. But governments and scientists alike believe that the benefits of this 39-metre-telescope project will far exceed its costs. Apart from any scientific discoveries, the project will strengthen friendships between countries, stimulate technological progress that can be applied in other areas, and inspire young people to take up a career in science or technology.

全訳 世界最大のものになる新しい望遠鏡が，チリにある山の，海抜3,000メートルの頂に作られることになっている。そこは，アタカマ砂漠の真ん中であり，地球で最も乾燥した場所の一つなのだが，望遠鏡による観測を行うのに，考えられる最高の環境である。天文学者たちは，その望遠鏡によって，自分たちの研究分野において最も深く最も重要な疑問の多くの答えがわかることを期待している。

その新しい望遠鏡は，幅39メートルの鏡を有し，断トツの差で世界最大の光学望遠鏡となる。この大きさの鏡は技術面での大きな困難を生じることになるのだが，その集光能力は，現存の望遠鏡をすべて合わせたものよりも大きなものになるはずである。そのことこそが，この望遠鏡を真に特別なものにさせているのである。遠く離れた恒星の周りを回っている惑星の映像を記録することさえできるだろうと専門家たちは予測している。そして，宇宙へと視線を広げることは，過去を遡って見ることでもあるため，天文学者たちは宇宙の歴史の初期段階に関する新しい情報を発見することを願っている。

ヨーロッパの資金による望遠鏡が，遠く離れたチリに置かれることは驚くべきことであろうか？　いや，まったくもって驚くことではない。アタカマ砂漠の非常にきれいで乾燥した空気が利点の1つである。また別の利点には，南の空の方が天文学者たちにとってより興味深いということが挙げられる。ある専門家の言うところでは，「私たちのいる天の川銀河（訳者注：我々のいる太陽系が属している銀河のこと）の中心は南側にあるので，観測対象がより多くある」のである。

それならば，その望遠鏡が地球上に置かれることになっているのは驚くべきことであろうか？　最近行われてきた望遠鏡の計画は，ハッブル宇宙望遠鏡のように，宇宙を拠点にしてきた。しかし，地上を拠点にした望遠鏡には以前思われていたよりもはるかに多くのことが可能であるということが，新しい科学技術により示されている。地球の大気を通過するとき，光はさまざまな影響を受ける。たとえば，湿気，異なる風速，あるいはさまざまな気温の層などによる影響である。しかしながら，これらのゆがみがあるにもかかわらず，コンピュータを用いて，画像を鮮明に保つことが今では可能である。新しい望遠鏡の主となる鏡は，ほぼ800個の小さな反射板から構成され，各反射板は幅1.4メートルで厚さが5センチのものになる。これらの板は，コンピュータ制御により動かすことができ，結果として画像が大気のゆがみにより受ける影響はより少なくなる。

10億ユーロ以上という，その計画にかかる莫大な費用は，約15のヨーロッパ諸国によって分担されることになっている。しかし，この39メートルの望遠鏡の計画から得られる利益はそれにかかる費用をはるかに上回るものになると，諸政府も科学者たちも同様に信じている。科学的な発見ばかりでなく，その計画は国家間の友情を強固なものにし，他の分野に応用可能な科学技術上の進歩を促し，若者たちに科学や技術の分野の仕事に就こうという気持ちにさせるだろう。

考え方

⑹「新しい望遠鏡の最も重要な特徴は何になるか」

正解は **c)「現存の望遠鏡をすべて合わせたものより多くの光を収集することになる」**。第2段落第3文 (That's what makes ...) で「そのことこそが，この望遠鏡を真に特別なものにさせている」と述べているが，この that「そのこと」は，同段落第2文 (Although a mirror ...) の「その集光能力は，現存の望遠鏡をすべて合わせたものよりも大きなものになるはずである」という部分を指しているのでこれが適切。a)「最大800倍まで拡大できることになる」だが，第4段落第6文 (The new telescope's ...) に800という数字は述べられているが，これは反射板の数であり，拡大倍率のことではないので不適。b)「国家間の協力や親善を強化することになる」は，最終段落最終文 (Apart from any ...) に「その計画は国家間の友情を強固なものにし」とあるが，これが新しい望遠鏡の最も重要な特徴だとは述べていない。d)「地球の大気によってゆがめられた画像を修正し，より鮮明なものにする」は，第4段落第5文 (However, it is ...) に「これらのゆがみがあるにもかかわらず，コンピュータを用いて，画像を鮮明に保つことが今では可能である」とあるが，b) 同様，これが新しい望遠鏡の最も重要な特徴だとは述べていない。

⑺「話者により述べられていないのはどの主張か」

正解は **c)「新しい望遠鏡は宇宙を拠点にした望遠鏡から得られた科学技術を用いることになる」**。第4段落第3文 (But new technology ...) で「地上を拠点にした望遠鏡には以前思われていたよりもはるかに多くのことが可能であるということが，新しい科学技術により示されている」と述べられているが，この技術が宇宙を拠点にした望遠鏡から得られたものであるとは，どこにも述べられていない。a)「新しい望遠鏡は海抜3,000メートルのところに建てられることになる」は第1段落第1文

(A new telescope, ...) に，b)「新しい望遠鏡はアタカマ砂漠の真ん中に建てられることになる」は第１段落第２文 (There—in the ...) に，d)「新しい望遠鏡は現在のどの望遠鏡のものよりも大きな鏡を持つことになる」は第２段落第１文 (The new telescope ...) に述べられている。

⑻「その望遠鏡の主となる鏡は，…の反射板で構成されている」

正解は **c)「幅 140 センチ」**。第４段落第６文 (The new telescope's ...) に「新しい望遠鏡の主となる鏡は，…，各反射板は幅 1.4 メートルで厚さが５センチのものになる」とあるので，これが適切。他の選択肢はそれぞれ a)「幅５センチ」，b)「幅 100 センチ」，d「幅 800 センチ」。

⑼「話者は新しい望遠鏡の設置場所に関する利点をいくつか述べている。次のうち言及されていないものはどれか」

正解は **c)「建設費が低い国にある」**。第１段落第１文 (A new telescope, ...) に，建設場所がチリであることは述べられているが，建設費が低いということはどこにも述べられていない。a)「空気がとてもきれいである」は第３段落第３文 (The very clean ...) に述べられている。b)「地球で最も乾燥した場所の一つである」は第１段落第２文 (There—in the ...) に「地球で最も乾燥した場所の一つ」とあり，第３段落第３文 (The very clean ...) に「アタカマ砂漠の非常にきれいで乾燥した空気が利点の１つである」と述べられている。d)「天文学者にとってより興味深いものである，南の空の眺望が得られる」は第３段落最終文 (Another is that ...) に述べられている。

⑽「次のうちどれがその計画の良い結果として述べられていないか」

正解は **c)「それにより，未来の望遠鏡がコンピュータを用いてゆがんだ画像を修正することができるようになる」**。計画がもたらす良い結果については最終段落に述べられているが，「未来の望遠鏡」に関しては何も述べられていない。他の選択肢については，全て最終段落最終文 (Apart from any ...) で述べられており，a)「より多くの若者が科学者になりたくなるかもしれない」は「若者たちに科学や技術の分野の仕事に就こうという気持ちにさせる」という部分，b)「その計画に資金提供をしている諸国間の関係が改善されることになる」は「その計画は国家間の友情を強固なものにし」という部分，d)「望遠鏡以外のものの発達に寄与する科学技術の進歩を促進することになる」は「他の分野に応用可能な科学技術上の進歩を促し」がそれぞれ対応している。

解答

⑹－c)　⑺－c)　⑻－c)　⑼－c)　⑽－c)

3 (B) スクリプト

Jodi: Hi Shawn!

Shawn: Hi Jodi! What's new?

Jodi: Uhmm, a telescope? I just heard a radio program about a giant telescope they're planning.

Shawn: Oh, I read about that in a magazine I got for my waiting room! In Chile, right? The Atacama Desert.

Jodi: Yeah, on a mountain. They're going to level off the top and build a billion-euro observatory, in the middle of nowhere.

David: Hi guys!

Jodi & Shawn: Hi David!

David: A billion-euro telescope in the middle of nowhere? Somebody must like spending money. They'll have to bring food in ....

Jodi: And Water—it's in the desert.

Shawn: Yeah, the driest desert in the world.

Jodi: I doubt it's the *driest*—

David: I thought the Sahara was the driest.

Jodi: or Kalahari—

Shawn: No, it's the Atacama—

David: It can't be. I've never heard of it. If it were the driest, I'd have heard of it. But why would they build a telescope in a driest anyway? Dust, sandstorms—won't that hurt visibility, maybe even damage the lenses?

Shawn: Uh, David, it's on top of a mountain. There won't be much dust at 3,000 metres.

Jodi: Shawn's right. Visibility will be amazing up there.

David: Ah, I see what you mean.

Jodi: That's why it's the perfect place for the world's biggest telescope. The mirror will be twenty-five metres across. Can you believe it?

Shawn: It was *more* than that, wasn't it? I thought they said twenty-eight—

Jodi: Oh, that's right: twenty-eight metres! Imagine how far we'll be able to see with that.

Shawn: Right, and not just far in distance—far back in time, too. That's something I can't do. People leave my clinic being able to see better, but never back in time!

Jodi: It's going to have its own swimming pool, too.

David: So, a twenty-eight-metre telescope. And with its own swimming pool! I didn't even know telescopes could swim.

Shawn: Ha ha. People are going to be living up there, you know. They're putting it all underground: pool, shopping centre, gym, all underground.

David: So ... is the telescope going to be underground, too?

Jodi: David, you're such a comedian.

David: Seriously though, why are they putting all that stuff underground? To hide from aliens? All that extra expense. Sounds like a waste of taxpayers' money to me.

Jodi: Uh, 3,000 metres. Have you ever tried to put up a tent on a mountaintop at 3,000 metres? Freezing cold, high winds ...

David: But it's a desert—I think the problem will be the heat.

Shawn: Heat, cold, either way it'll be pretty extreme. Jodi's right: It makes sense to live underground.

David: Oh, I see. So, who's building it? I heard India and China were teaming up on a huge new telescope somewhere.

Jodi: This one's European.

Shawn: Yeah, European.

David: And as soon as this one's done, the Americans or the Japanese will build one a metre wider. It's all about prestige. Sure, we'll get some wonderful new pictures of space, but it's like building the tallest tower. One country goes high, right away the next wants to go higher. Not because it's more useful. Just to show off.

Jodi: Well, with towers you might be right. But these mew telescopes really will be useful. They said we'll be able to get pictures of faraway planets. Not stars—*planets*. If the earth gets hit by a giant asteroid, we could all escape to a planet discovered by this new telescope!

Shawn: Well, Jodi, I'm afraid we'll just be seeing the new planet as it used to be—by the time we see it, it might've already been hit by a giant asteroid, too!

David: Jodi's probably right, though—I'm sure they'll discover lots of useful things. Scientists have already found *Antimatter* and *Dark Matter*—maybe now they'll discover *Doesn't Matter*, a substance that has no effect on the universe whatsoever!

Shawn: You're killing me, David. Look, even if it doesn't save our lives, the new telescope will give us a lot of new information. We'll understand more about the universe. Is there a better reason to climb to the top of a mountain?

全訳

ジョディ：こんにちは，ショーン！

ショーン：やぁ，ジョディ！　何か変わったことはあった？

ジョディ：うーんと，望遠鏡かしら。計画中の巨大な望遠鏡に関するラジオ番組をちょうど聞いたところなの。

ショーン：ああ，それについてなら，うちの待合室用に買った雑誌で読んだよ。チリにだよね？　アタカマ砂漠。

ジョディ：ええ山の上にね。頂上を平らにならして，10億ユーロの観測所を建てることになっているの。何もないところにね。

デイビッド：やぁ，お二人さん。

ジョディ&ショーン：やぁ，デイビッド。

デイビッド：10億ユーロの望遠鏡を何もないところにだって？　お金を使いたくてたまらない人が世の中にはいるに違いないな。食料を持ってこないといけないし…。

ジョディ：それに水もよね。砂漠にあるんだもの。

ショーン：そう，世界一乾燥した砂漠さ。

ジョディ：一番ではないと思うわ。

デイビッド：サハラ砂漠が一番乾いていると思ってたけど。

ジョディ：それか，カラハリ砂漠か。

ショーン：いや，アタカマ砂漠だよ。

デイビッド：それはありえないね。一度も聞いたことないからね。もしそれが一番乾燥した砂漠なら，それについて聞いたことがあるだろうし。でも，そもそもどうして砂漠に望遠鏡なんか建てようとしてるんだい？　砂ぼこりに，砂嵐…。それって視界を妨げるし，レンズを傷つけさえするんじゃないかな。

ショーン：えーっと，デイビッド，それは山の頂上にできるんだよ。標高3,000メートルのところには砂ぼこりはさほどないだろうね。

ジョディ：ショーンの言うとおりよ。その高いところからの視界はすばらしいでしょう。

デイビッド：ああ，言いたいことはわかるよ。

ジョディ：それだからこそ世界一大きな望遠鏡に完璧な場所なのよ。鏡は幅25メートルのものになるのよ。信じられる？

ショーン：それよりももっと大きかったよね？　28メートルって言っていたような…。

ジョディ：ああっ，そのとおり。28メートルだったわ！　それを使ったらどれほど遠くまで見られるか想像してみてよ。

ショーン：そうだね。しかも単に遠くの距離ってだけじゃなくて，時間をはるか遡ってもだよ。それは僕にはできないことさ。患者さんたちは前より目がよく見えるようになって僕のクリニックを出て行くけど，遡って過去を見ることができるようには決してならないからね！

ジョディ：専用のスイミング・プールもできるのよね。

デイビッド：ってことは，28メートルの望遠鏡で，しかも専用のスイミング・プール付きってことかい！　望遠鏡が泳げるなんてことさえ僕は知らなかったよ。

ショーン：あははっ。その高いところに人が住むことになるんだからね。すべて地下に配置することになっているんだ。プール，ショッピングセンター，ジム，すべて地下にだよ。

デイビッド：ってことは…望遠鏡も地下に置かれるのかい？

ジョディ：デイビッド，あなたって本当に面白い人ね。

デイビッド：でも冗談はさておき，なんでそういったものすべてを地下に置くことになっているんだい？　エイリアンから隠れるため？　たくさんの余分な費用をかけてだよ。僕には納税者のお金を無駄にしているように聞こえるね。

ジョディ：えーっと，3,000メートルなのよ。標高3,000メートルの山頂にテントを張ろうとしたことある？　凍えるような寒さに，強風でしょ…

デイビッド：でもそこは砂漠だよ…問題は暑さだと思うんだけど。

ショーン：暑さ，寒さ，どちらにせよかなり極度なものになるだろうね。ジョディの言うとおりだよ。地下で生活するのが理にかなっている。

デイビッド：ああ，なるほどね。それで，誰がそれを建設するんだい？　インドと中国がどこかに巨大な新しい望遠鏡を建てる計画で協力しあっているって聞いたけど。

ジョディ：これはヨーロッパのものよ。

ショーン：そう，ヨーロッパのものだよ。

デイビッド：それでこれが完成するとすぐに，アメリカ人や日本人がもう1メートル幅の広いものを作るんだろ。すべては威信のためなんだ。確かに，宇宙のすばらしい映像は新しく得られるよ，でも世界一高いタワーを建てるみたいなものさ。ある国が高いのを建てると，すぐに次のものがより高いものを建てたがる。それは，より役に立つからじゃない。単に見せびらかすためになんだ。

ジョディ：うーん，タワーに関してはあなたの言うとおりかもしれないわね。でもこういった新しい望遠鏡は本当に役に立つのよ。彼らの言うところだと，私たちは遠く離れたところにある惑星の映像を手に入れることが出来るようになるのよ。恒星ではなくて「惑星」よ。もし巨大な小惑星が地球に衝突することがあったら，この新しい望遠鏡によって発見された惑星に逃げることができるかもしれないのよ！

ショーン：ええと，ジョディ，残念だけど，僕たちはその新しい惑星を，かつての姿という形でしか見られないんだよ…。僕たちがそれを見る頃には，その惑星もすでに巨大な小惑星の衝突を受けているかもしれないんだ！

デイビッド：おそらくジョディの言うとおりだけどね…役立つことをたくさん発見するのは間違いないね。科学者たちは「反物質」や「暗黒物質」をすでに発見してきたよね…。たぶん今度は，宇宙にまったくもって影響を及ぼさない物質である「無意味物質」（訳者注：***Doesn't Matter*** は，「どうでもよい；重要でない」という意味の doesn't matter と「物質」の matter をかけあわせて，***Antimatter, Dark Matter*** とダジャレになるようにしたもの）でも発見するだろうさ！

ショーン：おかしすぎて死にそうだよ，デイビッド。いいかい，たとえ僕たちの命を救わなかったとしても，その新しい望遠鏡は僕たちにたくさんの新しい情報を与えてくれるんだよ。宇宙についてより多くのことを僕たちは理解できるようになるんだ。山の頂上に登るのに，それ以上良い理由なんてあるかい？

考え方 注）ジョディとショーンがほぼ同時に発言しているところがあるが，各人の発言としてそれぞれ発言回数にカウントしている。

語句注）小惑星とは，宇宙にある惑星より小さい岩石でできた物体である。

⑾「どの間違った詳細事項について話者たちは意見が一致しているか」

正解は **a)「新しい望遠鏡の鏡の大きさ」**。大問⒜の第2段落第1文 (The new telescope ...) に「幅39メートルの鏡を有し」とある。これに対して，ジョディの9番目の発言の第2文 (The mirror will ...)「鏡は幅25メートルのものになる」を受けてショーンが7番目の発言の第2文 (I thought they ...) で「28メートルって言っていたような…」と異論を述べている。それに対しジョディが10番目の発言の第1文 (Oh, that's right ...) で「ああっ，そのとおり。28メートルだったわ！」と同意を示しており，デイビッドも6番目の発言の第1文 (So, a twenty-eight-metre ...) で「ってことは，28メートルの望遠鏡で」とそれに反論はしていない。よって3人とも28メートルと考えているが，正しくは39メートルなのでこれが適切。他の選択肢の意味は，b)「世界で最も乾燥した砂漠はどれかということ」，c)「新しい望遠鏡を建設するのは誰なのかということ」，d)「諸施設を地下に置く一般的な理由」，e)「天文台の置かれる環境が望遠鏡の性能に与える影響」である。

⑿「話者たちが意見を一致させることが明らかにできていないのはどの詳細事項についてか」

正解は **b)「世界で最も乾燥した砂漠はどれかということ」**。ショーンの4番目の発言 (Yeah, the driest ...) 以降のやりとりに注目する。同発言でショーンがアタカマ砂漠のことを「世界一乾燥した砂漠さ」と述べると，それを受けジョディが「一番ではないと思うわ」と反論している。さらにデイビッドが「サハラ砂漠が一番乾いていると思ってたけど」と述べると，ジョディが「それか，カラハリ砂漠か」と続け，さらにショーンが「いや，アタカマ砂漠だよ」と固執する。それでもデイビッドは続く4番目の発言の最初の3文で，「それはありえないね。一度も聞いたことないからね。もしそれが一番乾燥した砂漠なら，それについて聞いたことがあるだろうし」と反論する。そして，次の第4文 (But why would ...) から「でも，そもそもどうして砂漠に望遠鏡なんか建てようとしてるんだい？」と話題が変わってしまい，結局どこが最も乾燥した砂漠かに関する結論は出ないままである。よってこれが適切。

選択肢は⑾と同じなので，訳はそちらを参照のこと。

⒀「ジョーンはおそらく何をして生計を立てているか？」

正解は **d)「彼は眼科医である」**。ショーンが8番目の発言の第3文 (People leave my ...) で，「人々（＝患者さんたち）は前より目がよく見えるようになって僕のクリニックを出て行くけど」と述べていることから，これが適切。また，ショーンの２番目の発言の第１文 (Oh, I read ...)「ああ，それについてなら，うちの待合室用に買った雑誌で読んだよ」から，ショーンは待合室があるような仕事をしていることもヒントになる。他の選択肢はそれぞれ a)「彼は床屋である」，b)「彼はコメディアンである」，c)「彼は研究者である」。

⒁「デイビッドはその望遠鏡計画に疑いをもっている。彼が疑いの気持ちを持っている主な理由を述べているものは次のうちどれか」

正解は **a)「その巨大な望遠鏡は宇宙のすばらしい画像を提供することになるかもしれないが，それによって，それにかかる費用が正当化されるわけではない」**。この会話を通して，デイビッドは望遠鏡計画に懐疑的なままであるが，それは主にかかる費用に対する不満が理由であることが聞き取れる。まず，２番目の発言の第１文 (A billion-euro telescope ...) と，第２文 (Somebody must like ...) で「10億ユーロの望遠鏡を何もないところにだって？　お金を使いたくてたまらない人が世の中にはいるに違いないな」と莫大な費用を費やすことに対する皮肉を述べている。さらに，８番目の発言の第３文 (All that extra ...) と第４文 (Sounds like a ...) で「たくさんの余分な費用をかけてだよ。僕には納税者のお金を無駄にしているように聞こえるね」と諸施設を地下に置くことでかかる費用に対する不満を述べている。また，選択肢の「宇宙のすばらしい画像を提供することになるかもしれないが」という部分は，11番目の発言の第３文 (Sure, we'll get ...) で「確かに，宇宙のすばらしい映像は新しく得られるよ，でも…」と譲歩している部分に一致する。以上より，これが適切。b)「各国が地位を得るために巨大な望遠鏡を建設しているが，その戦略は決して成功しない」だが，確かにデイビッドは11番目の発言で，巨大な望遠鏡の建設は役立つからではなく，国家威信のために行われていると述べ，世界最大のものを建設しようと競い合うことの無益さに対する批判はしている。しかし，「その戦略が決して成功しないから」その望遠鏡計画に反対である，という因果関係では述べていない。c)「巨大な望遠鏡を建設するために使われるお金は都市部のタワーのようなものにかけたほうがましである」だが，11番目の発言の第３文 (Sure, we'll get ...) で「世界一高いタワーを建てるみたいなものさ」とは述べているが，どちらが良いか比較はしていないため不適。d)「その巨大な望遠鏡は，宇宙の現在の状態ではなく，以前の状態についてしか教えてくれない」はショーンが12番目の発言 (Well, Jodi, I'm ...) で述べていることであり，デイビッドの発言ではない。

⒂「もし巨大な小惑星が地球に衝突することがあったら，人間が新しい惑星を見つけるのにその新しい望遠鏡が役立つかもしれないとジョディが言うと，ショーンは

どんな具体的な事実を指摘するか」

正解は**c)「人間がその新しい惑星を見る頃には，その惑星も小惑星の衝突を受けた後かもしれない」**。ジョディが15番目の発言の第5文 (If the earth ...) で「もし巨大な小惑星が地球に衝突することがあったら，この新しい望遠鏡によって発見された惑星に逃げることができるかもしれないのよ！」と述べているのを受けて，ショーンは12番目の発言 (Well, Jodi, I'm ...) で「残念だけど，僕たちはその新しい惑星を，かつての姿という形でしか見られないんだよ…。僕たちがそれを見る頃には，その惑星もすでに巨大な小惑星の衝突を受けているかもしれないんだ！」と述べているので，これが適切。a)「その新しい惑星には，人は生命を維持できないかもしれない」，b)「その新しい惑星は，人間がそこに住みついた後に，小惑星の衝突を受けるかもしれない」，d)「その新しい惑星は，人間がそこに向かっている最中に，小惑星の衝突を受けるかもしれない」はいずれも述べられていないため不適。

解答

(11)－a)　(12)－b)　(13)－d)　(14)－a)　(15)－c)

3 (C) **スクリプト** Adapted from 'Diary' by Rebecca Solnit, LRB 29th Aug 2013

Human consciousness is in the midst of a revolution. The change is profound—and troubling, not least because it is hardly noticed. The last moment before most of us were on the internet and had mobile phones—perhaps around the mid-1990s—seems like a hundred years ago. Back then, letters came once a day. Phones were wired to the wall. News came by radio, television, or print, and at appointed hours. Some of us had a newspaper delivered every morning. Those deliveries and broadcasts marked the day like church bells. You read the paper over breakfast. You opened the mail when you came home from work. You learned the day's news in the evening, at six o'clock, and then again at ten. Time passed in fairly large units.

Then, letters turned into e-mails. For a while, e-mails had all the depth and complexity of letters—they combined intimacy with speed. But they quickly collapsed into something more like text messages, which were first introduced in 1992. Communication was reduced to short practical phrases, while formalities like spelling and punctuation were cast aside. We began to correspond in fragments. Meanwhile, the World Wide Web caught everyone in its silky attractions. Soon, it was normal for a crowd to board a train or cross a busy street while everyone in it stared at the tiny screens in their hands.

The new technologies have brought about some good things. Internet communication can help to coordinate the old dance of democracy, bringing people out in public together. Yet for every productive hour we invest in using the internet, we waste countless others that could have been spent going deeper, with a book, a conversation, a thoughtful walk.

Previous technologies expanded communication. But the latest ones seem to have reduced it. Perhaps the worst aspect has been the loss of our ability to pay attention. Information is constantly interrupted by other information. One study found that the average scores of students who were interrupted with text messages while taking a test were 20% lower than those of students who were not interrupted. Another found that students, when studying alone, couldn't focus for more than two minutes without surfing the web or checking their e-mail.

I wonder sometimes if there will be a reaction against the fragmented consciousness the new technologies have created. Here and there, around the world, some young people are keeping alive the old, time-consuming way we used to do things, rediscovering the value of working with their hands and of life outside electronic noise and distraction. But is it too little, too late? Do we still have time to sound the alarm? The future does not look promising, and it will be hard to explain what we have lost to someone who's distracted.

全訳　人間の意識は改革の真っ只中にある。その変化は重大なものであり，とりわけ，それがほとんど気付かれない変化であるがゆえに，厄介なものでもある。私たちの大半がインターネットを利用し携帯電話を持つようになる直前の時（おそらく1990年代半ばであろうか）は，100年も前のように思われる。当時は，手紙は1日1回きていた。電話は壁に配線で繋がれていた。ニュースはラジオ，テレビ，あるいは出版物により，決められた時刻に伝えられた。私たちの中には毎朝新聞を配達してもらっていた人もいた。それらの配達や放送は，教会の鐘のように，1日の時を刻んでいたのである。朝食を食べながら新聞を読み，仕事から帰宅すると郵便物を開け，その日のニュースを夕方6時，そして再び10時に知った。時間は比較的大きな単位で過ぎていたのである。

その後，手紙は電子メールへと変わった。しばらくの間は，電子メールも手紙の持つ深みや複雑さをすべて備えており，親密さと速さを兼ね備えたものであった。しかし，電子メールはすぐに崩壊し，1992年に初めて導入された，テキストメッセージのようなものになってしまった。コミュニケーションは実用的な短い表現と化し，一方でつづりや句読点などの，きちんとした形式は捨てられてしまった。私たちは言葉の断片でやりとりをするようになった。そうしている間に，ワールドワイドウェブは絹のような魅力で皆を惹きつけた。まもなくして，群衆の皆が手に持っている小さな画面をじっと見ながら，電車に乗ったり往来の激しい通りを渡ったりすることが日常となった。

新しい科学技術によって良いこともたらされた。インターネットによるコミュニケーションは，昔からある民主主義の舞踏会をまとめ，人々を公の場に集める助けとなりうる。しかし，インターネットを使うことに生産的な時間を1時間つぎ込むごとに，本，会話，あるいは思索に耽る散歩によって，より深い世界に入るのに使うことができたかもしれない無数の時間を私たちは無駄にしてしまう。

以前の科学技術はコミュニケーションを広げるものであったが，最新のものはそれを減じてしまったように思われる。その最も悪い側面は，私たちが注意力を失ってしまったことかもしれない。情報はつねに別の情報によってさえぎられている。ある研究で，テストを受けている最中にテキストメッセージにより集中を妨げられた学生の平均得点は，妨げられなかった学生より20%低いことがわかった。また別の研究で，学生は，1人で勉強しているとき，ネットサーフィンをしたり電子メールをチェックしたりせずに2分より長い時間集中できないことがわかった。

新しい科学技術が生み出した，意識の分断に対する反動があるだろうかと時に思うことがある。世界中，あちこちで，私たちが以前物事を行っていた昔ながらの時間を費やすやり方を維持している若者がいて，手作業の価値および電子的な雑音や気が散るものがない生活の価値を再発見している。しかし，それは少なすぎるだろうか，遅すぎるだろうか？　私たちにはまだ警鐘を鳴らす時間があるだろうか？　将来は期待の持てるものには見えず，そして気が散ってしまう人に対して私たちが失ってしまったものを説明することは難しいだろう。

考え方

語句注）テキストメッセージとは携帯電話により送受信される短い，書かれたメッセージである。

⒃「講義に基づくと，次の記述のうち正しいものはどれか」

正解は **a)「電子メールが初めは良いものだったと話者は考えている」**。第2段落第2文 (For a while, ...) に「しばらくの間は，電子メールも手紙の持つ深みや複雑さをすべて備えており，親密さと速さを兼ね備えたものであった」とあり，ここでの「深みや複雑さ」は手紙の持つ良い点であるため，これが適切。b)「1992年以前は，テキストメッセージは親密さと速さを兼ね備えたものであった」だが，第2段落第3文 (But they quickly ...) に「しかし，電子メールはすぐに崩壊し，1992年に初めて導入された，テキストメッセージのようなものになってしまった」とあるので，「テキストメッセージ」ではなく「電子メール」である。c)「話者はその革命が正確にはいつ始まったのかを断定できると信じている」だが，第1段落第1文 (Human consciousness is ...) に「人間の意識は改革の真っ只中にある」とあり，第3文 (The last moment ...) に「私たちの大半がインターネットを利用し携帯電話を持つようになる直前の時」が「おそらく1990年代半ば」であると述べているが，正確にはいつ革命が始まったのかに関する記述はない。d)「おおよそ1995年以前には，一晩につき1回，夜のニュース番組の放送があった」だが，第1段落第11文 (You learned the ...) に「その日のニュースを夕方6時，そして再び10時に知った」とあり，夜のニュース番組は1日2回と述べられている。

(17)「話者は次のうちどれを新しいコミュニケーション技術の最も悪い側面とおそらく見なすだろうか」

正解は **b)「それらによって私たちは集中することがより難しくなった」**。第4段落第3文 (Perhaps the worst ...) に「その最も悪い側面は，私たちが注意力を失ってしまったことかもしれない」とあることからこれが適切。a)「それらは非常に依存性の強いものである」だが，第4段落最終文 (Another found that ...) に「ネットサーフィンをしたり電子メールをチェックしたりせずに2分より長い時間集中できないことがわかった」とは述べているものの，「依存性が高い」とまでは述べていないし，「最も悪い側面」とも言っていない。c)「正しいつづりや句読点が衰退した」，d)「コミュニケーションがより短くなり，それほど私的なものでなくなった」は，第2段落第4文 (Communication was reduced ...) に「コミュニケーションは実用的な短い表現と化し，一方でつづりや句読点などの，きちんとした形式は捨てられてしまった」とあるが，これも「最も悪い側面」とは述べられていない。

(18)「話者は次のうちどれを新しい科学技術の良い側面であると述べているか」

正解は **b)「それらは民主主義を推進する助けとなってきた」**。第3段落第1文 (The new technologies ...) に「新しい科学技術によって良いことももたらされた」とあり，続く第2文 (Internet communication can ...) に「インターネットによるコミュニケーションは，昔からある民主主義の舞踏会をまとめ，人々を公の場に集める助けとなりうる」とあるので，これが適切。a)「それらはコミュニケーションを広げてきた」は，第4段落第1文 (Previous technologies expanded ...) に「以前の科学技術はコミュニケーションを広げるものであったが，最新のものはそれを減じてしまったように思われる」とあるので不適。c)「それらのおかげで私たちは物事により深く入っていくことができた」だが，第3段落最終文 (Yet for every ...) に「しかし，インターネットを使うことに生産的な時間を1時間つぎ込むごとに，本，会話，あるいは思索に耽る散歩によって，より深い世界に入るのに使うことができたかもしれないの無数の時間を私たちは無駄にしてしまう」とあり，新しい技術によって物事に深く入っていくことをしなくなったことが述べられているので不適。d)「それらは音楽とダンスのために人々を1つに集めた」だが，第3段落第2文 (Internet communication can ...) の the old dance of democracy「昔からある民主主義の舞踏会」とは，あくまで比喩表現であり，実際の舞踏会を表しているのではないので不適。比喩の内容だが，人々が公の場に集まり政治に関する議論や演説を行うことや，実際に形式に則り選挙を行うことなどを表しているのであろう。

(19)「平均して，学生がテストで20%低い点を取ったのは，…ときである」

正解は **d)「テストを受けている最中にテキストメッセージを受け取った」**。第4段落第5文 (One study found ...) に「テストを受けている最中にテキストメッセージにより集中を妨げられた学生の平均得点は，妨げられなかった学生より20%低いことがわかった」とあるのでこれが適切。他の選択肢はそれぞれ，a)「テストを受ける前に1人で勉強した」，b)「テストを受けている最中にインターネットにアクセスした」，c)「テストを受けている最中に電子メールをチェックした」。

(20)「話者によると，一部の若者は彼女が述べている変化にどのように抵抗しているか？」

正解は **c)「今より前の生き方を取り入れることによって」**。最終段落第2文 (Here and there, ...) に「私たちが以前物事を行っていた昔ながらの時間を費やすやり方を維持している若者がいて，手作業の価値および電子的な雑音や気が散るものがない生活の価値を再発見している」とあるのでこれが適切。a)「警鐘を鳴らすことによって」は最終段落第4文 (Do we still ...) に，b)「失ってしまったものを説明することによって」は最終段落最終文 (The future does ...) に記述があるが，これは以前の生き方を知っている大人たちが行うこととして述べられているので不適。d)「電気なしで生活しようとすることによって」については，どこにも述べられていないので不適。

解答

⒃－a)	⒄－b)	⒅－b)	⒆－d)	⒇－c)

2014年

音声ファイル
14_01～14_03

3 (A) スクリプト

Why do we go to zoos? Millions of people around the world visit zoos each year, but the reason is hard to explain. Many of those visitors are children, whose lives are already surrounded by animal images. But the animals they see in zoos are little like the toys, cartoons, and decorations that fill their homes. For such children, the encounter with real animals can be confusing, even upsetting.

The great interest that children have in animals today might lead one to suppose that this has always been the case. Yet, it was not until the Industrial Era that reproductions of animals became a regular part of childhood. That was also when zoos became an important part of middle-class life.

In prehistoric times, there had been no need for zoos, as animals were an integral part of the human world. Wild animals might be harmless or terrifying, common or sacred, but in every case our distant ancestors lived together with them in a shared natural environment.

The trail that leads to your local zoo may have begun with the Seventeenth Century French philosopher René Descartes. He taught that humans were composed of a physical body and an eternal soul. Animals, by contrast, had only bodies. They were soulless machines. Therefore, they came to be regarded as material commodities that could be controlled and exploited like a natural resource. In the Industrial Era, the human domination of animals could be seen in the popularity of real-looking animal toys. Children rode rocking-horses that had realistic features, and they slept with stuffed bears, tigers, and rabbits that looked and felt almost genuine.

The Twentieth Century marked a further development: the conversion of animals into people. This was the age of Babar the Elephant, Hello Kitty, and the Lion King. Where parents and children had previously wanted animals that looked like animals, they now wanted animals that looked—and acted—like humans. In the realm of toys and childhood imagination at least, wild animals became familiar in the literal sense: they became part of the family.

For that reason, a visit to the zoo can be disappointing for children today. Where they hope to see the living, breathing versions of their character friends, they find instead unfamiliar creatures who cannot speak, smile, or interact with them.

But perhaps that disappointment is the best gift a zoo can offer. Encountering genuine animals reminds us forcefully of the boundary between imagination and reality. When we come face-to-face with real animals in a zoo, perhaps we will recall our true relationship not only to animals but to the entire natural world.

全訳　なぜ私たちは動物園に行くのだろうか？　世界中の何百万人もの人々が毎年動物園を訪れるが，その理由は説明しづらい。それら訪問者の多くは子供であり，その生活はすでに動物のイメージに囲まれたものである。しかし，動物園で彼らが目にする動物たちは，彼らの家庭に満ちあふれている動物のおもちゃ，漫画および装飾品とはほとんど似ていない。そのような子供たちにとって，本物の動物との出会いは，彼らを混乱させ，動揺させさえするものとなりうる。

今日子供たちは動物に対して大きな関心を持っているので，常にそうであり続けてきたのだろうと人は想定するかもしれない。しかし，工業時代になって初めて動物を真似て作られたものが子供時代の日常的一部になったのである。それはまた，動物園が中流階級の生活の重要な一部になった時でもあった。

先史時代には，動物が人間世界に組み込まれた一部であったため，動物園は必要なかった。野生動物は無害であるかもしれないし恐ろしいものかもしれず，ありふれたものかもしれないし神聖なものかもしれないが，どの場合でも，私たちの遠く離れた祖先たちはそれらの動物と共有の自然環境で暮らしていたのである。

地元の動物園ができるまでにたどる道のりは，17 世紀のフランス人哲学者，ルネ・デカルトと共に始まったかもしれない。人間は物質的な身体と永遠なる魂でできていると彼は説いた。対照的に，動物には体しかなかった。動物は魂を持たない機械であった。したがって，動物は天然資源のように管理し利用してもよい材料品と見なされるようになった。工業時代には，本物そっくりの動物のおもちゃが人気を博していたことに，人間が動物を支配していたことが見てとれる。子供たちは本物のような特徴を持った揺り木馬に乗り，見た目も感触もほぼ本物のクマ，トラ，およびウサギのぬいぐるみと一緒に寝た。

20 世紀はさらなる発展の時となった。動物が人へと転換されたのである。20 世紀は，ぞうのババール，ハローキティ，そしてライオン・キングの時代であった。親や子供たちは，以前は動物のように見える動物を欲しがったのだが，この時代には人のように見え，人のようにふるまう動物を欲しがったのである。少なくとも，おもちゃおよび子供時代に行う想像の範囲においては，野生動物は文字通りの意味でなじみのあるものになった（訳者注：familiarを『家族の』という意味と掛けているが，この意味で用いるのは古い用法）。つまり，動物たちは家族の一部になったのである。

そういうわけで，動物園を訪れることは，今日の子供たちをがっかりさせる可能性がある。実際に生きている状態のキャラクターである友だちを見たいと彼らは望んでいるのに，その代わりに話すことも微笑むことも，彼らとふれあうこともできない，なじみのない生き物を見つけるのである。

しかしその落胆こそが，おそらく動物園が提供しうる最良の贈り物である。本物の動物に出会うことで，強い説得力をもって想像と現実の隔たりに気づかされるのである。動物園で本物の動物と直面すると，おそらく私たちは，動物だけでなく自然界全体と自分たちのもつ真の関係を思い出すだろう。

考え方

⑴「なぜ先史時代には動物園がなかったか」

正解は**ウ「野生動物が日常生活の普通の一部だったから」**。第3段落第1文（In prehistoric times, ...）に「動物が人間世界に組み込まれた一部であったため，動物園は必要なかった」と述べられているのに一致する。ア「野生動物が恐ろしいものだったから」は同段落第2文（Wild animals might ...）に「恐ろしいものかもしれない」と述べられており，イ「野生動物が神聖なものと考えられていたから」も同段落第2文に「神聖なものかもしれない」と述べられているが，これらは動物園が必要なかった理由としては述べられていないので不適。また，以上よりエ「上記すべて」も不適。

⑵「話者によると，17世紀のフランス人哲学者，ルネ・デカルトは動物について何と言ったか」

正解は**エ「動物は人間とは根本的に異なると彼は主張した」**。第4段落第2文（He taught that ...）にデカルトが「人間は物質的な身体と永遠なる魂でできている」と説いたと述べられており，続く第3文（Animals, by contrast, ...）で「対照的に，動物には体しかなかった」と述べられ，さらに第4文（They were soulless ...）で「動物は魂を持たない機械であった」という情報が加えられている。ここから人間と動物が異なる存在であるとデカルトが述べていたことがわかるので，エが正解。ア「動物は売買されるべきではないと彼は言った」と，イ「子供たちは動物と触れ合うべきだと彼は言った」に関する内容は，デカルトの発言としては述べられていない。ウ「動物の魂はその物質的な体の一部であると彼は主張した」は，上記の第 3，4 文の内容に矛盾する。

⑶「話者によると，工業時代に何が起こったか」

正解は**ウ「子供たちが動物を真似て作ったものとより多くの時間を過ごした」**。第 4 段落第 6 文 (In the Industrial ...) で「本物そっくりの動物のおもちゃが人気を博していた」と述べられており，続く第 7 文 (Children rode rocking-horses ...) で「子供たちは本物のような特徴を持った揺り木馬に乗り，見た目も感触もほぼ本物のクマ，トラ，およびウサギのぬいぐるみと一緒に寝た」と述べられていることから，子供たちが動物の模造品と多くの時間を過ごしたことがわかるのでウが正解。ア「子供たちが外で遊んで過ごす時間が減った」，イ「動物園が自然により似せて作られ始めた」，エ「動物園が文学や芸術作品の中により頻繁に登場するようになった」はいずれも述べられていない。

⑷「話者によると，20 世紀には何が起こったか」

正解は**エ「動物のおもちゃと漫画のキャラクターが人間的な特徴を与えられた」**。第 5 段落第 1 文 (The Twentieth Century ...) で「動物が人へと転換された」と述べられていることに一致する。また同段落第 3 文 (Where parents and ...) に「人のように見え，人のようにふるまう動物を欲しがった」と具体説明がなされている部分からもわかる。ア「人々がペットとしてかわいい動物を好むようになった」，イ「人々がペットを子供のように扱うようになった」，ウ「動物のおもちゃと漫画のキャラクターが大きな商売になった」はいずれも述べられていない。

⑸「話者によると，動物園から私たちは何を学ぶことができるか」

正解は**ウ「本物の自然は私たちが想像している自然とは異なるということ」**。最終段落第 2 文 (Encountering genuine animals ...) で「本物の動物に出会うことで，強い説得力をもって想像と現実の隔たりに気づかされる」とあり，続く最終文 (When we come ...) で「動物園で本物の動物と直面すると，おそらく私たちは，動物だけでなく自然界全体と自分たちのもつ真の関係を思い出すだろう」とあることから，動物園を訪れることで，自分たちの想像する動物・自然と現実の動物・自然の違いを認識することができるという内容が掴め，ウが正解。ア「動物は自然から私たちへの贈り物であるということ」だが，最終段落第 1 文 (But perhaps that ...) で gift「贈り物」とは述べられているものの，「動物」が贈り物でも「自然からの」贈り物でもないため不適。イ「私たちは動物だけでなく自然すべてを保護する必要があるということ」だが，最終段落最終文 (When we come ...) に「動物だけでなく自然界全体」とは述べられてはいるものの，「保護する必要がある」とは述べられていないので不適。エ「人の命と自然は同じ現象の２つの側面である」は述べられていないため不適。

解 答

(1)－ウ　(2)－エ　(3)－ウ　(4)－エ　(5)－ウ

3 (B) スクリプト

Host: The news that the next world's fair will be held in Milan, Italy, in 2015 started us wondering about the history and purpose of world's fairs. So we invited historian Rose Lillian to our studio to hear more about them. Dr. Lillian, thank you for coming.

Lillian: Thank you for inviting me.

Host: Now, the world's fair, the idea behind these expositions, or expos, is almost medieval in origin, isn't it?

Lillian: Well, trade fairs have certainly been around for a long time. Medieval trade fairs were basically chances to buy and sell goods that were easily transported from place to place: you know, textiles, spices, leather, that kind of thing. But in England and France in the Nineteenth Century, a few things changed. Firstly the focus shifted to showing off new technologies. On top of that, the atmosphere became more like a carnival, with public entertainment and rides. Finally, and crucially, national governments became involved in the planning and funding. The end result of this process was the Crystal Palace Exhibition in London in 1851.

Host: London in 1851. What made that fair so special?

Lillian: Well, it was far more than a trade fair, and it's been the model for world's fairs ever since. Of course, advertising and selling are still a large part of it, but expos since 1851 have been as much about education, conveying values, and shaping plans for the future as they've been about the promotion of goods. When U.S. President Franklin Roosevelt spoke at the 1939 New York World's Fair, he described that event as a tribute to technology and innovation. And that's been true of most of the modern fairs.

Host: Can you give us some examples?

Lillian: Oh, there are so many. We can start with the light bulbs shown by Thomas Edison at the International Exhibition of Electricity in Paris in 1881. We can move forward to the first American television broadcasts, from that 1939 fair in New York. Or the moving sidewalks that first became widely known at Expo '70 in Osaka. World's fairs have been terrifically important for promoting technological advances.

Host: Well, jump forward to Milan next year. We live in times when even satellite television is old technology compared to the Internet. Who needs a world's fair and what could possibly be seen in Milan that a thousand times more people can't learn about online?

Lillian: Well, that's a very good question. I would say, first of all, I think many people believe world's fairs no longer exist. But the last expo held in China in 2010 is proof to the contrary. More than 70 million people actually went to that fair in Shanghai. Its theme was building better cities for tomorrow. And there were some extraordinary exhibits on things like construction technologies and environmental protection. And there were many innovative buildings with fantastic, exciting designs.

Host: But can we still expect world's fairs to show us something new and fascinating?

Lillian: I think what we expect from world's fairs probably has less to do with specific technologies than with the overall impact. There's something about actually being at these fairs that you can't get from the Internet. You can certainly look at photographs and videos, but it's the difference between watching your favorite sports team on TV and actually being in the stadium. That experience, in many ways, is just so overwhelming, and that's why people continue to love going to world's fairs.

Host: Well, Dr. Lillian, thank you very much for talking with us.

Lillian: Oh, it's been my pleasure. Thank you so much.

Host: That's historian Rose Lillian. She's a scholar of world's fairs.

全訳

司会者：次の万国博覧会が2015年にイタリアのミラノで行われることになるというニュースがきっかけで，私たちは万国博覧会の歴史と目的について知りたいと思うようになりました。そこで私たちは，それらについてより詳しくお聞かせいただくために歴史家のローズ・リリアンさんをスタジオにお招きしました。リリアン博士，お越しくださってありがとうございます。

リリアン：招いていただいてありがとう。

司会者：さて，万国博覧会ですが，これらの博覧会，つまり万博の裏にある考えは，ほぼ中世にその起源を持つのですよね？

リリアン：ええと，見本市というものは確かに長い間存在し続けています。中世の見本市は基本的に場所から場所へと容易に運ぶことができる商品を売買する機会でした。ほら，織物とか，香辛料とか，皮革とか，そういった類のものです。ですが，19世紀のイングランドおよびフランスにおいて，いくつかのことが変わりました。はじめに，新しい科学技術を見せびらかすことへと焦点が移りました。その上，大衆向けの娯楽と乗り物で雰囲気がむしろカーニバルに近いものになりました。最後に，そして極めて重大なことに，諸国の中央政府が計画と資金提供に関わるようになりました。この過程の最終結果が1851年のロンドンで行われた水晶宮博覧会でした。

司会者：1851年のロンドンですね。その博覧会はどうしてそれほど特別だったのですか？

リリアン：ええと，それは見本市をはるかに凌駕するものでしたし，それ以降の万国博覧会の原型となっています。もちろん，宣伝と販売は今でも大きな一部ですが，1851年以降の博覧会は商品の販売促進に関することであるのと同じくらい，教育，価値観を伝えること，および未来への計画を形成することに関することであり続けてきました。アメリカ大統領のフランクリン・ルーズベルトが1939年のニューヨーク万国博覧会で演説をしたとき，彼はそのイベントを，科学技術と技術革新のすばらしさの証であると表現しました。そして，それは現代の博覧会の大半に当てはまるものです。

司会者：いくつか例を挙げていただけますか。

リリアン：ああ，とてもたくさんありますよ。はじめに，1881年にパリ国際電気博覧会でトーマス・エジソンが発表した白熱電球を挙げることができます。次に，あの1939年のニューヨーク博覧会でのアメリカ初のテレビ放送へと時を先に進むことができます。または，1970年の大阪万博で初めて広く知られるようになった動く歩道もあります。万国博覧会は科学技術の進歩を推進する上でものすごく重要であり続けてきました。

司会者：それでは，来年のミラノの話へと進みましょう。私たちは，衛星放送でさえインターネットに比べれば古い技術である時代に生きています。万国博覧会は誰にとって必要で，ミラノではその場にいる人が，そこにいない1000倍多くの人々がオンライン上で知ることができない何をひょっとすると見ることができるでしょうか？

リリアン：ええと，それはとても良い質問ですね。そうですねぇ，まず万国博覧会はもう存在しないと多くの人々は思っていると私は考えています。しかし，2010年に中国で催された一番最近の万博が，そうではないことを示す証拠です。7千万人を超える人が実際に上海でのその博覧会に来場しました。その万博のテーマは明日のためにより良い都市を築き上げることでした。そして，建設技術や環境保護のようなものに関するいくつかの並外れてすばらしい展示がありました。そして，すばらしくて，わくわくするような設計の，革新的な建造物も数多くありました。

司会者：ですが，今でも万国博覧会が何か新しくて魅力的なものを見せてくれることを期待できるでしょうか？

リリアン：私たちが万国博覧会に期待することは，おそらく具体的な科学技術というよりもむしろ総合的な影響力に関することだと思います。実際にこれらの博覧会の会場にいることに，インターネットからは得られない何かがあるのです。確かに写真や動画を見ることはできますが，それは，お気に入りのスポーツチームの試合をテレビで観るのと実際にスタジアムにいることの違いと同じです。多くの点で，その経験はまさに私たちを大きく圧倒するものであり，それが理由で人々はずっと万国博覧会に行くのが大好きなのです。

司会者：それでは，リリアン博士，私たちとお話いただき誠にありがとうございました。

リリアン：ええ，どういたしまして。本当にありがとう。

司会者：歴史家のローズ・リリアンさんでした。彼女は万国博覧会が専門の学者です。

考え方

(1)「リリアン博士は中世の見本市について次のうちのどれに言及していないか」

正解は**イ「それは同じ場所で定期的に開催された」**。リリアン博士は，2つ目の発言の第2文 (Medieval trade fairs ...) で中世の見本市について述べているが，同じ場所で開催されたということは述べていない。ア「それは容易に運搬できる品物に焦点を当てたものだった」とウ「その主な目的は商品を売買することだった」は「場所から場所へと容易に運ぶことができる商品を売買する機会でした」と述べられている。

エ「その商品には織物，香辛料，および皮革が含まれていた」は「ほら，織物とか，香辛料とか，皮革とか，そういった類のものです」と述べられている。

(2)「リリアン博士によると，次のうちのどれが19世紀の博覧会の特徴を述べているか」

正解は**イ「諸国の中央政府は博覧会の後援をするのに一役買った」**。19世紀の博覧会については，リリアン博士の2つ目の発言の第3文 (But in England ...) から最終文 (The end result ...) にかけて述べられているが，第6文 (Finally, and crucially, ...) に「諸国の中央政府が計画と資金提供に関わるようになりました」とあることから，イが正解。ア「最も大きな博覧会はロンドンで行われた」は，最終文に「この過程の最終結果が1851年のロンドンで行われた水晶宮博覧会でした」と述べられてはいるが，「最も大きい」とはどこにも述べられていないので不適。ウ「商品を宣伝するのにエンターテイメントがますます用いられた」は，第5文 (On top of ...) に「大衆向けの娯楽と乗り物で雰囲気がむしろカーニバルに近いものになりました」と述べられてはいるが，「商品を宣伝するために」とは言っていないので不適。エ「新しい商売の方法が売買の手法を変えた」については述べられていない。

(3)「リリアン博士は，万国博覧会で推進されたものとして次の科学技術のうちどれに言及していないか」

正解は**ア「衛星」**。リリアン博士は4つ目の発言で，万国博覧会で推進された科学技術について述べているが，衛星については言及していない。ちなみに司会者の5つ目の発言に「衛星放送」という言葉は出てくる。イ「テレビ」は第3文 (We can move ...) で「アメリカ初のテレビ放送」と言及されている。ウ「電気照明」は第2文 (We can start ...) で「トーマス・エジソンが発表した白熱電球」と述べられている部分がこれに相当すると考えられる。エ「動く歩道」は第4文 (Or the moving ...) で言及されている。

(4)「リリアン博士によると，2010年の上海万博は何を証明したか」

正解は**ア「万国博覧会は今でも人気であるということ」**。リリアン博士は5つ目の発言で2010年の上海万博について言及している。第2文 (I would say, ...) で「万国博覧会はもう存在しないと多くの人々は思っていると私は考えています」と述べておいて，続く第3文 (But the last ...) で「しかし，2010年に中国で催された一番最近の万博が，そうではないことを示す証拠です」と述べ，さらに第4文 (More than 70 ...) で「7千万人を超える人が実際に上海でのその博覧会に来場しました」と述べている。ここから，万博が今でも人気であることがわかるのでアが正解。イ「万国博覧会は今でも利益を生みうるということ」だが，利益に関することは述べられていない。ウ「万国博覧会は環境によいということ」は，第6文 (And there were ...) に，環境保護に関するすばらしい展示があったということは述べてはいるが，万国博覧会自体が環境によいとは言っていない。エ「万国博覧会は国家間の理解を促進しうるということ」に関することも述べられていない。

(5) 「リリアン博士によると，人々が万国博覧会に行くのを楽しみ続けている主な理由は何か」

正解は**ア「経験全体がとても心動かされるものだと感じるから」**。リリアン博士が6つ目の発言の最終文 (That experience, in ...) で「その経験はまさに私たちを大きく圧倒するものであり，それが理由で人々はずっと万国博覧会に行くのが大好きなのです」と述べているのでアが正解。同じ発言の第1文で「総合的な影響力」と述べているので「経験全体」という部分も正しい。イ「多くの他の人々とそこに行くことを楽しむから」は，「多くの他の人々」については述べられていないので不適。ウ「最新技術を非常に魅力的と感じるから」は，同じ発言の第1文に「私たちが万国博覧会に期待することは，おそらく具体的な科学技術というよりもむしろ総合的な影響力に関することだ」と述べているので不適。エ「メディアを通じてすでに見たことをじかに見るのを楽しむから」は，同じ発言の第3文にメディアで見ることに関することは述べられているが，メディアですでに見たものをその後じかに見るとは述べられていないので不適。

解答

(1)－イ	(2)－イ	(3)－ア	(4)－ア	(5)－ア

3 (C) スクリプト

Ashley: Victor, did you see the Weekly Bushiness Report on TV last night? They showed a documentary called "How to Get Ahead in Business."

Victor: No, Ashley, I had to work.

Ashley: Work? On a Sunday night? That's one of the things they talked about—heartless bosses who make their employees work too hard.

Victor: That's not what happened. My boss is a nice guy. He let me work last night so I could take today off!

Ashley: So, maybe your boss is okay. But psychologists studied hundreds of top executives, and guess what? Many had aggressive, self-centered personalities. Basically, they didn't care about other people.

Victor: But don't leaders have to treat people well to build connections and get others to follow them?

Ashley: That's what I thought, too, but not always. I guess those unpleasant characteristics sometimes help people climb the ladder of success. The psychologists showed that a lot of executives aren't very honest, rarely admit they're wrong, think they're better than others, never feel guilty. And they've succeeded because of those characteristics, not in spite of them! For example, one thing that really helped their careers is they don't feel sympathy for others.

Victor: Sympathy?

Ashley: Right, sympathy. Like, when I told you my dog died, you were as sad as I was.

Victor: I know. I felt terrible. But that's just natural. You're my best friend, Ashley!

Ashley: Well, it wouldn't be natural for a lot of those bosses, Victor. They'd just tell you to stop feeling sorry for yourself and get back to work!

Victor: That would make me feel even worse. I couldn't work for someone like that; I might even quit.

Ashley: Anyway, the documentary said being self-centered and over-confident helps people make quick, strong decisions and motivate others. It helps them get things done.

Victor: But what if those quick, strong decisions are bad decisions? And don't good bosses have to respect their employees? You work harder if you feel respected and you work less if you don't.

Ashley: Well, some of those executives are very charming and clever—they have a way of making people feel respected even when they're being pushed to the limit or asked to make sacrifices for the company. They convince employees that it's in their own best interest.

Victor: I don't care how charming your boss is, you're still not going to be happy if he asks you to work late all the time or reduces your salary!

Ashley: You'd be surprised. Some people are so good at making others think what they want them to think. People like that usually get their own way. That's why they get promoted, and the nice guys get left behind.

Victor: That sounds awful! Maybe that's what's wrong with businesses today—not enough nice people at the top who honestly care about others.

Ashley: Well, the documentary did mention one big problem. All those unpleasant characteristics can help someone succeed, but when people like that make it to the very top and then make bad or selfish decisions, there's no way to bring them under control, and the whole company can be destroyed.

Victor: I can imagine. But somehow my nice boss made it to the top and our company is doing just fine.

Ashley: Lucky you! Hey, next week is about companies where the workers and managers make decisions together. They call that "shared governance." Don't work so you can watch it with me!

全訳

アシュリー：ヴィクター，昨夜テレビでウィークリー・ビジネス・レポートを見た？その番組で「仕事で成功するには」というドキュメンタリーを放送していたの。

ヴィクター：いや，働かないといけなかったんだよ，アシュリー。

アシュリー：働く？　日曜日の夜に？　それも話題の１つだったわ。従業員を働かせすぎる心ない上司たちのことよ。

ヴィクター：そんなことは起こっていないよ。僕の上司はいい人なんだ。彼は僕が今日休みをとれるように昨夜働かせてくれたんだ。

アシュリー：それならたぶん，あなたの上司は大丈夫なのね。でも心理学者たちは何百人ものトップにいる役員たちを研究して，それでどうだったと思う？多くの人が粗暴で，自己中心的な性格だったのよ。基本的に，彼らは他の人たちのことはどうでもいいと思っていたの。

ヴィクター：けどリーダーたちは，人脈を築いたり他の人たちを自分に従わせるために人をうまく扱わないといけないんじゃないのかな？

アシュリー：私もそう思ったけど，実際はいつもそうとは限らないの。どうやらそういった嫌な性格が時には人が出世の階段を昇る手助けとなるみたいね。心理学者たちが示したところだと，多くの役員たちはあまり誠実でなく，自分が間違っていると認めることはめったになく，自分が他者より優れていると考えていて，罪悪感を感じることがないの。そして彼らが成功しているのはそういった性格のおかげであって，そういった性格をものともせずに，というのではないのよ！　例えば，彼らの出世を本当に助けたものの１つは，他の人に同情を感じないということなの。

ヴィクター：同情だって？

アシュリー：そうよ。同情よ。例えば，私があなたに私の飼っている犬が亡くなったと伝えたとき，私と同じぐらい悲しんでくれたでしょ。

ヴィクター：そうだね。ひどい気持ちだったよ。でもそれって自然なことでしかないよね。だって君は僕の親友だろ，アシュリー。

アシュリー：でもね，それら多くの上司たちにとっては当然なことではないでしょうね，ヴィクター。彼らは単に，自分をかわいそうだと思うのをやめて仕事に戻るようにと命令するでしょうよ！

ヴィクター：そんなこと言われたら一層悪い気持ちになるだろうな。そんな人のためには働けないだろうね。仕事を辞めさえしてしまうかもしれないよ。

アシュリー：ともかく，そのドキュメンタリーの言うところでは，自己中心的で自信過剰であることが，素早くて強い決断を下し，他者のモチベーションを上げる助けになるのよ。そうあることが物事を実行する手助けとなるの。

ヴィクター：でも，そういった素早くて強い決断が悪い決断だったらどうなんだい？それによい上司は従業員のことを尊重しないといけないんじゃないの？尊重されていると感じればより一生懸命働くし，そうじゃなかったら働く量は減るよね。

アシュリー：ええと，それら役員たちの一部はとても魅力的で賢いの。人々が限界まで無理をさせられていたり，会社のために犠牲を払うよう求められている場合でさえ，自分が尊重されていると感じさせるところがあるのよ。それらの役員たちは，従業員たちにそうするのが最も自分たちのためになると納得させるの。

ヴィクター：上司がどれだけ魅力的かなんてどうだっていいよ。そうだったとしても，その上司がいつも遅い時間まで働くよう要求したり給料を減らすようだったら嬉しくないだろう！

アシュリー：あなた驚くでしょうよ。世の中には自分が考えてほしいと思うことを他者に考えさせることがとっても上手な人がいるのよ。そのような人は，普通自分がやりたいようにできるの。そういうわけで彼らは昇進し，いい人達は後に取り残されるの。

ヴィクター：それはひどく聞こえるね。もしかするとそれが今日の企業のおかしなところかもしれない。他者のことを誠実に大切に思ういい人がトップに十分いないんだ。

アシュリー：ええと，そのドキュメンタリーではある1つの大きな問題に触れていたわ。それらの嫌な性格すべてが人を成功させる助けとなりうるのだけど，そのような人がまさに頂点まで昇りつめて，それから悪い，あるいは自分勝手な決断を下したら，その人たちを抑制する方法がなくて，会社全体が破滅させられることがありうるの。

ヴィクター：想像できるよ。でもどういうわけか，僕の良い上司はトップに昇りつめ，僕たちの会社はまったくもってうまくやっているよ。

アシュリー：あなた本当に運がいいわね。ねえ，来週は従業員と経営者が一緒に決断を下す会社についての番組なのよ。それは「共同運営」と呼ばれているの。私と一緒に観られるように働かないでね。

考え方

(1)「アシュリーとヴィクターは会話をしている。それは何曜日か」

正解は**ウ「月曜日」**。アシュリーの1つ目の発言の第1文 (Victor, did you ...) に「昨夜テレビでウィークリー・ビジネス・レポートを見た？」とあり，番組を見ることができなかったヴィクターに対して次の2つ目の発言の第1，2文 (Work?　On a ...) でアシュリーは「働く？　日曜日の夜に？」と述べている。ここから会話をしている時点は次の日の「月曜日」になる。他の選択肢はそれぞれア「土曜日」，イ「日曜日」，エ「不明」。

(2)「ヴィクターは上司の嫌な性格がもたらす悪い結果をいくつか特定している。次のうちヴィクターが言及していないのはどれか」

正解は**エ「従業員が不誠実になるかもしれない」**。ヴィクターはこれに関することをまったく述べていない。ア「従業員が辞めてしまうかもしれない」は，ヴィクターの6つ目の発言の第2文 (I couldn't work ...) に「そんな人のためには働けないだろうね。仕事を辞めさえしてしまうかもしれないよ」とある。これはヴィクター自身のこととして述べられているが，一般的な従業員にも同様のことが当てはまる発言と捉えることができる。イ「従業員が働く量が減るかもしれない」およびウ「従業員が尊重されていると感じないかもしれない」は，ヴィクターの7つ目の発言の第2文 (And don't good ...)，および最終文 (You work harder ...) に「それによい上司は従業員のことを尊重しないといけないんじゃないの？　尊重されていると感じればより一生懸命働くし，そうじゃなかったら働く量は減るよね」とあることから，上司が嫌な性格だと従業員が尊重されていないと感じ，働く量が減るかもしれないということが掴める。

(3)「アシュリーによると，一部の雇用主はどのようにして従業員に進んで犠牲を受け入れさせるか」

正解は**ア「魅力的で賢くあることで」**。アシュリーの8つ目の発言の第1文 (Well, some of ...) に「それら役員たちの一部はとても魅力的で賢いの。人々が限界まで無理をさせられていたり，会社のために犠牲を払うよう求められている場合でさえ，自分が尊重されていると感じさせるところがあるのよ」とあることから，これが正解。他の選択肢はそれぞれ，イ「親しみやすく利己的でないことで」，ウ「決断力があり，他者を尊重することで」，エ「過酷な要求をし，粗暴であることで」だが，イおよびウの「他者を尊重する」はアシュリーの述べている上司の性格ではないし，エも従業員に進んで犠牲を受け入れさせる根拠としては述べられていないのですべて不適。

(4)「ヴィクターによると，次のうちどれが今日の一部の企業のおかしなところを解決する策となるかもしれないか」

正解は**エ「より多くの本当に良い役員たちを上級経営者へと招くこと」**。ヴィクターの9つ目の発言の第2文 (Maybe that's what's ...) に「もしかするとそれが今日の企業のおかしなところかもしれない。他者のことを誠実に大切に思ういい人がトップに十分いないんだ」とある。これは他者のことを誠実に大切に思ういい人がトップに十分多くいれば問題が解決されるということを述べているに等しいので，エが正解。ア「より良い経営技術を持つよう役員たちを訓練すること」，イ「トップの役員たちの行動を制限するシステムをつくること」，ウ「従業員と経営者に会社の所有権を共有させること」に関してはどれも述べられていない。

(5)「来週のテレビ番組のテーマは何だろうか」

正解は**エ「企業における意思決定の方法」**。アシュリーの最後の発言の2文目 (Hey, next week ...) に「ねえ，来週は従業員と経営者が一緒に決断を下す会社についての番組なのよ」とあるのでこれが正解。他の選択肢はそれぞれ，ア「労働者の権利」，イ「政治と政府」，ウ「どのように親切な人々が仕事で成功できるか」。

解答

(1)－ウ	(2)－エ	(3)－ア	(4)－エ	(5)－エ

2013年

音声ファイル

13_01～13_03

2013

3 (A) スクリプト

When did the concept of "home" become so important to the human mind? Is our sense of home instinctive? That is, are we programmed by nature to attach special meaning to a particular place, as if it were somehow part of us? Or is "home" a concept that slowly emerged after our ancestors stopped wandering and adopted a settled way of life? We don't know the answers to those questions yet. But whatever home was originally, it's now a way of organizing space in our minds. Home is home, and everything else is not-home. That's the way our world is constructed.

Homesick children know how sharp the boundary between home and not-home can be, because they suffer from the difference. I know because I was one of them. In the small town where I grew up, I usually felt close to everything. Then, at the age of eight, I went to spend the night with a friend who lived a few blocks away. As we lay in our beds and I listened to the cars going by and the wind blowing through the trees, the town around me seemed alien. Something was missing. Something was wrong. And yet, when I returned home the next morning, it was as if nothing had happened. Home was just as it always was. And that's the point: Home is a place so familiar that you don't even notice it. It's everywhere else that takes noticing.

The ease of travel has made the concept of home more complicated. If you visit Tahiti or Bangalore ore Vancouver, after a few days you may say that you have started to feel at home. But that just means that the not-homeness of the place has decreased since you first arrived. There's a big difference between feeling at home and being home. If you continue to live there for a year or two, at some point the place might really become your home. Or you might live there for decades and still miss your true home far away.

Just as we can sometimes gain a new home, it's also possible to lose our homes. Sometimes that loss is only temporary. Perhaps you remember a moment, coming home from a trip, when the house you call home looked like just another house on a street full of houses. For a fraction of a second, you could see your house as a stranger might see it. But then the illusion faded and your house became home again. Home is a place we can never see with a stranger's eyes for more than a moment.

Home can also be lost forever. When my grandfather died, my parents and I went to his house, as we had done so many times before. Everything looked the same as when he had been alive, but everything was different. It was as though something had vanished from every object in the house. They had become mere objects. The person whose heart and mind could bind them into a single thing had gone. That house was no longer a home.

Today's world is marked by extraordinary mobility and change. Yet, despite these changes, or perhaps because of them, the idea of home seems more important than ever. Whether the concept of home is instinctive or created, nothing is more natural to our minds than to try to make ourselves at home in the world.

全訳　「家」という概念は，人間の精神にとって，いつ重要になったのだろうか。私たちのもつ，家という感覚は本能によるものだろうか。つまり，私たちはある特定の場所に，それがあたかも自分たちの一部であるかのように，特別な意味を付与するべく生まれつきできているのだろうか。あるいは「家」とは，私たちの祖先が放浪するのをやめ，定住する生活様式を選んだ後にゆっくりと現れた概念なのだろうか。私たちはそれらの疑問に対する答えをまだ知らない。しかし，家が元々どのようなものであったにせよ，それは今では私たちが頭の中で空間を編成する１つの方法である。家は家であり，その他すべてのものは家でない場所であった。そのようにして私たちの世界は構成されているのである。

ホームシックになった子供たちは，家と家でない場所の境界がいかに鮮明になりうるかを知っているが，それは彼らがその違いに苦しむからだ。自分もその１人だったので私にはそれがわかる。私が育った小さな町では，日ごろ私は全てのものに親しみを感じていた。その後，８歳の時に，私は数ブロック先に住んでいる友人の所にその日の夜を一緒に過ごしに行った。２人ともベッドに横になり，車が通り過ぎたり風が木々の間を吹き抜ける音を私が聞いていたとき，自分の周りの町が異質なものに思えた。そこには何かが欠けていた。何かが間違っていた。にもかかわらず，明朝家に戻ると，まるで何も起こらなかったようだった。家は全くいままでどおりだった。そして，それが肝心な点である。家はあまりになじみがあるがゆえに，それに気づきさえしない場所なのだ。気づくことが必要なのは，その他すべての場所である。

旅行が容易になったことで，家という概念はより複雑なものになった。タヒチやバンガロールやバンクーバーを訪れると，数日後にはくつろぎはじめてきたと言うかもしれない。しかし，それはその場所が家でないという感覚が，到着した最初の時点から減少したということを意味するだけである。くつろぎを感じることと家にいることの間には大きな違いがある。1年か2年そこに住み続けると，ある時点でその場所は，本当にその人の家になるかもしれない。または，何十年もそこに住んでも，依然として遠くにある本当の家を恋しく思うかもしれない。

新しい家を得ることが時にありうるのと同様に，家を失うこともまたありうる。その喪失は一時的なものでしかない場合もある。旅行から帰ってきて，自分が家と呼んでいる家屋が，住宅がたくさんある通りの別の家屋と全く同じように一瞬見えた時のことをあなたはおそらく覚えているだろう。一瞬の間，あなたは自分の家を，他人の眼差しで眺めることがあるのである。しかしその後，その幻覚は薄れていき，あなたの家屋は再び自分の家になる。家とは，我々が他人の目では一瞬しか決して見ることができない場所のことである。

家は永遠に失われることもありうる。祖父が亡くなったとき，両親と私はそれまでに何度もしてきたように彼の家に行った。全てのものは彼が生きていた時と同じに見えたが，全てが違っていた。それはまるで家中のあらゆる物から何かが消えてしまったかのようだった。それらは単なる物になってしまったのだ。それらをひとつのものにまとめることができる心と精神を持った人がいなくなってしまったのである。その家屋はもはや家ではなかった。

今日の世界は，並外れた可動性と変化によって特徴づけられている。しかし，これらの変化にもかかわらず，あるいはひょっとするとそのせいで，家という概念はこれまでないほどに重要だと思われる。家という概念が本能的なものであろうが作られたものであろうが，世界の中でくつろいで過ごそうとすることほど我々の精神にとって自然なことはない。

考え方

(1)「話者は『家』の概念についてどう述べているか」

正解はイの**「それは私たちの頭が空間を編成する1つの方法である」**。第1段落第6文 (But whatever home was ...) の内容に一致する。他の選択肢の意味はそれぞれ次の通り。ア「それは時間をかけ，ゆっくりと現れた」，ウ「それは人間性の本能的な部分である」，エ「それは『家ではない』という概念と実際には同じである」。

(2)「話者がある友人宅に滞在し家に戻ったとき，自分の家についての見方はどのように変わっていたか」

正解はイの**「自分の家についての見方は変わっていなかった」**。第2段落第9文 (Home was just as it always was.) の内容と一致。アは「自分の家はもはや異質であるように思えた」の意。第2段落第7文 (Something was wrong.), 及び第8文 (And yet, when ...) の内容に反するので不可。ウは「家から何かなくなっているかのように思えた」の意。本文中に該当する内容がないので不可。エは「彼は自分の家の中でそれ以前には全く気づいていないものに気づいた」の意。第2段落の最後の2つの文で「家は気づかないところ。いろいろなことに気づくのは家以外のところ」と述べられていることに反するので不可。

(3)「話者によると，正しいものは次のうちどれか」

正解はウの**「たとえある場所に20，30年暮らしても，自分の家はまだ他のところにあると感じる場合がある」**。第3段落最終文 (Or you might ...) で「そこで何十年か暮らしても，遠く離れたところにある家を恋しく思うことがある」と述べられていることと一致する。アは「どこかに滞在する期間が長ければ長いほど，そこが自分の家になる可能性は高くなる」の意。第3段落第5文 (If you continue to ...) で「1，2年暮らし続ければ，ある時点でその場所が本当に自分の家になるかもしれない」とは述べられているが，「年数が増えれば増えるほどその可能性が高まる」とまでは述べられていないので不可。イの「くつろいだ気分にさせてくれるのは，場所の雰囲気であってそこで過ごした時間の長さではない」と，エの「しばらく滞在すれば世界中のどこでもくつろいだ気分になることはできるが，それは単に自分の本当の家を忘れ始めたからに過ぎない」は，本文中に該当する内容が述べられていないので不可。

(4)「家の恒久的な喪失の例として指摘されているものは次のうちどれか」

正解はイの**「所有者の死」**。第5段落で話者の祖父が死んだ結果，それがもはや「家」ではなくなってしまったと述べられていることが根拠。他の選択肢の意味はそれぞれ次の通り。ア「新たな場所への移住」，ウ「別の家族と住むことになること」，エ「自分の家を，初めて訪れた人のように見ること」。

(5)「話者によると，今日の世界での家という概念を表しているものは次のうちのどれか」

正解はエの**「それは以前よりさらに重要だと思われる」**。最終段落第2文 (Yet, despite these changes, ...) の内容と一致。アの「家はその価値を失いつつあるように思われる」は，本文とは正反対の内容であり不可。イの「それは多くの力によって脅かされているように思われる」，ウ「それは自らの意義を変えつつあるように思われる」は，いずれも本文では触れられていないことであり不適。

解 答

(1)－イ　(2)－イ　(3)－ウ　(4)－イ　(5)－エ

3 (B) スクリプト

Committee Chair: Good afternoon, members of parliament and ladies and gentlemen. I would like to begin the March 2012 meeting of the Economic Development Committee. Today, Dr. Chantelle Lago will make a presentation on behalf of the Natural Resources Industry Council. Dr. Lago, would you please begin?

Lago: Thank you, Mr. Chairperson. It's a great honor to speak before the committee today.

As you know, our country's economy has been declining over the past ten years. Unemployment has been rising, while exports, business profits, and tax revenues have been falling. This trend is partly due to global circumstances beyond our control, but it is also the result of our aging industries and out-of-date business models. Twenty or thirty years ago, an economic policy based on agriculture and shipbuilding raised our country to its highest level of prosperity and made it one of the richest in the region. But today we face severe competition from countries with cheaper labor. We are not likely to regain our advantage in those areas, so we must find a new engine of economic growth.

Today, I want to call your attention to a source of development that could revive our economy. I'm referring to the vast natural resources that lie beneath the surface of the ocean. Over seventy percent of our planet is covered with water. But, ironically, we know less about those deep sea environments than we do about the surface of the moon. What we do know, however, suggests that great wealth is waiting for those who have the vision and ability to harvest it. Let me give just two examples.

First, the bottom of the sea has huge fields of what are called polymetallic nodules. Polymetallic nodules are rocks, each about the size of a potato, that contain rich concentrations of nickel, aluminum, zinc, gold, silver, and platinum. These fields are usually located at depths of four to six kilometers, where nodules sometimes cover as much as seventy percent of the ocean floor.

Even more exciting are the areas around what are called hydrothermal vents. These are openings in the ocean floor through which hot water, rich in valuable metals, is shot into the ocean. As the water cools, it covers the seabed with high quality metals, including copper, lead, silver, zinc, and gold. In addition to precious metals, these vents also generate heat that could be captured and used as energy to reduce our consumption of oil, gas, and nuclear power. Undersea exploration is just beginning, but hundreds of these vents have already been discovered.

With our advanced shipbuilding industry, we are in a unique position to capture the mineral and energy resources waiting for us at the bottom of the sea. On behalf of the Natural Resources Industry Council, I urge the government to spend money now so that we can develop the ships, robots, and other technology needed to harvest those resources. If we lead the way in this industry, the riches of the ocean will make our country rich again.

Thank you for your attention.

全訳

委員長：こんにちは，議員のみなさん。経済開発委員会の2012年3月の会合を始めます。今日は，天然資源産業審議会を代表して，シャンテル・ラゴ博士が，説明をしてくださいます。ラゴ博士，始めていただけますか？

ラゴ：委員長，ありがとうございます。本日，委員会の皆さまにお話しすることができてとても光栄です。

ご存じのように，我が国の経済は，ここ10年，右肩下がりを続けています。失業率が増加する一方で，輸出，企業利益および税収は落ち込んでいます。この傾向の原因としては，グローバルな状況が我々の手に負えないということもありますが，産業が老朽化し，ビジネスモデルが時代遅れになった結果だということもあります。20，30年前に，農業と造船を基盤とした経済政策が，我が国を未曾有の繁栄へと押し上げ，地域有数の豊かな国へと変貌させました。しかし，我が国は今日，より安価な労働力を持つ国々からの厳しい競争に直面しています。前述の産業分野では，我が国の優位を取り戻す見込みは少なく，それゆえ，経済成長の新たな原動力となる分野を見つけなければなりません。

今日は我が国の経済を再生する可能性のある開発資源に対して，皆さま方の注意を喚起したいと思います。取り上げますのは，海面下に存在する膨大な天然資源です。地球の70％以上は，水に覆われています。しかし，皮肉なことに，こういった深海の環境についての我々の知識たるや，月の表面についての知識にも劣るものです。しかしながら，そのわずかな知識によりますれば，先見の明を持ち，収穫する力を持つ人々にとっては，大いなる富が待ち受けているのです。２点ほど，例を挙げさせていただきます。

第一に，海洋底には，いわゆる多金属性の団塊の巨大な鉱床があります。多金属性の団塊と申しますのは岩石でありまして，１つ１つはジャガイモほどの大きさです。高濃度のニッケル，アルミニウム，亜鉛，金，銀，プラチナを含有しています。こういった鉱床は，通常の場合，４～６キロの深さに位置しておりまして，ときには，団塊が海床の70％も覆っていることがあります。

それにもまして我々の興味をひきますのは，いわゆる熱水噴出孔の周辺地帯であります。これは海床にある孔でありまして，そこからは，貴重な金属を豊富に含む熱水が，海中に噴き出しております。熱水が冷えますと，海床を高品質な金属が覆うことになりますが，それらの金属には，銅，鉛，銀，亜鉛，金が含まれます。貴金属に加えて，噴出孔は熱も生成しますので，それを捉えてエネルギーとして利用すれば，石油，ガス，原子力の消費を抑えることができます。海底探査は始まったばかりですが，こういった噴出孔がすでに数百，見つかっております。

我が国の造船業の先進性をもってすれば，我々を海底で待ち受けている鉱物・エネルギー資源を取得しうる，随一の立場に我々はおります。天然資源産業審議会を代表して，私は政府の関係者各位に，今こそ資金を投入し，これらの資源を取得するために必要とされる，船，ロボットをはじめとする技術を開発できるようにしていただきたく存じます。この産業分野で優位に立てば，海洋の富は我が国を再度，豊かにしてくれるものでありましょう。

ご清聴ありがとうございました。

考え方

(1)「ラゴ博士によると，以下のうちどれが彼女の国の経済の落ち込みの原因となっているか」

正解はウの**「その国のビジネスモデル」**。ラゴ博士が第2段落第3文で “it is also the result of our ... out-of-date business models” と述べていることと一致する。アは「その国の税制」，イは「その国の貿易協定」，エは「その国の農業の慣習」の意だが，いずれもラゴ博士が経済下降の原因としては挙げていないので不可。

(2)「ラゴ博士の自国の歴史についての説明によると，以下のうちどの時期に経済的に最も栄えたと言えるか」

正解はウの**「1980年代～1990年代」**。ラゴ博士は第2段落第4文で “Twenty or thirty years ago, an economic policy ... raised our country to its highest level of prosperity ...” と述べている。2012年の20～30年前は1980年代から1990年代になる。

(3)**「一部の深海の鉱床では，海底のどのぐらいを多金属の団塊が覆っているか」**

正解はウの**「70％も」**。第4段落最終文で “These fields are usually located at depths of four to six kilometers, where nodules sometimes cover as much as seventy percent of the ocean floor.” と述べていることと一致する。

(4)「貴金属に加え，他のどのような海洋資源をラゴ博士は自国に開発するよう勧めているか」

正解はアの**「熱」**。第5段落第4文で “In addition to precious metals, these vents also generate heat that could be ... used as energy ...” と述べられている。他のイ「バクテリア」やエの「潮力」は本文では触れていないし，ウ「石油とガス」を開発するように勧めてもいない。

(5)「ラゴ博士は，なぜ自国が深海の採掘に成功するのによい立場にいると信じているのか」

正解はウの**「優れた造船業を抱えているため」**。ラゴ博士が最終段落第1文で “With our advanced shipbuilding industry, we are in a unique position to capture the mineral and energy resources waiting for us at the bottom of the sea." と述べていることと一致する。アの「海のそばにあるため」，イの「先進的なロボット技術を持っているため」，エの「強い沿岸採掘産業があるため」は，いずれも深海の採掘に成功すると考えられる理由としては指摘されていないので不可。

解答

(1)－ウ	(2)－ウ	(3)－ウ	(4)－ア	(5)－ウ

3 (C) スクリプト

Chair: Now I'd like to open the discussion among the members of the committee. Representative Passy, would you like to begin?

Passy: Thank you, Mr. Chairperson. First of all, I'd like to thank Dr. Lago for her interesting presentation. I personally agree that we should study the potential of undersea resources. However, I think it's much too early to consider making a large investment now. We need more information about where the mineral and energy resources are most easily obtained, especially in the waters near our coasts. We should spend at least five more years developing detailed maps of the sea floor. Only then should we start thinking about developing actual equipment for recovering those resources.

Chair: Thank you, Mr. Passy. Next, Representative Schoene.

Schoene: I would like to ask Dr. Lago a question. Who owns the rights to valuable resources found beneath international waters? Even if we were to develop the technology to collect those resources, would we have the right to keep them?

Lago: In 1994, the United Nations created an organization called the International Seabed Authority. That organization is now developing guidelines to regulate deep-sea mining in international waters.

Schoene: Has everyone accepted the jurisdiction of the organization? I mean, do all the nations in the UN recognize its authority?

Lago: Well, I mean, I don't have the latest numbers, but most countries do. Everyone in our region does. But yes, it's true that some countries still don't recognize it.

Schoene: Hmm. It seems to me that, without a strong agreement accepted by everyone, there's a danger of serious conflict. We could be asking for trouble.

Chair: Thank you, Mr. Schoene. Finally, Representative Acklyte.

Acklyte: It concerns me that not one speaker has mentioned the environmental impact of deep sea mining. Those hydrothermal vents produce rare and amazing biological systems. There are hundreds of species of bacteria and other living things that were completely unknown just a few years ago. If we dig up the floor around those vents, we'll destroy those systems before we have a chance to study them, before we even know what we're destroying. We have no idea what the impact might be. And those nodule fields, too—it took millions of years for them to form. Once they're cleared away, they'll be gone forever.

Lago: Mr. Chairperson, if I may.

Chair: Go ahead, Dr. Lago.

Lago: Representative Acklyte is correct that deep-sea mining will have some effect on the environment, but I'm confident that we can minimize that impact by using sound techniques and good technology. What's even more important, though, is what's happening right here on land. Our people need jobs, and they can have them if we really commit ourselves to developing these deep sea resources.

Chair: Thank you, Dr. Lago. I'm afraid we're now out of time. We'll continue our discussion at our next meeting in April.

全訳

委員長：それでは，委員会の皆さまの討論を始めたいと思います。パシー議員，まず，お願いできますか？

パシー：わかりました，委員長。まず最初に，ラゴ博士には，興味深い発表をありがとうございました。私個人としましては，海底資源の潜在的可能性を研究すべきだということには賛成です。しかしながら，大規模な資金を現時点で投入することを考えるのは，時期尚早だと思います。特に我が国の近海でどこを採掘すれば鉱物とエネルギー資源が最も容易に取得できるかということにつきまして，いっそうの情報が必要です。海床の詳細な地図を作製するのに，最低でもあと5年は費やすべきでしょう。

その後になってから，これらの資源を回収するための実際の装備を開発することについて考え始めるべきでありましょう。

委員長：ありがとうございます，パシー議員。次に，シューネ議員，いかがですか？

シューネ：ラゴ博士にお尋ねします。国際水域の下に見つかる価値ある資源の所有権は誰に帰属しますか？　もし仮に，そういった資源を取得する技術を我々が開発したとしても，我々には資源の所有権があるのでしょうか？

ラゴ：1994 年に，国連は，国際海底機構という機関を設立しました。この機関が，国際水域における深海採掘を規制するガイドラインを目下作成中です。

シューネ：その機関の権限は，各方面から受諾されているものなのでしょうか？つまりですね，すべての国連加盟国が，権限を認証しているのでしょうか？

ラゴ：それはですね，最新の数字を私は持ち合わせておりませんが，大多数の国々がそうしております。我が国の近隣諸国はすべて含まれます。しかし，そうですね，依然として認証していない国も実際あります。

シューネ：ふーむ。全加盟国から認証された強い合意がなければ，深刻な対立の危険性がありそうですね。問題が生じかねないのでは。

委員長：ありがとうございます，シューネ議員。最後に，アクライト議員，いかがですか？

アクライト：深海採掘が環境に与える影響について，どなたも発言なさらないのが気になりますね。熱水噴出孔は，希少ですばらしい生態系です。ほんの数年前までまったく知られていなかったバクテリアなどの生命体が何百種も存在します。そういった噴出孔の周囲の海床を掘削しますと，それらを研究する機会も手にしないうちに，何を破壊しつつあるのかを知ることもないままに，生態系を破壊することになります。影響がどういったものになりそうなのか，まったくわかりません。それに，団塊のある鉱床ですが…形成するのに何百万年もかかったものです。ひとたび取り払ってしまうと，永久に戻らなくなります。

ラゴ：委員長，ちょっとよろしいですか？

委員長：どうぞ，ラゴ博士。

ラゴ：深海採掘が環境に何らかの影響を与えるという点では，アクライト議員のおっしゃるとおりですが，きちんとした手法と十分な技術を用いることによって，その影響を最小限にすることができると私は確信しております。それにしましても，さらに重要なのは，まさしくこの陸地で生じつつある事態であります。我が国の国民は仕事を必要としており，こうした深海資源を開発することに本腰を入れれば，仕事を手にすることができるのです。

委員長：ありがとうございます，ラゴ博士。残念ながら時間がまいりました。次回の４月の会合で議論を続けたいと思います。

考え方

(1)「パシー議員は…についてもっと知りたいと思っている」

正解はイの**「どこで資源が見つかるか」**。パシー議員が "We need more information about where the mineral and energy resources are most easily obtained, ..." と述べていることから判断する。他の選択肢は，ア「資源は誰のものか」，ウ「資源をどのようにして獲得するか」，エ「資源の潜在的な価値はどのぐらいあるのか」の意だが，いずれも上述のパシー議員の発言内容と一致しないので不可。

(2)「シューネ議員は…を知りたがっている」

正解はエの**「自国が資源を採掘する権利を持っているのかどうか」**。最初の発言で "Who owns the rights to valuable resources ... ?" と尋ねていることがヒント。他の選択肢の意味はそれぞれ次の通り。ア「資源が簡単に見つかるのかどうか」，イ「資源を回収するための技術があるのかどうか」，ウ「深海の採掘が環境を害するのかどうか」。

(3)「国際海底機構に関して挙がっている最も重要な懸念は何か」

正解はイの**「その決定はすべての国に受け入れられるとは限らない」**。ラゴ博士が２回目の発言で "it's true that some countries still don't recognize it" と述べ，それを受けてシューネ議員が３回目の発言で "It seems to me that, without a strong agreement accepted by everyone, there's a danger of serious conflict." と応じていることを参考に答えてもらいたかったところ。他の選択肢はそれぞれ，ア「それは国連に従属している」，ウ「いくつかの大国に影響されるかもしれない」，エ「深海の採掘を規制するガイドラインをまだ作り上げていない」の意。いずれも，このやりとりの中で懸念事項として指摘されているものではないので不可。

(4)「アクライト議員は，熱水孔の周囲を破壊することがもたらす長期的な影響についてどのように警告しているか」

正解はアの**「長期的な影響はまだわかっていない」**。アクライト議員は最初の発言で "It concerns me that not one speaker has mentioned the environmental impact of deep sea mining." と述べていることから，「環境問題に懸念を抱いている」ということがわかる。さらに，“We have no idea what the impact might be.” と述べていることから，「今後どのような影響を与えることになるのかがわかっていない」と考えていることがわかる。他の選択肢はそれぞれ，イ「海洋の食物連鎖が崩れる」，ウ「海床が現状に比べ肥沃でなくなる」，エ「海洋環境がより汚染される」の意。アクライト議員は熱水孔によって驚くべき生態系が生まれているとは述べているが，「食物連鎖」「肥沃か否か」「汚染が進むかどうか」について具体的に触れた箇所はなく，むしろ「このままでは自分たちが何を破壊しているのかもわからない状況だ」と述べているので，これらの選択肢は不可。

(5)「アクライト議員に対する返答に基づいて，ラゴ博士は（　A　）は（　B　）より重要だと考えていると結論づけることができる」

正解は**アの(A)「仕事を提供すること」(B)「環境を保護すること」**。「深海の採掘が環境に何らかの影響を与えることは確かだが，それより重要なのは仕事を必要としている人がおり，深海の資源の開発に本気で取り組めば仕事を提供することができる」という，ラゴ博士の最後の発言に一致するのはアしかない。

他の選択肢の意味はそれぞれ次の通り。イ(A)「技術の開発」(B)「生態系の研究」，ウ(A)「この地上で起こっていること」(B)「深海の資源の開発」，エ(A)「自国の経済の発展」(B)「国際法の尊重」。

解答

(1)－イ　(2)－エ　(3)－イ　(4)－ア　(5)－ア

2012年

音声ファイル
12_01～12_03

3 (A) スクリプト

Andrew: Hello, and welcome to our weekly science programme. I'm Andrew Price, and with me to discuss some of the week's science stories are Mary Atherton—hello, Mary [Mary: Hello.]—and David Slater. Hello, David.

David: Hello, Andrew.

Andrew: Mary, you've got a crazy story which I'm not sure is science.

Mary: Ah, but it *is* science. It was presented at a recent conference hosted by NASA in the United States, so it must be true.

Andrew: So it must be. It's a NASA conference, so it must be true?

Mary: Yeah, it's brilliant. It's great. [Andrew: Go on.] A group of scientists have come up with a way of making travel into Geostationary Earth Orbit much more economical, using what they call a 'Space Elevator'. The current price tag for space missions is around twenty-two thousand dollars per kilogram, but with this new transportation system the cost could come down to as little as two hundred and twenty dollars per kilogram. That's around a hundredth of the cost it is now.

Andrew: Wow, that sounds almost too good to believe. It might be worth explaining to listeners exactly what Geostationary Earth Orbit *is*, Mary.

Mary: Right. Well, this is where an object in space, such as a communications satellite, orbits the Earth directly above the equator. It rotates in the same direction as the Earth at a speed that allows it to appear motionless from a fixed point on the ground—a kind of a parallel movement, if you like.

Andrew: Okay, so how would this transportation system work exactly?

Mary: Well, the Space Elevator would be made from a carbon nanotube ribbon—a kind of advanced carbon fibre attached to an offshore sea platform at the equator. [Andrew: Right.] This 'high tech cable', if you like, would then stretch to an opposing weight around one hundred thousand kilometers into space. The pulling force of this counterweight would ensure that the ribbon remains stretched—a bit like a guitar string.

Andrew: It sounds rather like the physics behind kite flying, is that right?

Mary: Something like that, yes.

Andrew: So how would we actually get passengers or cargo into space?

Mary: Right. Well, a piece of equipment known as a mechanical lifter would be attached to the ribbon and this would climb up the cable into Geostationary Orbit.

Andrew: David, you're listening to the story with a look of disbelief. It's a story from a NASA conference. Why would it be wrong?

David: No, it's not about whether I believe it. It's about whether it's really possible. I mean, the ribbon would have to be extremely strong and flexible to allow a system like this to work.

Mary: Well. Yes, you're right, David. The success of the Space Elevator relies on the high strength of carbon nanotubes. They're around a hundred times stronger than steel and as flexible as rubber. So if they're woven into a ribbon, their estimated strength appears to be great enough to make the system possible.

Andrew: I guess exposure to radiation would also be a problem, wouldn't it, Mary?

Mary: Yes, that's true. Since transit times into space would be slower on the mechanical lifters than they are in a conventional spaceship, the passage through the Van Allen Belts would be longer and this would increase passengers' exposure to radiation.

Andrew: Okay. I think I'll let someone else try that first before I buy my ticket into Geostationary Orbit.

Mary: Ah, where's your sense of adventure, Andrew?

Andrew: Well, my sense of adventure doesn't extend beyond a trip to Disneyland, I'm afraid. Right. David, moving on to something far closer to Earth, so you've been covering the science behind a new eco-friendly city being built near Abu Dhabi ....

全訳

アンドルー：こんにちは。毎週お届けしております私どもの科学番組へようこそ。私はアンドルー・プライスです。そして今週の科学記事のいくつかを話し合うためにメアリー・アサートンさんをお迎えしています。こんにちは，メアリー。［メアリー：こんにちは］そしてデヴィッド・スレーターさんです。こんにちは，デヴィッド。

デヴィッド：こんにちは，アンドルー。

アンドルー：メアリー，何かすごい話があるんだって。僕は絶対科学じゃないと思うんだけれどね。

メアリー　：ああ，でも科学なのよ。アメリカのNASAが主催した最近の会議で提唱されたことだから，本当のことに違いないわ。

アンドルー：そうなんだろうね。NASAの会議だから，本当のことに違いないってわけ？

メアリー　：ええ，すごいのよ。すばらしいわ。［アンドルー：続けて］ある科学者の集団が，彼らが言うところの「宇宙エレベーター」を使って，地球の静止軌道へ入るのがよりずっと安上がりになる方法を考えついたの。宇宙飛行計画の現在の値段は1キログラム当たり約22,000ドルだけど，この新しい輸送システムを使えば，1キログラム当たりたった220ドルに値下がりするのよ。それって今の費用のおよそ100分の1ってことよ。

アンドルー：うわー，それは夢のような話だね。この番組を聴いている皆さんに，地球の静止軌道っていったい何なのか，説明したほうがいいんじゃないかな，メアリー。

メアリー　：そうね。ええと，静止軌道というのは，たとえば通信衛星のように，宇宙空間での物体が赤道の真上で軌道に沿って地球の周りをまわっている場所のこと。地上のある定点から見ると止まっているように見えるスピードで，地球と同じ方向に回っているの。一種の平行移動と言ってもいいわね。

アンドルー：ＯＫ。で，この輸送システムはまさにどんなふうに機能するんだい？

メアリー　：ええと，宇宙エレベーターはカーボンナノチューブ製の綱からできているの。一種の最先端の炭素繊維を赤道上の沖合にある海上プラットホームにつなげるわけ。［アンドルー：そうそう］この「ハイテクケーブル」

と言ってもいいものが，約10万キロ離れた宇宙空間にあるそれと釣り合うおもりのところにまで伸びている。このおもりの張力によって綱がピンと張った状態のままでいられるの。ギターの弦と少し似ているわ。

アンドルー：どちらかと言うと凧が飛ぶ際にその背後にあって働いている物理の力のように聞こえるんだけど，それでいいのかな？

メアリー　：そうそう，そんなようなものかしら。

アンドルー：そうすると，実際乗客や荷物をどうやって宇宙空間に運ぶことになるのかな？

メアリー　：そうね，ええと，メカニカルリフターとして知られている器具を1機綱につけて，それがケーブルを伝って静止軌道にまで上がっていくの。

アンドルー：デヴィッド，信じられないという顔で話を聞いているね。NASAの会議で上がった話だよ。あり得ないわけはないだろ？

デヴィッド：いや，僕が信じるかどうかということではないんだ。本当にそんなことが可能なのかどうかということなんだ。つまりね，そのようなシステムが機能するには綱がすごく頑丈で柔軟でなければだめだよね。

メアリー　：そうね。ええ，その通りよ，デヴィッド。宇宙エレベーターの成功は，カーボンナノチューブの強度にかかっているわね。カーボンナノチューブには鋼鉄の約100倍の強さがあり，ゴムのような柔軟さがあるの。だからそれらを織り込んで1本の綱にすると，推定強度はシステムを可能にするのに十分なものになりそうよ。

アンドルー：放射線にさらされるのも問題だと思うんだけど，違うかな，メアリー？

メアリー　：ええ，確かに。宇宙への輸送時間は今までの宇宙船よりメカニカルリフターの方がゆっくりだから，ヴァン・アレン帯の通過により多く時間がかかって，その結果乗客がさらされる放射線量も増えるわね。

アンドルー：わかった。まず誰か他の人にやってもらった後で，僕は静止軌道へのチケットを買おうかな。

メアリー　：あら，いつもの冒険心はどこへ行っちゃったのよ，アンドルー？

アンドルー：うん，僕の冒険心はディズニーランドへの旅行以上には及ばないんだよ，悪いけど。さて，デヴィッド，もっと地球に近い話に移ろう。で，君はアブダビの近くに造成中の環境にやさしい新都市にまつわる科学の研究をしているよね…。

考え方　(1)　スクリプト参照のこと。

(1a)　This 'high tech cable', if you like, would then stretch to an opposing

weight ... .

(1b) Well, a piece of equipment known as a mechanical **lifter** would be attached ... .

(1c) ... a kind of advanced carbon fibre attached to an offshore sea **platform** at the equator.

(2) メアリーが“This ‘high tech cable’, if you like, would then stretch to an opposing weight around **one hundred thousand** (100,000) kilometers into space.”と述べている。

(3) (3a) 「メアリーが提示していて，他の話者が提示していない新たな輸送システムが持ち得るマイナス面はどれか」

正解はアの「**移動のスピードの遅さ**」。イの「放射線への露出」はアンドルーも触れている欠点なので不可。ウの「人工衛星との衝突」は該当する発言がないので不適。エの「綱の強さと柔軟性が不十分であること」はデヴィッドが指摘している問題点なので不可。

(3b) 「新しい輸送システムで旅行することに関してアンドルーはどう感じているか」

正解はイの「**彼はこの計画に伴う危険性が気に入らない**」。メアリーが「放射線を浴びることが増える」ということを認めたのを受けて「わかった。じゃあまずは誰か他の人に試させよう」と述べていることから「放射線をより浴びるというリスクが気に入らない」と考える。他の選択肢はそれぞれ，ア「彼はチケットが高すぎると思っている」，ウ「彼はNASAが計画したからやってみたいと思っている」，エ「彼は誰か他の人とその旅をしたいと思っている」の意で，本文の内容と一致しない。

(3c) 「番組では次にどのような話題が論じられることになるのか」

正解はアの「**都市計画のプロジェクト**」。最後にアンドルーが「さて，デヴィッド，もっと地球に近い話に移ろう。で，君はアブダビの近くに造成中の環境にやさしい新都市にまつわる科学の研究をしているよね…」と述べていることから，アの「都市計画のプロジェクト」が次の話題となると考える。他の選択肢の意味はそれぞれ次の通り。イ「冒険の心理学」，ウ「地球科学の新たな発展」，エ「ディズニーランドで使われているハイテク技術」。

解答

(1) (1a) weight　(1b) lifter　(1c) platform　(2) 100,000
(3) (3a) ア　(3b) イ　(3c) ア

3 (B) 【スクリプト】

Okay, welcome to class. This week, we're moving on to a new topic: how cultural anthropologists have looked at popular sports.

As you may know, anthropologists have said that one goal of their discipline is to make the strange seem familiar and the familiar seem strange. The second half of this saying certainly holds true for recent studies of popular sporting events. Spectator sports are far more than mere entertainment, some scholars claim. They are public rituals that reflect the inner life of the communities that practice them. In the United States, such analyses have opened a window onto the symbolic meanings of American football, that nation's most popular sport.

American football evolved in the 1880s from rugby. As with rugby, the goal was to carry a ball into the opponent's end of the playing field, but the new sport divided teams into different units for offense and defense. It also offered more ways to advance the ball, and it allowed teams to pause after each play to plan their next move. The result was a physical game of strategy, a kind of blend of rugby and chess.

So what symbolic meanings have scholars uncovered in this uniquely American sport? Three main interpretations have emerged.

One school sees the sport from an economic point of view, though scholars differ on the details. American football was born during the Industrial Age, and for some it seems to reflect that era by stressing group cooperation through specialization and the division of labor. Others, however, see it as being organized like a modern corporation into departments with different functions. Yet despite their differences, these scholars unite in the view that football supports the core values of capitalism, including the belief that cooperation, hard work, and obeying authority lead to success.

However, another group of scholars finds something more fundamental beneath the surface of the game. For them, it recalls traditional rituals related to the basic forces of nature. The core ritual, in this view, celebrates the cycle of life. The football season, for example, begins near harvest time and concludes after the New Year. That ancient core, however, is integrated into a largely Christian calendar, with games held each Sunday—the day of worship—and on the religious holidays of Thanksgiving and Christmas. The result is a ritual that blends the sacred and the non-sacred, uniting Americans of all religions and no religion, not under a common god, but under a common social identity.

Well, the final interpretation of football is as symbolic war. The game has always involved military language, and the associations with warfare have grown as football has become more complex and violent. Today, like ancient soldiers in suits of armor, the big, powerful players rely on the protection of hard helmets and thick, heavy uniforms to play more aggressively. The game also expresses the military ideas of discipline, courage, honor, and technical excellence. So while other sports also seem to be battles or fights, the military nature of American football is particularly strong.

全訳　はい，では授業を始めましょう。今週は新しいトピックに移ります。文化人類学者がどのように大衆向けのスポーツを見てきたかということです。

ご存知のことかもしれませんが，人類学者は自分たちの学問の1つの目標は馴染みのないものを馴染みがあるように思わせ，馴染みのあるものを馴染みがないように思わせることだと述べています。この説明の後半が，大衆的なスポーツ競技についての最近の研究に確実に当てはまります。見て楽しむスポーツは単なる娯楽をはるかに超えていると一部の学者は主張しています。それは，そのスポーツを行う社会の内実を反映した公的な儀式だと彼らは言うのです。アメリカでは，そうした分析が，国で一番人気のスポーツであるアメリカンフットボールの持つ象徴的な意義に新たな見方を与えたのです。

アメリカンフットボールは1880年代にラグビーから進化しました。ラグビーの場合と同様に，目指すのは競技場の相手陣営の端までボールを運ぶことでしたが，この新しいスポーツはチームを攻撃と守備用の2つの別々の集団に分けました。さらにボールを前にすすめる方法もより多く提供し，さらにはそれぞれのプレーの後にチームがプレーを中断し次の動きを練ることができるようにしました。その結果生まれたのが，体を使った戦略的な，いわばラグビーとチェスの混ざり合ったような競技だったのです。

では，学者たちはこのアメリカ独自のスポーツの中にどんな象徴的な意義を見出したのでしょうか。3つの主要な解釈が出てきています。

ある学派は，学者ごとに細かな点は異なっていますが，そのスポーツを経済的な観点から見ています。アメリカンフットボールは工業化の時代に生まれ，一部の学者には，専門化と分業を通じ集団の協力を強調することで，その時代を反映しているように思えるのです。しかしながら，中にはアメフトは現代の会社のように，組織化され別々の機能を持った部署に分けられていると見る者もいます。しかし，こうした違いにもかかわらず，これらの学者たちは，アメリカンフットボールが，協力，努力，権威への服従が成功につながるという信念を含めて，資本主義の核になる価値観を支持しているという見方では一致しているのです。

しかしながら，また別の学者たちはこの競技の表層の下にもっと根本的なものを見て取っています。その人たちにとっては，アメフトは自然の持つ根本的な力と関係した伝統的な儀式を思い起こさせます。その中核的な儀式は，この見方によると，生のサイクルを祝っています。例えばアメリカンフットボールのシーズンは収穫期付近で始まり，新年を迎えたあとで終わります。しかし，その古くからある核心部分は主にキリスト教暦に統合され，試合は毎週日曜日という礼拝の日に，そして感謝祭やクリスマスという宗教上の祝日に行われています。その結果生まれる儀式は神聖なものとそうでないものを混ぜ合わせ，あらゆる宗教を持つ，そして宗教を持たないアメリカ人を共通の神の下ではありませんが，共通の社会的アイデンティティーの下で統合しているのです。

えー，アメフトについての最後の解釈はそれが象徴的な戦争みたいなものだということです。この競技には常に軍事用語が含まれ，アメフトがより複雑で激しいものになるにつれて，戦争を連想させる部分が大きくなりました。今日では，鎧を身につけた古代の戦士のように，体が大きく力も強い選手たちは硬いヘルメットや厚く重いユニフォームの保護に頼って，ますます攻撃的にプレーするようになっています。アメフトは規律，勇気，名誉，技術面での卓越といった軍事的な理想をも表現しています。ですから，他のスポーツも闘争であったり戦いであるようにも思えるかもしれませんが，アメリカンフットボールの軍事的な性格はとりわけ強いのです。

考え方　(1)「講義によれば，スポーツ競技についての最近の研究が表している文化人類学の目標は次のうちどれか」

正解はイの「**馴染みのあるものを馴染みがないように思わせる**」。第2段落第1文(As you may know, ...)より，文化人類学の目標は「馴染みのないものを馴染みがあるように思わせることと，馴染みのあるものを馴染みがないように思わせること」だと述べられている。さらに第2文(The second half of ...)より「スポーツについての最近の研究に関してはこの後者が当てはまる」と述べられていることから正解はイに決まる。他の選択肢の意味はそれぞれ次の通り。ア「馴染みのないものを馴染みがあるように思わせる」，ウ「人間の儀式についての理解を増やす」，エ「人間社会についての理解を増やす」。

(2)「一部の学者によれば，どのような点でアメリカンフットボールは現代の会社に似ているのか」

正解はエの「**それは異なった役割を持った部署に分かれている**」。第5段落第3文 (Others, however, see it as ...) の内容と一致する。他の選択肢の意味はそれぞれ次の通り。ア「それは資本主義の核となる価値観に基づいている」，イ「それはアメリカ人の共通した社会的アイデンティティーを反映している」，ウ「それは専門化を通じての協力を強調している」。

(3)「以下のうちどれが資本主義の核となる価値観としては指摘されていないか」

正解はアの「**効率**」。第5段落最終文 (Yet despite their differences, ...) で指摘されている価値観とは「協力（＝ウ）」,「努力（＝イ）」と「権威への服従（＝エ）」である。

(4)「アメフトは自然界の持つ基本的な力を祝う儀式だという見方を支持するために使われているものは次のうちどれか」

正解はウの「**試合のスケジュールと年間の季節の関係**」。第6段落第2文 (For them, it recalls ...) 以降の内容と一致する。アの「試合のリズムと生のサイクルの関係」，イ「試合のルールと物理の法則の関係」，エ「試合における衝突と生存競争の関係」はいずれも本文中で指摘されていないので不可。

(5)「アメフトと戦争に関して指摘されていないのは次のうちどれか」

正解はアの「**アメフトの起源は軍隊にある**」。イの「アメフトがより暴力的になっているということ」は最終段落第2文 (The game has always involved ...) と一致。ウの「兵士に期待される規律と勇気」は最終段落第4文 (The game also expresses ...) の内容と一致。エの「アメフトの選手が身につけている防具」は最終段落第3文 (Today, like ancient soldiers ...) の内容と一致する。

解答

(1)－イ　(2)－エ　(3)－ア　(4)－ウ　(5)－ア

3 (C) スクリプト

Lecturer: So you see, different scholars have reached different conclusions about the meaning of American football, comparing it to capitalism, religion, and war. What does that tell us about the sport? You first, Peter.

Peter: I'm more interested in what it tells us about scholars.

Lecturer: What do you mean?

Peter: I mean, how can different scholars look at the same thing and interpret it so differently? It sounds to me like they don't know what they're talking about.

Linda: But isn't that what we do all the time when we want to understand something complex? We try to find an explanation that makes sense, but that doesn't mean our explanation is complete or unique.

Lecturer: A good point. Can you give an example, Linda?

Linda: Well, the other day, I was reading a debate on the Internet about why the crime rate in Japan is so low compared to most other countries. Some people said it was because of population factors, such as the declining number of young people. Others said that Japan has less crime because the police have closer ties to the community. Others attribute it to the way Japanese parents raise their children, and still others said the reason was economic, meaning the gap between the rich and the poor is narrower than in other countries.

Peter: What does that show?

Linda: It shows that something as complicated as crime can be explained in different ways.

Peter: But, again, doesn't that just mean that most of those explanations must be wrong? I mean, really, when you think about it, how could there be more than one right answer?

Lecturer: But there could be, Peter. Many or all of those factors might be playing a role. But let's go back to sports for a minute. We already looked at American football, and I mentioned three symbolic interpretations. Are there other sports that could be explained in various ways, too?

Linda: What about soccer?

Lecturer: That's a good example. It's played much more widely than American football. In fact, it's probably the most popular sport in the world. Why is that?

Peter: Well, I think it's just because the rules are so simple. Compared to a sport like American football or baseball, soccer is really easy to understand. That's why people all over the world enjoy it so much.

Linda: But sumo is easy to understand, too, and that's only popular in Japan.

Lecturer: Yes, true. So being simple might be necessary to make a sport popular worldwide, but it's certainly not sufficient. There are a lot of simple sports, and they can't all be popular. What else might play a role?

Peter: Well, a lot of people play soccer when they're children. Most of them still like it when they grow up, and so that helps to keep the sport popular.

Lecturer: But, Peter, that's almost like saying that soccer is popular because it's popular. That's not a very interesting explanation.

Linda: So what's your point? Is it that there's *no* explanation for why soccer is popular?

Lecturer: No, no, not at all. I'm sure there must be an explanation—or explanations. But the explanations you've come up with just now—about the sport being simple or popular—I don't think they take us very far. So I guess my point is that good explanations of complex things go deeper and require a lot of thought to develop. The various symbolic meanings I gave for American football are like that. In fact, American football probably speaks to its fans precisely because it has so many meanings and touches them at so many levels. There are probably similarly deep explanations for the global popularity of soccer, too, but we just haven't found them yet. Maybe in the future *you* can do that.

全訳

講師　：ですから，アメリカンフットボールの意義については学者によって，それを資本主義，宗教，戦争に例えたりと，異なった結論に至っています。そのことからアメフトについて何がわかりますか？　君から行こう，ピーター。

ピーター：僕はそれを通じて学者について分かることの方にいっそう興味があります。

講師　：それはどういう意味だね？

ピーター：つまり違う学者が同じ物をどのように見て，あれほど異なった解釈をするかということですね。学者たちは自分が何を話しているのかが分かっていないようにも思えるんですよ。

リンダ　：でもそれって，何か複雑なものを理解したい時に私たちがいつもやることじゃない？　理にかなった説明を見つけようとするんだけど，それは我々の説明が完全だとか独自のものだということにはならないってことですよね。

講師　：いい点をついているね。例を挙げてもらえるかな，リンダ。

リンダ　：えーと，先日，私はなんで日本の犯罪発生率が他の大部分の国と比べてもこれほど低いのかについてのネット上でのディベートに目を通していたんです。中には，若者が減少しているといった人口上の要因のためだと言う人もいましたし，警察が社会とより密接に結びついているから犯罪がより少ないと言う人もいました。日本人の親の子どもの育て方によると言う人もいましたし，さらには理由は経済的なものだと，つまり，貧富の格差が他の国より小さいためだという言う人もいました。

ピーター：それが何を示しているというんだい？

リンダ　：犯罪みたいに複雑なものはいろいろな方法で説明できるってことを示しているのよ。

ピーター：でも，この場合もまた，こうした説明の大半が間違っているということを意味しているだけじゃないの？　つまりさ，実際，考えてみれば，何で複数の正解があり得るんだい？

講師　：でも，ピーター，複数の正解が存在し得るんだよ。そうした要因の多数，もしくはすべてが理由になっているかもしれないんだ。でも，ちょっとスポーツの話に戻ろう。もうアメフトの事例は見たし，3つの象徴的な解釈を指摘したけど，様々な形で説明ができるスポーツは他にもありますか？

リンダ　：サッカーはどうでしょう？

講師　：それはいい例ですね。アメフトよりはるかに広範囲で行われているし，事実上恐らく世界で最も人気のあるスポーツでしょう。なぜなのかな？

ピーター：まぁ，それはただルールがとても簡単だからだと思いますよ。アメフトや野球みたいなスポーツに比べると，サッカーは本当に理解しやすいし，だからこそ世界中の人たちがそれをとても楽しんでいるんですよ。

リンダ　：でも，相撲だって理解するのは簡単だけど，日本でしか広まってませんよね。

講師　：はい，その通りですね。となると，簡単であるということはスポーツが世界中に広まるのに必要であるかもしれませんが，それで十分というわけではないということは確かですね。簡単なスポーツはたくさんありますし，そのすべてが広まったりしませんから。他にどのような要因が働いているんでしょう？

ピーター：そうですね，子どものときサッカーをする人は多いですし，大人になってもまだ好きという人が大半でしょう。ですからそれがサッカー人気を保つのに役立っているんです。

講師　：でも，ピーター，それじゃまるでサッカーは人気があるんで人気があると言っているようなもんじゃないかな。それではあまり面白い説明とは言えないな。

リンダ　：となると，何がおっしゃりたいんですか？　サッカーが人気の理由なんてないってことですか？

講師　：いや，いや全然そうではないよ。絶対に1つの，あるいは複数の理由があるはずなんだ。でも，今君たちが思いついた説明，つまりそのスポーツが簡単だとか，人気があるということについての説明では多くのことが説明できないと思うんです。ですから，僕が言いたいことは，複雑なことをきちんと説明するにはもっと深いところに立ち入ることになりますし，そうした説明を作り上げるにはおおいに考えをめぐらせてみる必要がある，ということだと思います。私がアメフトに対して挙げた様々な象徴的な意味はそうしたものだと思います。実際のところ，アメフトがファンに対して魅力的に思えるのは，恐らくまさにそれがとても多くの意味を持ち，いろいろなところで彼らの心の琴線(きんせん)に触れるからでしょう。サッカーが世界中で人気があることにも恐らく似たような深い理由があるのでしょうが，まだそれは見つかっていません。恐らく将来君たちならそれを見つけることができるでしょう。

考え方 (1)「なぜピーターは，この学者たちのアメリカンフットボールについての説明に不満なのか」

正解はアの「**彼は正しい説明は1つしかあり得ないと思っているから**」。ピーターが "... how could there be more than one right answer?" と述べていることがヒントとなる。これは反語的な疑問で，ピーターの言いたいことは「複数の正しい解答など存在し得ない」ということである。イ「また別のよりよい説明があるに違いないと思っているから」，ウ「その説明は学者の偏見を明らかにしていると思っているから」，エ「学者がアメリカンフットボールのような競技を研究するのは不適切だと思っているから」は，いずれも会話には出てこない話であり不可。

(2)「日本の犯罪発生率の低さの説明として指摘されていないものは次のうちどれか」

正解はイの「**日本の尊敬の文化**」。リンダの説明で触れられているのは「人口上の要因（≒ア）」,「警察が社会とより密接な絆を持っていること（≒ウ）」,「子育ての仕方」, そして「貧富の格差が他の国々より小さい（≒エ）」である。

(3)「以下のうちどれがスポーツが単純であることについての講師の説明と一致しているか」

正解はイの「**単純であるだけではスポーツの人気は出ない**」。講師が "being simple might be necessary to make a sport popular worldwide, but it's certainly not sufficient" と述べていることと一致する。アは「あるスポーツが単純であればあるほど, それは人気が出る」の意。これは先の講師の発言に反するので不可。ウ「スポーツをはやらせるためにそれを単純化しようとする試みが成功することはめったにない」, エ「単純なスポーツでさえ, 世界中で人気になるには長い時間がかかる可能性がある」は, いずれも会話では触れられていないので不可。

(4)「学者たちのアメリカンフットボールについての説明について講師が示唆していることは何か」

正解はウの「**様々な説明が存在するということがアメフトがアメリカで人気がある理由を示している**」。講師が最後に "American football probably speaks to its fans precisely because it has so many meanings ... ." と述べていることから判断する。他の選択肢の意味はそれぞれ次の通り。ア「こうした説明の一部はサッカーの人気にも当てはまる」, イ「こうした説明の一部はまたなぜアメリカンフットボールが世界中で人気がないのかを示唆している」, エ「様々な説明があるということはアメリカンフットボールの研究がまだその初期段階にあることを示唆している」。

(5)「講師はサッカーの世界的な人気をどのように説明しているか」

正解はアの「**彼はしていない**」。イは「彼はその人気を人々がサッカーを子どもの頃にやっているという事実と結びつけている」の意。これを指摘したのはピーターであって講師ではない。ウの「彼は, サッカーは多くの深い所で人々の心に触れる様々な象徴的な意味を持っていると述べている」も不可。これはアメリカンフットボールについて述べていることであって, サッカーについて述べていることではない。エは「彼は世界中の人々がサッカーを楽しんでいるのはルールが理解しやすいからだと述べている」の意。講師は「簡単であることが必要である可能性」を認めてはいるが, それは「十分条件にはならない」とも述べているのであり, 決してエのように「それが理由だ」と断言しているわけではない。

解答

(1)－ア　(2)－イ　(3)－イ　(4)－ウ　(5)－ア

2011年

音声ファイル

11_01～11_03

3 (A) スクリプト

'Landscape' is a complex term, which makes it rather difficult to define and allows different people to interpret it in different ways. According to the dictionary, the word has two basic meanings. On the one hand, it refers to an area of land, usually but not always in the countryside, together with all its natural features; on the other, it can also refer to a picture of an area of land. The first meaning defines a landscape as being something natural, the second as being a work of art.

The famous British art historian, Kenneth Clark, was using the term in the first of these meanings when, more than sixty years ago, he titled his pioneering study of landscape painting *Landscape into Art*. That title assumed a fairly simple relationship between its two key words: 'landscape' meant some actual countryside, while 'art' was what happened to landscape when it was translated into a painted image by a person with imagination and technical skill. In Clark's title, landscape was just the raw material waiting to be processed by the artist.

The process of creating a picture of landscape can, however, be seen in a more complex way than either the dictionary or Clark suggests. In fact, a landscape whether cultivated or wild, has already been shaped before it becomes the subject of a work of art. Even when we simply look at land and enjoy the beauty of what we see, we are already making interpretations, and converting land into landscape in our heads. We select and frame what we see, leaving out some visual information in favour of promoting other features. This is what we do as we look through the camera viewfinder at a countryside scene, and by doing so we are converting that place into an image long before we press the shutter button. Thus, although we may well follow an impulse to draw or photograph a particular piece of land and call the resulting picture 'a landscape', it is not the formal making of an artistic record of the scene that has made the land into landscape. The process is in fact twofold: not simply landscape into art, but first land into landscape, and then landscape into art.

The question then of course arises: on what basis do we select and edit what we see, and why do we mentally frame views of land in the ways that we do? One of the answers is that the process is powerfully—and almost always unconsciously—affected by our previous experiences of landscape pictures. Landscape pictures lead to more landscape pictures, and these are not only paintings of the kind we can see in art galleries but also the numerous representations of land we see in photographs, in films, on television, or in advertising. Our long experience of such images in the public world helps to create the visual prejudices that shape how we privately respond both to our natural environment and to pictures of that environment.

A landscape, then, can be defined as what a viewer has selected from the land, modified according to certain conventional ideas about what makes a 'good view'. It is land organised and reduced to the point where the human eye can comprehend its breadth and depth within one frame or with a single glance. This definition will cover both landscape as a viewer's private interpretation of a piece of land, and landscape as a publicly visible picture of a piece of land which has been created by an artist or a photographer.

全訳 'landscape'という語は複雑な言葉で，定義することがかなり困難であり，人によって解釈が異なる。辞書によると，その語には２つの基本的な意味があるとのことだ。１つには，その語は一定範囲の土地を示し，必ずではないが通常は田園地帯に存在する，その地勢も含めたものである。もう１つには，ある範囲の土地を描いた絵を示すこともある。最初の意味はlandscapeを自然界の物と定義し，２番目の意味は芸術作品と定義している。

イギリスの著名な美術史家ケネス・クラークは，60年以上前に自らの風景画に関する先駆的研究に『風景画論』(*Landscape into Art*) という表題を付けたときには，この語を最初の意味で使っていた。その表題は，その２つのキーワードの間にかなり単純な関係を想定していた。'landscape'は実際のどこかの田園地帯という意味で，'art'とは，その地域が想像力と技能を備えた人によって画像という形に変換されたとき，その地帯に発生した現象のことであった。クラークのつけた表題においては，landscapeは芸術家によって加工されるのを待っている素材にすぎなかった。

しかし，風景画を創作する過程は，辞書やクラークが示すよりも複雑な形で見ることが出来る。実際，landscapeは人間の手がつけられていようがいまいが，芸術作品の題材となる以前からすでにそこに形作られているものだ。我々が単にある田園を見て自分の目に映っているものの美を楽しむときでも，すでに我々は解釈をし，頭の中でその田園を landscape に変換しているのである。目に映るものを選び取って枠にはめ，ある特徴を活かすために一部の視覚情報を切り捨てる。これは我々がカメラのファインダーを通して田園地帯の景色を眺めるときにやっていることで，こうすることによって，シャッターのボタンを押すずっと以前に，その場所を１つのイメージに変えているのである。このように，ある田園の特別な１コマを描きたい，写真に撮りたいという衝動に従い，その結果出来上がった絵や写真を ‘landscape’ と呼ぶかもしれないが，それはその田園を landscape に変えた現場を芸術的に記録した正規の技ではない。その過程は実際二段階構造になっている。単に landscape を芸術に変換するのではなく，まず田園を landscape に変え，そして landscape を芸術にしているのである。

ならば当然のことながら疑問が生じてくる。何に基づいて我々は目に映るものを選び取り編集しているのか。なぜ我々はいつもやっているように心の中で田園の景色を切り取っているのか。その答えの１つとして，その過程は風景画に関する以前の経験から強力に，そして必ずと言っていいほど無意識に影響を受けているということだ。風景画はさらなる風景画を呼ぶが，これらは画廊で目にできるような絵画にとどまらず，写真や映画，テレビ，広告で目にする数多くの田園の画像も含まれる。公の世界でそのようなイメージに長く触れていることが，我々が個人的にいかにして自然環境とその環境の画像に反応しているか，その反応の仕方に影響を与える視覚面での偏見を作り出す一因となってしまっている。

したがって，landscape は，観察者がその田園から選び取り，「良い景色」を生み出すものに関するある慣習的な考えに合わせて改変したものと定義できる。それは，人間の目が１つの枠の中で，あるいは一瞥することでその幅と奥行きを理解できる程度にまで整理し，まとめあげられた田園なのである。この定義なら，ある田園に対する観察者の個人的な解釈としての landscape と，芸術家や写真家によって作り出された，誰の目にも見える田園の画像としての landscape の双方が網羅されるだろう。

考え方　(1)「辞書によれば，‘landscape’ という言葉の１つの意味は…である」正解は**イ**の**「ある一定範囲の土地を視覚的に表したもの」**。第１段落第３文 (On the one hand, ...) の後半部に “a picture of an area of land” という定義が紹介されている。a picture = a visual representation なので正解はイに決まる。他の選択肢の意味はそれぞれ次の通り。ア「視覚的に魅力的な一定範囲の土地」，ウ「人間の活動が形成した一定範囲の土地」，エ「一定範囲の土地についての個人的な解釈」。

(2)「ケネス・クラークにとって landscape は…である」　正解は**イ**の**「田園地帯」**。

第2段落第2文 (That title assumed ...) よりクラークが landscape を「ある実際の田園地帯」の意味で使用したことがわかる。ア「ある場所の何らかの絵」，ウ「ある場所の芸術的にすぐれた絵」，エ「田園地帯の印刷された画像への転換」はいずれも「実際の土地」を表していることにはならないので不可。

(3)「講演者によれば，landscape が写真を撮る人によって生み出されるのは，その人が…するときだ」 正解は**ウ**の**「ファインダーを通してその場所を見る」**。第3段落第2文 (In fact, a ...) より「芸術作品になる以前に landscape は形成されている」ということがわかる。その内容を具体化しているのが第3文 (Even when we ...) で，そこでは「単に土地を見て，その美しさを楽しんでいる時点ですでに土地を landscape に変換している」と述べられている。続く第4文 (We select and ...) ではそれをやや抽象化し，「我々は見るものを選択し，それを枠にはめ，一部の特徴を選択し，他の特徴を捨てる」と述べている。そして次の文で「これこそカメラのファインダーを通して田園地帯の光景を見ている際に我々がしていることだ」と述べていることから，カメラのファインダーを覗いている時点ですでに landscape が作られていることがわかる。アの「ある場所に行く前にその場所を想像する」，イの「その場所の写真を印刷する」，エの「その場所の写真を撮るためにシャッターのボタンを押す」はいずれも上記で説明した内容を反映していないので不可。

(4)「講演者によれば，我々の landscape の見方を最も強く形成しているのは…だ」 正解は**イ**の**「我々がこれまでに見たことがある landscape のイメージ」**。第4段落第2文 (One of the answers ...) より最も強い影響を与えるのは「それ以前の landscape の映像の経験」であることがわかる。他の選択肢の意味はそれぞれ次の通り。ア「芸術家の視覚的な先入観」，ウ「アート・ギャラリーでの個人的な経験」，エ「landscape の芸術についての我々の自覚している知識」。

(5)「講演者は結論として 'landscape' という語は…を指すと述べている」 正解は**ウ**の**「見る側がこれまでに頭の中で組み立てた一定範囲の土地」**。最終段落第1文 (A landscape, then, ...) より，「landscape は見る側がその土地から選択し，必要な修正を加えたもの」と講演者は定義づけていることがわかる。「選択し，必要な修正を加える」というのは「頭の中で処理を加えた」ということに内容的に等しいので，ウが正解となる。アの「見る側が楽しんだ一定範囲の土地」，イの「一定範囲の土地について広く知られているイメージ」，エの「異なった人々が同じように解釈する一定範囲の土地」はいずれもその定義には合わないので不可。

解答

(1)－イ	(2)－イ	(3)－ウ	(4)－イ	(5)－ウ

3 (B) スクリプト

Lecturer: At the end of last week's class, I mentioned that today we would begin discussing an experimental community that was established in the United States during the mid 19th century and how that experiment was related to larger trends in 19th- and 20th-century history. Let me first describe that community, and then afterwards I would like to hear your thoughts on it.

In 1841, a group of about twenty people moved to a place called Brook Farm not far from Boston, Massachusetts, and they started living together there. They formed what they called a Voluntary Association, and they wrote a constitution setting out the rules for how the Association would operate. The Association was owned and managed by the members themselves. The members worked for the Association, but the constitution gave each member the right to select and perform whatever kind of work he or she felt most suited for. All of the adult members were paid the same amount for their work—it didn't matter how old they were, whether they were men or women, or even what type of work they did. Their work day was limited to at most ten hours, too.

The members paid rent to the Association for their living areas, and they were also billed for their food, fuel, and clothing. But they received free of charge their education and medical care and the use of the public rooms and baths. Children, sick people, and the elderly, meanwhile, didn't have to pay for anything.

The farmers produced most of their food themselves and made many of the other things they needed, but they did not cut themselves off from the outside economy. After all, they needed money to pay their members for their work. To raise that money, the Association sold milk and other products to people in the nearby towns.

Brook Farm was thus an experiment in a certain type of cooperative living. The members took their meals together and spent most of their free time together, but they also continued to own private property and were free to leave the group at any time. People did in fact leave from time to time, though for the first few years there were more who wanted to join, and the membership gradually grew.

You may be wondering what the purpose of this experiment was. The founders of Brook Farm were mostly well-educated city people. Why did they want to live and work together on a farm? Well, they were unhappy with the direction that society seemed to be moving at the time. They didn't like the fact that people were not treated equally. They hated slavery, which still existed then in the southern United States, and they opposed the oppression of women and the poor. They also didn't like the competitive aspects of business and trade, and they believed that life would be more rewarding in the country than in a crowded city.

They therefore decided to create their own ideal community, one where everyone would be treated equally, one where no one would be taken advantage of, one where the weak would be protected and the healthy would be able to engage in work they enjoyed. That's the kind of community they tried to create at Brook Farm.

That's only the beginning of the story, but let me stop there. After we take a break, I want to hear what you think.

Question 1: What does the lecturer mention about Brook Farm?
Question 2: What did the members have to pay the Association for?
Question 3: How did the Association earn money?
Question 4: In what way was the community at Brook Farm "cooperative"?
Question 5: What did the people who started Brook Farm most want?

全訳

講演者：先週の授業の最後に言いましたが，今日は19世紀の中頃合衆国で設立されたある実験的な共同体について，およびその実験が19，20世紀の歴史におけるより大きな流れにどう関係したのかについて，討論を始めます。まず最初にその共同体の概要を説明し，その後でそれについて皆さんの考えを聞いてみたいと思います。

1841年，約20人からなるグループがマサチューセッツ州ボストンからそう遠くない所にあるブルック・ファームという場所に移住し，そこで共同生活を始めました。彼らは自らが有志団体と呼ぶものを形成し，その団体の運営方法を定めるルールを規定する規約を作成しました。その団体はメンバー自身によって所有され，運営されました。メンバーは団体のために働きましたが，一番自分に適していると思える仕事を何であれ選び，実行する権利が，規約によって各々のメンバーに保証されていたのです。すべての成人メンバーはその労働に対して同じ額が支払われたのですが，年齢や性別，行った労働の種類さえも一切関係ありませんでした。労働時間も一日最大10時間に制限されていました。

メンバーは自らの住居スペースに対して団体に借地代を払い，食料・燃料・衣服も有料でしたが，教育や医療，公共の部屋および風呂の使用は無料でした。一方で，子供や病人，老齢者は一切のものに金を支払う必要がなかったのです。

農民は自分の食料のほとんどを自ら生産し，その他必要なものの多くを作っていましたが，外界の経済から切り離されていたわけではありません。何と言っても，メンバーに労働賃金を払うための金が必要だったのです。その金を捻出するため，団体は近くの町の人々に牛乳や他の製品を売ったのです。

このようにブルック・ファームはある種の共同生活における実験でした。メンバーは一緒に食事を摂り，ほとんどの自由時間を共に過ごしましたが，私有財産は所有し続け，いつでもグループから自由に脱会することもできました。実際去っていった人も時折いたのですが，最初の数年間は参加を希望する人の方が多く，メンバーは次第に増えていきました。

皆さんはこの実験の目的は何だったのかと思っていることでしょう。ブルック・ファームの創立者はほとんどが教育を受けた都会の人々でした。なぜ彼らは農場で共に暮らし，働くことを望んだのでしょうか。まぁ，彼らは当時の社会が向かっているように思われた方向に不満だったのです。人々が平等に扱われないということが気にくわなかったのです。当時合衆国南部にまだ存在していた奴隷制を憎み，女性や貧しい人たちへの抑圧に反対していました。さらに商取引の競争的な面も好きではなく，混雑した都会よりも田舎の方が人生は有益なものになると信じていました。

だから彼らは，自分たちだけの理想郷を作ろうと決めたのです。そこでは皆が平等に扱われ，誰もつけ込まれることもなく，弱者は保護され健常者は楽しみを感じる仕事に携わることができるのでした。それこそ彼らがブルック・ファームで作り上げようとした共同体だったのです。

まだ話のほんの始まりの部分ですが，ここで休憩しましょう。休憩の後，皆さんの意見を聞きたいと思います。

考え方 (1)「ブルック・ファームについて講演者が指摘していることは何か」正解はウの**「一日の最長の労働時間」**。第2段落最終文 (Their work day was limited ...) に最長の労働時間の指摘があるのでウが正解。アの「通常の引退年齢」，イの「仕事に応募する手続き」，エの「それぞれの労働者が行う仕事の量」はいずれも触れられていないので不可。

(2)「メンバーは団体に何の代金を払わなければならなかったのか」正解はアの**「彼らの住まい」**。第3段落第1文 (The members paid ...) にお金を払う必要のあったものとして「住む家，食べ物，燃料，そして衣服」が挙げられている。第2文 (But they received ...) に「教育，医療，そして公衆浴場等の使用は無料」と述べられていることから，イの「彼らの教育」，ウの「彼らの医療」，エの「彼らの公衆浴場の使用」はいずれも不可。

(3)「団体はどのようにしてお金を得ていたのか」正解はエの**「メンバーでない人に物を売ることによって」**。第4段落最終文 (To raise that ...) に団体が「牛乳等を近隣の町で暮らす人々に売った」と述べられていることと一致。アの「寄付から」，イの「財政上の投資から」，ウの「会費を請求することによって」はいずれも触れられていないことであり不可。

(4)「どのような点でブルック・ファームの共同体は『協力的』であったのか」正解はイの**「メンバーは一緒に暮らし働いた」**。第6段落第3文 (Why did they want ...?) の live and work together の内容と一致する。アの「メンバーは私有財産を持っていなかった」，ウの「メンバーたちは交代ですべての仕事をした」，エの「メンバーは食料などの品物を共同購入した」はいずれも本文では述べられていないので不可。

(5)「ブルック・ファームを始めた人が最も望んでいたことは何か」正解はウの**「都会よりも良い生活を田舎で送ること」**。第6段落最終文 (They also didn't like ...) の内容と一致する。他の選択肢の意味はそれぞれ次の通り。ア「新しい農業の手法を開発すること」，イ「新しい政治運動を始めること」，エ「より効率的なビジネスと商売のモデルを作り出すこと」。

解答

(1)－ウ　(2)－ア　(3)－エ　(4)－イ　(5)－ウ

3 (C) 【スクリプト】

Lecturer: Okay, now let's begin our discussion. Lisa, what were your first reactions to the story of Brook Farm?

Lisa: Well, some of the things they were doing don't seem too different from our lives today. In many countries, education is free, at least for children, and old people receive pensions and don't have to work. Women and men are supposed to receive the same pay for the same work, although that doesn't always happen.

Hector: But, professor, didn't you say everyone received the same pay for *all* work?

Lecturer: Yes, that's right, Hector. As I understand it, at Brook Farm, if you were a doctor or a teacher, you would get paid exactly the same as somebody who cleaned the floors or milked the cows. In fact, even the leaders of the Association were paid just about the same, too.

Lisa: Things certainly aren't like that now. Think how much more company presidents make today compared to clerks in convenience stores, even if they both work just as hard.

Lecturer: Well, would you want everyone to be paid the same regardless of what work they did?

Lisa: I'm not sure. Let me think about that.

Lecturer: What about you, Hector?

Hector: Well, I can see the argument in favor. I mean, everyone has equal rights and the same value as a human being, no matter what their job or education. So, therefore, doesn't it make sense for everyone to be paid the same amount for their work?

Lisa: But what about people who are better at what they do than others? If, for example, a farmer is stronger and can work faster, and can grow better vegetables, shouldn't he get more pay for his work or special knowledge?

Lecturer: Oh, you mean, in other words if he is a better competitor, right? Well, see, competition is just what the people who started Brook Farm wanted to eliminate. They thought that the ideal community would be one based on cooperation.

Lisa: But that isn't possible. Human beings are competitive animals. We've ... that's how we've managed to survive all these thousands of years.

Hector: Yes, but that doesn't mean we can't change though, does it, Lisa. I mean, look at other ways society is different from how it used to be. Can't we eliminate, or reduce, competition as well?

Lisa: I don't think so. I guess I'm just less of an idealist than you, Hector. Anyhow, what happened to Brook Farm?

Lecturer: Well, it's a long story. For the first few years, things went pretty smoothly. I mean, as I said, some members did leave but other members joined. But then, the focus of the group started to move in other directions, and then, in 1846, one of the main buildings on the farm burned down. The Association was unable to recover financially, and it broke up soon after that.

Hector: Oh, that's a shame. It would have been nice if it had succeeded.

Lisa: Really? I think it was bound to fail. Society just can't function that way.

Lecturer: Well, in any case, regardless of how we feel about that experiment, many of the ideas that inspired the Brook Farmers would continue to be influential in the latter half of the 19th century and in the 20th century, too. So, that's what we're gonna talk about next week.

全訳

講演者　：さて，ディスカッションを始めましょう。リサ，ブルック・ファームの話を聞いて，まずどのように思いましたか？

リサ　　：そうですね。彼らがやっていたことの一部は今日の私たちの生活とあまり違いがないように思えます。多くの国で，少なくとも子供に対して教育は無料だし，老齢者は年金を受け取っているから働く必要がない。女性と男性は同じ仕事に対しては同額の給料が支払われることになっています。ただ，必ずしもこれは実現されていませんけれど。

ヘクター：でも教授，あらゆる仕事に対してみんな受け取る金額が同じだとおっしゃいませんでしたか？

講演者　：ええ，その通りです，ヘクター。私が理解する限りでは，ブルック・ファームでは医者であっても教師であっても，床を掃除する人や乳搾りをする人ともらう給料はまったく同じなのです。実際，団体の指導者たちでさえ給料はほぼ同額であったのですから。

リサ　：確かにそれは今とは違いますね。同じくらいの熱意で仕事をしても，コンビニの店員と比べて，今日会社の社長たちがどれほど多く稼いでいるか考えてみてくださいよ。

講演者　：ではどんな仕事をやるかに関係なく，皆の給料が同じである方がいいと思いますか？

リサ　：わかりません。考えさせてください。

講演者　：君はどうですか，ヘクター。

ヘクター：そうですね，僕はその方がいいと思います。つまり，どんな仕事に就いていようと，どんな教育を受けていようと，誰もが人間として平等な権利，同じ価値を持っています。だから，労働に対しての報酬は皆同じである方が理に適ってはいませんか？

リサ　：でも他人より仕事をうまくこなせる人たちはどうでしょう。たとえば，ある農夫が体力もあり，仕事も速く，より良質の野菜を育てることができるなら，その仕事または特殊知識に対してはより多く支払われるべきではないでしょうか。

講演者　：つまり，言い換えれば競争相手としてすぐれている場合，ということですね？　ええと，競争こそブルック・ファームを始めた人たちがなくしたいと望んでいたものでした。理想的社会は協力に基づいた社会だと考えていましたからね。

リサ　：でもそれは無理です。人間は競争好きな動物です。そのようにして私たちは何千年にわたって生き続けてこれたのですから。

ヘクター：うん。でもだからといって我々が変われないということにはならないよね，リサ。つまり，社会がかつてとは違っている他の面を見てごらん。競争だってこの世からなくしたり，減らしたりすることはできないのかな。

リサ　：できないと思うわ。私はあなたほど理想主義者ではないのよ，ヘクター。ともかく，ブルック・ファームはその後どうなったんですか？

講演者　：えっと，ちょっと長くなります。最初の数年は物事がかなり順調に進んだ。つまり私がさっき言ったように，一部のメンバーは去ったけれど，参加した人もいましたからね。でもグループが目指すものが別の方向に向かい始めて，1846年，農場にあった主要な建物の１つが火事で焼けました。団体は財政面で立ち直ることができず，その後まもなくして解散したんです。

ヘクター：ああ，それは残念だな。成功していればすばらしかったのに。

リサ　　：そうかしら。いずれは失敗することになったと思うわ。社会はそんなふうに機能することはできっこないもの。

講演者　：まあ，ともかく，その実験についてどのように感じるかに関係なく，ブルック・ファームの人々を奮い立たせた考えの多くは，19世紀後半そして20世紀にも影響力を持ち続けました。で，それについてはまた来週話し合いましょう。

考え方 (1)「リサは…という点で今日の多くの社会はブルック・ファームの実験に似ていると考えている」 正解はアの**「老人が社会に支えられている」**。リサの最初のセリフと内容が一致する。そこでリサは「多くの国では子供たちの教育が無料で，老人が年金を受け取り，仕事をしなくてよいなどといった点で，ブルック・ファームで行われていたことと今日の社会とにはあまり違いはないように思える」と述べている。イの「すべての子供は学校に行くことを義務づけられている」とウの「人々は自分たちの思う通りに生きる自由を持っている」は本文で触れられていないので不可。エは「女性と男性は同じ仕事に対して同じ額の支払いを受けている」の意。リサは「女性と男性は同じ仕事に対して同じ報酬を受け取ることになっている。ただし，現実にはいつもそうなっているわけではない」と述べている。したがってリサは「現実には男女とも同額が支払われているとは言い切れない」と考えていることになる。それに対して選択肢のエは「同額の支払いを受けている」ということを「事実」として記述した言い方になっているため不適。

(2)「リサは会社の社長は…と述べている」 正解はアの**「店の従業員より多くのお金を稼いでいる」**。リサの2番目のセリフ (Things certainly aren't like that ...) の内容と一致する。イの「店の従業員より多くを生産する」，ウの「店の従業員より長時間働く」，エの「店の従業員より高度な教育を受けている」はいずれもリサの発言内容と一致してはいないので不可。

(3)「ヘクターは，よりよい野菜を育てられる農民は…を稼ぐべきだという考えに賛成するだろう」 正解はエの**「すべての人は平等なので他の農民と同額のお金」**。講演者が「どんな仕事をしようともすべての人が同額の報酬を受け取るべきか」と聞いたのに対し，ヘクターは「その意見には賛成」と述べた上で「誰もが人間として平等な権利と同じ価値を持っているので，同じ量の仕事に対しては同額の報酬を得ることは合理的」と述べている。この内容と一致するエが正解。アの「自分の育てた野菜の価格に基づいた額」，イの「育てる野菜の量に基づいた額」，ウの「特別な知識を持っているのだから，他の農民よりも多くの額」はいずれもヘクターの主張に合わないので不可。

⑷「リサは人間は生まれながらに競争をしたがると信じている，…」 正解はエの**「そして協力は社会の基盤にはなり得ないと考えている」**。講演者が「ブルック・ファームの人たちは理想社会は協力に基づくものであると考えた」と説明したのを受けて，リサが「それは不可能です。人間は競争したがる動物なんですから」と述べていることと一致する。アは「しかし彼女は同時に人間は変わることができるとも考えている」の意。変化できると考えているのはヘクターであって，リサではないので不可。イの「しかし彼女は同時に協力の重要性も認識している」は「協力に基づく社会は不可能」というリサの考えに反するので不可。ウは「そして競争から新しい考えが生まれ得ると考えている」の意。リサは「競争好きだからこそ，この何千年もの間我々は何とか生き延びてきた」と述べているが，これは「新しい考えが生まれる」と同義とは言い切れない。

⑸「ブルック・ファームの実験が終わった理由は…からだ」 正解はイの**「団体が財政上の損失を被った」**。講演者が「農場の主要な建物の１つが焼け落ちて，団体は財政上の損失を取り戻すことができず，その後まもなくつぶれた」と述べていることに対応する。アの「メンバー間に意見の相違が見られるようになった」，ウの「メンバーの数は徐々に減少した」，エの「メンバーが他の実験的な社会に移り始めた」はいずれも実験が頓挫した主たる理由としては挙げられていないので不可。

解答

(1)－ア　(2)－ア　(3)－エ　(4)－エ　(5)－イ

2010年

音声ファイル 10_01～10_03

3 (A) スクリプト

It is unfortunate but true that the library has been associated in some people's minds with death. The library has been seen as a place that preserves the works of writers who died long ago, a place where motionless volumes rest like gravestones on silent shelves. In traditional libraries, when people talk at all they speak in hushed voices, as if in a cemetery or at a funeral. In recent years, people concerned about the environment have even referred to printed books as "dead trees," because of the trees that must be cut down to produce paper for those books. That image would make the library a dead forest.

But although a printed book might seem lifeless and unchanging, books do not have to be dead. After all, in its essence a book is any fixed collection of words, words that have been selected and arranged by the author and put into a form in which they can be remembered. And that form does not need to be on paper. Long before the birth of writing, and for a long time thereafter, words were preserved not as static text but in living, dynamic forms. The minstrels of medieval Europe who traveled from town to town telling stories and reporting news in their songs, the storytellers of many cultures who passed on folktales from generation to generation, even the dancers of India and elsewhere who made words out of gestures and told stories through the movements of their bodies—in a sense, their performances were books as well. The words of those books, though, were stored not on the surface of paper but in the brains of the people who remembered them. Their brains were their libraries, libraries made of flesh and blood, libraries whose books changed and developed over time.

Of course, the old-style library of printed books has never been as lifeless as some people imagine; after all, great printed books continue to be loved because of the way their words seem to come alive on the page. But it is true that now, in the twenty-first century, the library is acquiring a new kind of life. For today's library exists not only in a building made of brick or concrete but also in the huge, global network called the Internet. That network, which consists of millions of computers located in every corner of the Earth, contains a vast number of words in every form, from personal messages to government reports as well as traditional books. This library's collection is constantly changing, as more words are added and as meaningful links are created among them by both people and machines. Just as the tales of ancient storytellers changed over time, so, too, is the content of today's vast worldwide library gradually evolving. Like the human brain that stored those tales, this new library, this library called the Internet, is alive.

全訳 一部の人の頭の中では図書館が死と結びついているということは残念ではあるが事実である。図書館はだいぶ前に死んだ作家の作品を保存する場所，すなわち，静止した書物が静かな棚に墓石のように並んでいる場所と見られてきたのだ。伝統的な図書館では，少しでも話すときには，まるで，墓地にいたり葬式に出ているかのように抑えた声で話をする。最近は，環境問題に関心のある人たちは印刷された書籍を「死んだ木」とさえ呼んでいる。というのもそうした本で使う紙を作るためには木を切り倒さなければならないからである。そうしたイメージからすると図書館は死んだ森ということになるだろう。

印刷された本は生きておらず，変わらないように思えるかもしれないが，本が必然的に死んだものになるということではない。結局のところ本は本質的には，言葉，すなわち筆者によって選ばれ配列され，記憶に残るような形にされた言葉をいかなる形であれ固定的に集めたものなのである。そしてそうした言葉は紙に印刷されている必要はない。書くことが生まれるはるか前，そしてその後長期にわたって，言葉は静的な文書という形ではなく，生きていて動的な形で保存されていた。自分たちの歌で話を語ったりニュースを伝えながら，街から街へ渡り歩いた中世のヨーロッパの吟遊詩人，世代から世代へと民話を伝えた多くの文化の語り部たち，そして身振りから言葉を表現し，体の動きで話を語ったインドや他の地域の踊り子たちでさえ，ある意味で，彼らのしたことは本でもあったのだ。しかし，そうした書籍の言葉は紙面上に保存されていたわけではなく，それを記憶した人々の頭の中に蓄えられたのだ。彼らの頭が彼らの図書館，血と肉で出来た図書館，蔵書が時を経て変わり拡大した図書館であったのだ。

もちろん，印刷された本が置かれている従来の図書館は，一部の人が考えているほど死んでいたわけでは決してない。結局のところ，印刷されている偉大な書物は，その言葉がページ上で蘇って生気を取り戻しているように思えるがゆえに引き続き愛されているのだ。しかし，現在，21世紀においては，図書館は新たな種類の命を得つつあることは間違いない。というのは，今日の図書館は煉瓦とコンクリートで出来た建物の中だけではなく，インターネットと呼ばれる巨大で地球規模のネットワークの中にも存在しているからである。そのネットワークは，地球の至る所に置かれている何百万台ものコンピュータによって構成されているが，伝統的な書籍のみならず，個人的なメッセージから政府の報告書に至るまであらゆる形の膨大な数の言葉を抱えている。この図書館に集められているものは，さらに多くの言葉が加えられ，そうした言葉が人と機械によって有意義な形で結びつけられるにつれて，絶えず変わっている。古代の語り部が語る話が時を経て変わったのとちょうど同じように，今日の世界規模の巨大な図書館の中身も徐々に進化しているのだ。そうした話を蓄えた人間の脳と同様に，この新しい図書館，つまりインターネットと呼ばれるこの図書館は，生きているのだ。

考え方 (1)「次のうち，一部の人が図書館と死を結びつける理由として指摘されていないものはどれか」 正解は**ウ**の**「図書館には古代の歴史についての本がたくさんある」**。アの「図書館で人々は静かにしゃべる」は第1段落第3文 (In traditional libraries, ...) の内容と一致。イの「印刷された本を作るために木が殺されている」は第1段落第4文 (In recent years, ...) の内容と一致。エの「図書館に入っている多くの本の著者はずっと昔に死んだ」は第1段落第2文 (The library has been ...) の内容と一致する。

(2)「話者によると，『本』とは本質的にどのようなものか」 正解は**エ**の**「いかなる形であれ言葉を集め，記憶可能となっているもの」**。第2段落第2文 (After all, in its essence ...) の内容と一致する。他の選択肢の意味はそれぞれ次の通り。ア「何であれ生きているもの」，イ「何であれ紙に印刷されているもの」，ウ「いかなる形であれ言葉で表現できる考え」。

(3)「次のうち話者が指摘していないものはどれか」 正解は**ア**の**「絵を描くことで話を語った人たち」**。イは「現在の出来事について歌をうたう人々」の意。第2段落第5文 (The minstrels of ...) に「吟遊詩人は歌でニュースを伝えた」と述べられていることと一致する。ウは「話をするために身振りを使った人たち」の意。第2段落第5文後半部に「体の動きを通して話を語った人たち」について言及されている。エは「聞いた話を語り直す人たち」の意。第2段落第5文の中盤に「世代から世代へと話を伝える人たち」について言及されている。

(4)「なぜ話者はインターネットを図書館と見なしているのか」 正解は**イ**の**「膨大な量の『書物』を含んでいるから」**。第2段落第2文において筆者は「本」を「印刷された書物」に限定せず「筆者が選び配列し，記憶ができるようになっているもの」

と定義している。さらにまず第3段落第3文 (For today's library exists ...) で，インターネットが現代の図書館になっていると指摘した上で，第4文 (That network, which ...) にインターネットには「あらゆる種類の言葉が含まれている」と述べられている。ネット上にある「言葉の集まり」は筆者の定義に従えば「本」と考えることができる。よって，「インターネット上には大量の『本』があるから，インターネットは図書館と見なし得る」ということになる。アは「それは誰にでも利用できるから」の意。しかし，筆者は図書館を「誰にでも利用できる場所」と定義してはいないので不可。ウの「インターネットは将来の世代のために『本』を保存するから」も本文では触れられていない話なので不可。エは「それは世界中からの情報を含んでいるから」の意。たしかに「ネットワークを構成しているコンピュータは地球上の至る所に置かれている」とは書かれているが，「世界中の情報が集まっているから図書館と言える」と解釈できる記述はない。

(5)「話者によれば，なぜインターネットは『生きて』いるのか」 正解はアの**「それは絶えず変化しているから」**。最終段落の最後の2文から「変化・進化」していることを「生きている」ことの証と考えていることがわかる。他の選択肢の意味はそれぞれ次の通り。イ「それは最新の情報を伝えるから」，ウ「それは多くの生きている人の言葉を含んでいるから」，エ「インターネットのリンクは人間の脳の神経に似ているから」。いずれも本文中でインターネットが生きていると言える理由として指摘されてはいないので不可。

解答

(1)－ウ　(2)－エ　(3)－ア　(4)－イ　(5)－ア

3 (B) スクリプト

It's 1973, and Jim and Alice, classmates from their high school days, are nearing the end of their four years at college in Boston.

Jim: That does it! That last exam of my college life! How about you, Alice?
Alice: My last one's tomorrow. I can hardly wait to get it over with. But at the same time, I feel a bit sad.
Jim: I know what you mean. I had a wonderful time in college, and I feel a bit lonely knowing that graduation is just around the corner.
Alice: Exactly! I studied hard and did my best in the judo club, so I don't have

any regrets. I guess I just don't want my college life to end so suddenly.

Jim: I wasn't the scholar you were, but I gave my all to the mountains on weekends and during vacations—hiking and rock climbing from April until October, and skiing the rest of the time. College life was great.

Alice: Well, Jim, you can still go to the mountains even after starting to work. You got a job at a bank, didn't you?

Jim: Oh, didn't I tell you? I decided not to take the job.

Alice: I didn't know that. Why not?

Jim: I want to travel, see the world, and spend some time thinking about my place in it. I plan to enter the job market again next year.

Alice: I envy you. Actually, I would have liked to continue practicing judo full time. My coach says I have talent. But I have to work to pay back the money I borrowed to go to college. I guess it will just be part-time judo for me after busy days on Wall Street. By the way, where are you going to go?

Jim: From June until September, I want to hike around the Rocky Mountains. I've never been West before.

Alice: And then?

Jim: And then, the big adventure—travelling around Asia, starting with Japan. You remember Shota from our high school days, don't you?

Alice: Of course. But I haven't heard from him since high school graduation.

Jim: We've been keeping in touch. He's still in a college in Tokyo, and he invited me to visit.

Alice: Sounds great! Give him my regards.

Jim: I will.

More than 30 years have passed. It's high school class reunion day, and now it's Shota's turn to tell his former high school classmates what he's been doing all these years.

This is the first class reunion I've attended. As I look around, I see less hair and more kilograms than I remember, but the same friendly smiles.

After graduating from high school here in the United States, I went back to Japan for college. I was lucky enough to get into my first choice school. I was so tired of studying that I thought I'd never want to look at another book again. The biggest event of my college days was joining the cheering club. The good friends I made there inspired me to rethink my life, and I surprised even myself when I started studying again. After graduating, I wanted to put to use the interpersonal skills and good health I got in my club, and so I became a diplomat, and now I'm back in the United States, working at the United Nations in New York. I'm happy for the opportunities I had to work all around the world.

Jim and Alice couldn't be here today, but they send their best regards. After graduating from college, Jim started out on a world tour. But he only got as far as Japan. While visiting me, he fell in love with Japan, especially the mountains. He studied Japanese, went to graduate school in Tokyo, and now teaches forest ecology at a Japanese university. He's even the faculty advisor to the skiing club. Alice got a job on Wall Street, but quit her company in order to realize her potential for becoming a judo champion. As you know, she represented the United States in a number of international judo tournaments. She's now in Japan at a two month training camp with her judo students from the college in California where she teaches physical education.

Isn't it amazing how life works out?

全訳

時は1973年。高校時代クラスメートであったジムとアリスはボストンの大学での4年間の終わりを迎えようとしていた。

ジム　：これで終わりだ！　大学生活最後の試験だ！　アリス，君はどうなの？

アリス：私の最後の試験は明日。終わるのが待ちきれないわ。でも同時にちょっと寂しい気分だわ。

ジム　：分かるよ。大学はとても楽しかったし，もうちょっとで卒業だと思うとなんか寂しいね。

アリス：本当よね！　一生懸命勉強したし，柔道部で全力を尽くしたわ。だから何の後悔もないの。自分の大学生活があまりに突然終わっちゃうのが嫌なんだと思うわ。

ジム　：僕は君みたいに一生懸命勉強しなかったけど，週末や休みの間は山に全力を費やしたね。4月から10月まではハイキングやロッククライミングだし，そして残りの期間はスキー。大学生活はよかったな。

アリス：でも，ジム。働きだしてからでも山には行けるわよ。銀行に就職するんでしょ？

ジム　：あれ，言わなかったっけ？　その仕事は断ることにしたんだ。

アリス：知らなかったわ。なんで？

ジム　：旅行をして，世界を見て，少し時間を使って世界の中での自分の立場について考えたくてさ。来年また就活するよ。

アリス：うらやましいわ。本当はね，私はこれからも柔道の稽古に没頭したかったの。コーチには才能があるって言われてるし。でも大学に通うのに借りたお金を働いて返さないといけないから。ウォールストリートで忙しい日々を過ごして，その合間に練習するとなると，どうしても柔道は片手間になっちゃうわ。ところで，どこに行くの？

ジム　：6月から9月まではロッキー山脈を歩き回ってみようと思うんだ。これまで西部には行ったことがなかったし。

アリス：それから？

ジム　：それからはね，大冒険なんだ。アジアを旅行するんだ，まずは日本から始めてね。高校のときにいた翔太を覚えてるでしょ？

アリス：もちろん。でも，高校を卒業してから連絡ないわ。

ジム　：僕らは連絡を取り合ってたんだ。彼はまだ東京で大学に通っていて，来ないかって誘ってくれたんだ。

アリス：いいじゃない！　よろしく伝えておいて。

ジム　：うん，そうする。

30年以上が経過した。今日は高校のクラス会で，昔のクラスメートに近況報告をしている。次は翔太の番である。

これまでにクラス会は出たことがなかったんですが，こうして皆さんのことを見回しますと，自分の記憶以上に皆さんの髪の毛は薄くなり，肉はついていますが，親しみやすい笑顔は変わっていませんね。

ここアメリカで高校を卒業した後で，日本に戻って大学に進学しました。幸運にも第一志望の大学に入れました。勉強には飽き飽きしてしまったので，もう本はこれ以上見たくないと思ったほどでした。大学時代の最大の出来事は応援団に入ったことです。そこで出来たいい友だちに触発されて，自分の人生を見つめ直しました。そしてまた勉強を始めたときには自分でも驚いてしまいました。卒業後，部活動で身につけた人付き合いの技能や健康を利用したいと思いまして，外交官になりました。そして今アメリカに戻って，ニューヨークの国連で働いています。世界中で働く機会を得たことをうれしく思っています。

ジムとアリスは今日ここに来ることが出来ませんでしたが，よろしくとのことでした。大学を卒業したあと，ジムは世界旅行を始めましたが，日本までで終わってしまいました。私のところに来てくれている間に，日本，とくに日本の山々に恋をしてしまいまして，日本語を勉強し，東京の大学院に行きまして，今では日本の大学で森林の生態学について教えています。スキー部の指導教官もやっています。アリスはウォールストリートで仕事を得ましたが，柔道のチャンピオンになるという潜在的な能力を発揮するため会社を辞めました。ご存知の通り，いくつもの柔道の国際大会でアメリカ代表を務めました。彼女は今日本におりまして，彼女が体育を教えているカリフォルニアの大学の柔道選手たちと２ヵ月の強化合宿をやっています。

人生がどう転ぶかわからないものですよね。

考え方　(1)「ジムとアリスが寂しく感じたのは…だからである」 正解は**エ**。"... I feel a bit lonely knowing that graduation is just around the corner." "Exactly! ...." というやりとりから，ジムとアリスは「大学を去ること」を寂しく思っていたことがわかる。他の選択肢の意味はそれぞれ次の通り。ア「卒業後起こりうることを恐れた」，イ「自分たちが本来勉強すべきであったほど勉強していないと考えていた」，ウ「自分たちが本来やれたほど一生懸命クラブ活動をやらなかったと信じていた」。

(2)「卒業前に，ジムは…と思った」 正解は**イ**の**「旅をしてそれから再び仕事を探したい」**。ジムが "I want to travel, ... I plan to enter the job market again next year." と述べていることと一致する。アは「残りの人生を旅をして過ごしたい」の意。これではその後就職する意志はなかったことになってしまうので不可。ウの「残りの人生を山で仕事をして過ごしたい」もジムの発言内容と一致していないので不可。ジムは「旅を始めたらまずロッキー山脈を旅したい」と述べているだけで，「今後ずっと山で仕事をしたい」とは述べていない。

(3)「翔太が言うには…」 正解は**ア**の**「クラブ活動が職業の選択に影響を与えた」**。「応援部に入り，そこで出来た友だちに触発され，再度勉強をし，応援部で身につけたものを活かすために外交官になった」と翔太が述べていることと一致する。イの「ジムとアリスという彼の友人が職業の選択に影響を与えた」，ウの「アメリカでの経験が職業の選択に影響を与えた」はいずれも翔太の発言からは読み取れないことなので不可。

(4)「翔太…はアメリカに戻った」 正解は**エ**。翔太がアメリカに戻ったのは「ニューヨークの国連で働くため」である。他の選択肢の意味はそれぞれ次の通り。ア「世界旅行の途中」，イ「ジムとアリスという昔のクラスメートを訪ねるため」，ウ「高校のクラスの同窓会に出るため」。

(5)「アリスは…」 正解はアの**「一時的に日本にいる」**。現在柔道の合宿で2ヵ月日本にいると述べられていることと一致する。イは「ウォールストリートでパートの仕事を続けている」の意。「ウォールストリートの仕事をやめた」とは述べられているが，その後もパートで仕事を続けているとは述べられていないので不可。ウは「日本に越すために大学の仕事をやめなければならなかった」の意。現在「自分の学生たちと日本で合宿中」と述べられているので，大学の仕事はやめてはいない。よって，不可。

解答

(1)－エ	(2)－イ	(3)－ア	(4)－エ	(5)－ア

3 (C) スクリプト

Sometimes we learn by imitation. We look around for somebody who is doing [what we want to do] in a way that we admire or at least accept. And then we take that person as an example to follow.

Now, of course, we call that person a role model, but inventing that term [took years of hard work] on the part of sociologists. They began by talking about reference groups, the "groups whose behavior serves as a model for others." There are also reference individuals, "particular people that we imitate."

In the 1950s, the sociologist Robert K. Merton [made a distinction between] people who serve as patterns for living and role models, whom we imitate in specific roles like studying insects, playing basketball, or parenting. We find the latter term in an article about the "student-physician" in 1957: "By the time students enter law or medical school, [those whose decisions] were made earliest are most likely to have a role model."

Today, Merton's careful distinction is long forgotten by everyone, except perhaps sociologists. Nowadays role models can model whole lives [as well as particular skills]. We seek good role models to follow and criticize those who are bad role models. And we know that when we grow up, for better or worse, [we can expect to become] role models, too.

全訳　時には我々は真似ることによって学ぶ。我々は，自分たちが称賛したり，少なくとも受け入れるような形で，我々がやりたいことをやっている人を探す。それから我々はその人を見習うべき手本と受け止めるのだ。

さて，もちろん，我々はそうした人をロールモデルと呼ぶ。しかし，そうした用語を作るのに社会学者の側は何年も苦労した。彼らは，まずレファレンスグループ（準拠集団），すなわち「その行動が他の人たちのモデルになる集団」なる語を用いた。レファレンス・インディビジュアル，つまり「我々が模倣する特定の人たち」が用いられたこともある。

1950年代，社会学者のRobert K. Mertonは人生全般の模範となる人たちと，虫の研究，バスケットボール，子育てといった個別的な役割において我々が模倣するロールモデルを区別した。後者の用語は1957年の「研修医」についての論文の中に出てくる。「ロースクールや医学校に入るときまでには，もっとも早く決断を下した学生がロールモデルを持っている可能性が最も高い」。

今日ではMertonの綿密な区別ははるか昔に，おそらく社会学者を除くすべての人々に忘れられてしまっている。今日ではロールモデルは特定の技能だけではなく人生全般のモデルにもなり得る。我々は見本とすべきよいロールモデルを探し，悪いロールモデルとなっている人を批判する。そして大きくなったら，良きにつけ悪しきにつけ，自分たちもまたロールモデルになる可能性があるとわかっているのだ。

考え方

ディクテーション［書き取り］問題。スクリプト参照のこと。

解答

(1) what we want to do
(2) took years of hard work
(3) made a distinction between
(4) those whose decisions
(5) as well as particular skills
(6) we can expect to become

2009年

音声ファイル
09_01～09_03

3 (A) スクリプト

Do ghosts exist? Do the dead come back to visit the people who have survived them? For many centuries it was believed that they did. More modern questions are: do UFOs exist, and do creatures from outer space visit earth and contact human beings? Most people would answer no to all these questions, but the idea that there are mysteries which cannot be explained by science always remains attractive to some people. Such unexplained phenomena are usually referred to as "the paranormal", a word which means "beyond or beside the normal".

People who have strong opinions about the paranormal generally approach it in one of two opposite ways. On the one hand, there are those who automatically believe that all reports of ghosts, UFOs, or other unexplained happenings are true. Such people are not interested in how—or even whether—these things can be explained by science since what they doubt is science itself. Scientists, they think, are trying to hide the truth about the strangeness of the universe.

On the other hand, there are those who just as automatically assume that all reports of paranormal phenomena *must* be invalid. Such people see themselves as defenders of reason and objectivity, insisting that society must at all costs be protected from the dangers of superstition and popular ignorance.

There is, of course, a third possible attitude to the paranormal, the flexible approach of those who are willing, when faced by something puzzling, to look at it from all angles, realising that what is under investigation may not fit in with current ways of thinking. They do not automatically accept or reject claims, but rather try to test them using existing scientific methods.

This third response is clearly the most scientific, but in fact scientists and other supposedly objective investigators have not always taken this approach to things which they do not yet understand. For example, some researchers declared that Edison's electric lamp was an impossibility, and because they thought it was impossible, they refused to go to see it even when Edison used it to light up his laboratory.

Similarly, from 1904, the Wright brothers made flights over fields close to a main highway and a railway line in Ohio; but even though hundreds of people saw them in the air, local journalists failed to report it. As the publisher of one local newspaper later admitted, none of them believed it was possible and so they did not go to see it with their own eyes. Two years after the Wright brothers' first flight, the important national journal *Scientific American* still refused to believe it had happened; if there had been any truth in the story, the journal said, wouldn't the local newspapers have reported it?

Although the editors of *Scientific American* began by rejecting the Wright brothers' claims, they were flexible enough to change their minds when finally presented with the evidence. In contrast, a striking fact about those who strongly believe in the reality of the paranormal is the certainty of their belief despite an almost perfect absence of scientific proof. The most interesting question, then, is perhaps not whether the paranormal exists, but what makes some people so eager to believe that it does.

全訳　幽霊は存在するのだろうか？　死者は自分より長生きした人々を訪ねに戻ってくるのだろうか？　そうしたことは何世紀にもわたって信じられていた。より現代的な問いかけは「UFOは存在するのか？　そして宇宙からの生命体が地球を訪れ人間と接触するのか？」ということである。大部分の人たちはこうした問いかけすべてに対してノーと答えるが，科学では説明のつかない神秘が存在するという考えは，一部の人にとっては相変わらず魅力的なままなのである。そうした説明されていない現象は通常「超常現象」と呼ばれるが，これは「正常な状態を超えた，あるいはそれを外れた」ということを意味する語である。

超常現象について強固な見解を持つ人々は，一般に以下の正反対の2つの姿勢のうちの1つの姿勢を取る。一方において，幽霊，UFO，あるいは他の説明されていない現象についての報告はすべて正しいと機械的に信ずる人もいる。そうした人々は，科学それ自体を疑っているので，こうした現象が科学でどのように説明できるのか，あるいはそもそも説明可能なのかどうかということにさえ，興味を持っていない。そうした人たちは，宇宙の神秘についての真実を科学者は隠そうとしていると考えているのだ。

他方において，超常現象についてのすべての報告は根拠がないに「違いない」と，ほとんど機械的に考えてしまう人がいる。そうした人々は，自分は理性や客観性の擁護者だと考え，社会を何としてでも迷信や大衆の無知の危険から守らねばならないと主張するのだ。

もちろん超常現象に対してはさらにまた別の姿勢が取られる場合もある。これは，何か戸惑うようなものに遭遇したときに，今研究対象となっているものは現在の考え方には合わないかもしれないと認識し，あらゆる角度からそれを見ることをいとわない人たちが取る柔軟な取り組み方である。そうした人たちは主張を機械的に受け入れたり拒絶することはなく，既存の科学的な手法を使ってそれを検証しようとするのである。

この3番目の反応は明らかにもっとも科学的なものだ。しかし，実際のところ，科学者も他の客観的と思われている研究者も，まだわかっていないことに対して常にこうした取り組み方をしてきたわけではない。たとえば，研究者の中にはエジソンの電球はあり得ないと断言した者もいた。そしてそれがあり得ないと思っていたので，エジソンが自分の実験室に明かりを灯すためにそれを使ったときでさえ，それを見に行くことを拒んだのだ。

同様の話だが，1904年以来，ライト兄弟はオハイオの主要な幹線道路や鉄道路線近くの草原の上空を飛行した。何百人もの人々がライト兄弟が飛行しているのを見たにもかかわらず，地元のジャーナリストたちはそれを報道しなかった。地元のある新聞社の発行者が後になって認めたように，そんなことが可能だとは誰も思っておらず，それゆえそれを自分の目では見に行かなかったのである。ライト兄弟の最初の飛行の2年後，権威のある全国的な科学雑誌である『サイエンティフィック・アメリカン』は，そうしたことがあったとまだ認めなかった。その話に少しでも信憑性があるのなら，地元の新聞が報じているはずだ，とその雑誌は述べたのだ。

『サイエンティフィック・アメリカン』の編集者たちは，最初はライト兄弟の主張を否定したが，最終的に証拠を提示されたときには自分たちの考えを変えるだけの柔軟性を持ち合わせてはいた。対照的に，超常現象が事実だということを強く信じている人たちにまつわる驚くべき事実は，科学的な証拠がほとんど全くないにもかかわらず自分たちの考えが正しいと確信していることである。そうなると最も興味深い問いかけは，超常現象が本当に存在するかどうかではおそらくなく，なぜあれほど熱心に一部の人はそれが存在すると信じたがるのかということである。

考え方 (1)「話者によれば，大多数の人々は…」 正解はイの**「幽霊やUFOの存在を疑っている」**。第1パラグラフで“Most people would answer no to all these questions, ...”と述べられていることに対応する。all these questionsは「幽霊がいるのか，死者が会いにくるのか，UFOが存在するのか，宇宙からの生命体が地球にくることがあるのか」といったその前で紹介されている問いかけを指している。アの「ある程度幽霊を信じている」はこれと矛盾するので不可。ウの「すべてのことは科学で説明がつくと考えている」，エの「科学で説明がつかないものに惹きつけられている」はいずれも話の中では触れられていないので不可。

(2) 「話者は，超常現象についてしっかりとした意見を持っている人たちを2つのグループに分けている。話者によれば,最初のグループは…の人たちから成っている」正解は**アの「反科学的」**。第2パラグラフで述べられている「幽霊やUFOについての報告はすべて正しいと信ずる人たち」はanti-scientificと言えるので，これが正解。ウの「科学的な説明を求めている」，エの「説明されていない出来事の報告を疑う」はそれに矛盾するので不可。イは「真実を隠そうとしている」の意。第2パラグラフの最終文で述べられているのは「そうした人々は『科学者が』真実を隠そうとしていると考えている」ということであり，「このグループの人々が真実を隠そうとしている」と述べられているわけではないので不可。

(3) 「話者の意見では，超常現象について強い意見を持っている2つめのグループの人たちは…である」 正解は**アの「柔軟性がない;不動である」**。第3パラグラフに，この種の人たちは「超常現象についてのすべての報告は根拠がないに違いないと断定している」と述べられていることからアを選択する。他の選択肢の意味はそれぞれ次の通り。イ「知識が豊富」，ウ「理性的」，エ「迷信深い」。

(4) 「話者によれば，エジソンが電球を発明したとき，…一部の研究者がいた」 正解は**イの「電球を作ったことを信じず，それゆえそれを見に行かなかった」**。第5パラグラフの最終文に「エジソンが電球を使って実験室を明るくしたときでさえ，それを見に行くことを拒んだ」と述べられていることと一致。アの「電球を作ったということを信じて，それゆえそれを見に行った」，ウの「電球を見るまで電球を作ったことを信じていなかった」，エの「電球を作ったことは信じたが，わざわざそれを見に行こうとはしなかった」は，すべて最終文の内容に反するので不可。

(5) 「話者によれば，ライト兄弟が最初の飛行をしたとき…」 正解は**ウの「地元の普通の人たちは，ライト兄弟が飛行に成功したことを信じたが，ジャーナリストは信じなかった」**。第6パラグラフに，「何百人もの人たちはライト兄弟が空を飛んでいるのを見たが，地元の新聞も全国的な雑誌もそれを信じず，報じることもなかった」と述べられていることと一致する。アの「誰も彼らがそれをしたことを信じなかった」，イの「人々は，彼らがそれをしたというジャーナリストの報道を信じなかった」，エの「地元のジャーナリストは彼らがそれをしたと信じたが，全国的なジャーナリストは信じなかった」は，いずれも先の記述に反するので不可。

(6)「超常現象を信ずる人たちに関して，話者が最も興味深く思えるのは…だ」正解はイの**「彼らがなぜそれを信ずるのかということ」**。最終パラグラフ最終文の“what makes some people so eager to believe that it does”と一致する。「何が一部の人たちを超常現象が存在するとぜひ信じたいという気持ちにしているのか」≒「なぜ一部の人は信ずることに熱心なのか」なので，「理由」であることがはっきりと示されているイを選ぶのがよい。他の選択肢の意味はそれぞれ次の通り。ア「彼らのその論じ方」，ウ「科学的な証拠に対する彼らの姿勢」，エ「超常現象が存在するという彼らの主張」。

解答

(1)－イ	(2)－ア	(3)－ア	(4)－イ	(5)－ウ	(6)－イ

3 (B) スクリプト

Susan: John, I hear you've been doing some research on taste?

John: That's right. You know, we can distinguish thousands of different tastes, and yet there are only a few *basic* tastes we can detect.

Susan: Four, isn't it? The human tongue can detect sweet, salty, bitter, and sour tastes, right?

John: That's what people used to think, Susan. And different tastes were supposed to be made up of those four basic components in different proportions. Of course, they were partly right: complex flavours *are* made up of simpler tastes.

Susan: That's what I've always thought. And we like certain tastes because they're good for us. For instance, we like the salty taste, because salt is good for us.

Dave: I thought salt was bad—for blood pressure or something.

John: Too much salt, yes. But the body needs salt, Dave—like we need sweet things to give us energy. On the other hand, we dislike bitter tastes because lots of poisons are bitter.

Dave: Well, anyone for a nice cup of poison—I mean—coffee? Or how about some strong dark chocolate? People can't get enough of those things, John, and they're bitter.

John: It's true ... children don't like bitter tastes at all, but for some reason, grown-ups often do. I'm afraid there are still a few mysteries to clear up ...

Susan: John, you said people *used* to think there were four ...

John: Right. Since about 2000, most researchers have come to accept a fifth taste. We've discovered that the tongue has another set of detectors, which are associated (like sweetness) with pleasure, for a chemical called glutamate.

Dave: So this—what did you call it?—glutamate must be good for us, is that the idea?

John: That's right, Dave. It's present in things like meat and other proteins, which the body uses to build muscles and so on.

Dave: Ah, that rings a bell. There's a Japanese word for this fifth taste, isn't there? What was it ...?

John: It's called *umami*—usually translated as 'savory' in English. *Umami* was actually discovered in Japan about a hundred years ago, but it's only been accepted in other countries recently. It's the taste you find in meat, cheese and green tea ... Also mushrooms.

Dave: Mushrooms?

Susan: Don't you like mushrooms, Dave?

Dave: Oh, yes, as a matter of fact, I do. But I find it hard to believe that evolution has given me a special mushroom-detector to encourage me to eat them. Lots of mushrooms are poisonous, aren't they?

Susan: Oh yes. Hey, I have an idea. Perhaps you could go and investigate some of them ...

Dave: Very amusing ... But aren't there more basic tastes than we've mentioned so far? What about curry, for example? Isn't the hot or spicy taste of curry a basic taste?

John: I have news for you, Dave. In fact, there is no hot or spicy taste. According to most experts, hotness is not a taste but a sensation. It's a physical feeling, like pain, not a taste.

Dave: Oh well, you learn something new every day.

全訳

スーザン：ジョン，味覚について研究しているそうね。

ジョン：そうなんだ。味覚は何千種類にも区分できるけど，我々がはっきり感じ取れるのはほんの数種類の「基本的な」味覚だけなんだ。

スーザン：4つよね，確か。人間の舌が感じ取れるのは「甘い」「しょっぱい」「苦い」「すっぱい」じゃなかった？

ジョン：それは昔の考え方だよ，スーザン。そして味の違いは，その4つの基本要素がいろいろな比率で組み合わさった結果だと考えられていたんだ。もちろん部分的には正しいんだけどね。複雑な味わいというのは，より単純な味の組み合わせでできて「いる」んだ。

スーザン：私はずっとそうだと思っていたわ。あと，私たちがある味を好きになるのは，それが体にいいからだ，とね。たとえば，しょっぱい味が好きなのは，塩が体にいいからよ。

デイヴ：僕は塩は体に良くないと思ってた。血圧なんかにも。

ジョン：とりすぎればね。だけど塩分は体に必要だよ，デイヴ。エネルギーをとるには甘い物が必要なようにね。一方で，我々が苦い味を嫌うのは，多くの毒が苦いからなんだ。

デイヴ：じゃ，誰かおいしい毒を1杯飲む？　もちろんコーヒーのことだよ。さもなければ，カカオ分の多いブラックチョコレートはどう？　こういう物はいくらでも飲んだり食べたりできるよ，ジョン。それに苦いよ。

ジョン：確かに…子供は苦い物はすごく嫌うけど，どういうわけか大人は好きなことが多いね。まだまだ解明しなきゃいけない謎があるなあ…。

スーザン：ジョン，味には4つあると「昔は」考えられてたって，さっき言ったわよね？

ジョン：うん。2000年頃から，ほとんどの研究者たちは5番目の味があると考えるようになっているんだ。舌にはグルタミン酸塩と呼ばれる化学物質を感じ取るもう1つ別の探知器があって，それは（甘さのように）快さと結びついているんだ。

デイヴ：なら，この…何て言ったっけ？　…グルタミン酸塩，というのは，体にいいものに違いない，ってことかな？

ジョン：そうなんだ，デイヴ。肉などのタンパク質の多い食べ物の中に含まれていて，体が筋肉を作るときなんかにそれを使っているんだ。

デイヴ：あっ，そうそう，日本語にその5番目の味を表現する言葉があったよね？何だっけ…？

ジョン：「うま味」って言うんだ。英語では普通‘savory’って訳されているけど。「うま味」は実際日本では100年くらい前に発見されていたんだけど，他の国でそれが受け入れられたのはつい最近のことなんだ。肉やチーズ，緑茶なんかで感じられる味。キノコにもね。

デイヴ：キノコ？

スーザン：キノコは嫌い，デイヴ？

デイヴ：いや，実際好きだよ。でも進化の過程で僕にキノコの味を感じ取る特別な探知器が与えられて，キノコを食べるように促しているとはとても思えないんだ。毒のあるキノコって多いじゃない？

スーザン：そうね。そうだ，いい考えがあるわ。その調査に行くなんてどう？

デイヴ：本当におもしろいこと言うじゃない…。だけど，今まで話題に挙がった味以外は基本的なものはないのかな。たとえばカレー味は？　辛くてスパイシーなカレーの味は基本的な味じゃないのかな？

ジョン：君にいい知らせがあるよ，デイヴ。実際，辛いとかスパイシーっていう味はないんだ。大方の専門家によると，辛さというのは味ではなく感覚なんだ。痛さみたいに体の感覚で，味じゃないんだよ。

デイヴ：へぇ。君は毎日新しいことを勉強しているね。

考え方　(1)「スーザンは最初間違って…と信じる」　正解はアの「**人間の舌は４つの基本的な味覚しか検知できない**」。スーザンが「〈味覚は〉４つね」と述べたことに対し，ジョンが「昔はそう思われていたが，今では大部分の研究者たちは５つめの味覚を認めている」と説明していることからアを選ぶ。確かに，スーザンは「我々は自分の体にいいものの味が一般に好きだ」（＝イ）と述べているし，ジョンは「複雑な味は基本的な味が様々な割合で混ざり合うことによって構成されている」（＝エ）と述べているとも言えるが，この２つは「間違った考え」とされてはいないので不可。ウの「人間は何千もの異なった味覚を区別できる」はジョンが述べたことである。

(2)「ジョンは我々が苦いものが嫌いなのは，それが我々の体に悪いからだと主張する。デイヴは…によって自分はその意見には同意しないと述べている」　正解はエの「**中には苦い味が大好きな人もいると指摘すること**」。デイヴが「コーヒーや苦いチョコレートが好きな人もいる」と反論していることと一致する。アは「コーヒーは毒があると論じること」の意。デイヴはこのようなことは述べていないので不可。イは「彼に苦いブラックチョコレートを少しあげること」の意。デイヴがジョンにチョコレートをあげたということはないので不可。ウは「苦いものは我々にエネルギーを与えると説明すること」の意。デイヴはそのようなことは述べていないので不可。

(3)「ジョンによれば…」 正解はウ。「**『うま味』は最近になって初めて日本以外の科学者に基本的な味覚として認められるようになった**」。ジョンが第5の味覚としてグルタミン酸塩が認知されていることを述べた上で，それが日本では「うま味」と呼ばれ，最近になってようやく他の国でも受け入れられるようになったと述べていることからウが正解。アは「2000人以上の研究者たちが『うま味』を基本的な味覚と認めている」の意。会話の中でジョンは「だいたい2000年ぐらいから，多くの研究者が第5の味覚を考えるようになった」と述べているのであって，研究者の数が2000人だと述べているわけではないので不可。イとエはそれぞれ「『うま味』は甘味と同じ検知器官によって特定される」「『うま味』を持った食べ物は約100年前まで日本では食べられていなかった」の意。ジョンはそのようなことは述べてはいないので不可。

(4)「デイヴが『とてもおもしろい』と感じるのは…だ」 正解はウの「**スーザンがデイヴに毒の入ったキノコを食べてみればと勧めたこと**」。デイヴとスーザンの間での「キノコの多くは毒を持っているよね」「じゃ，キノコをいくつか試しに食べてみれば？」「それはとてもおもしろいね」というやりとりに対応する。キノコを食べるように言われたのはデイヴなので，イの「スーザンが毒のあるキノコを調査してみるという考え」は不可。アの「毒のあるキノコに基本的な味が含まれているという考え」とエの「毒性のキノコの進化についての自分自身のコメント」は，いずれも「おもしろいこと」としてデイヴが指摘していることではないので不可。

(5)「会話の終わりで，デイヴは…と知る」 正解はイの「**カレーの辛さは基本的な味覚ではない**」。デイヴが「カレーの辛い味は基本的な味ではないのか」と聞いたのに対し，ジョンが「辛い味というのはない」と答えていることと内容的に一致する。アの「中には毎日カレーを食べたがる人もいる」，ウの「我々がカレーの味が好きなのは，我々の体にいいからだ」，エの「一部のカレーはあまりに辛く，食べるとほとんど苦しいほどだ」は，いずれも会話の最後のやりとりとは無関係であり，不可。

解答

(1)－ア　(2)－エ　(3)－ウ　(4)－ウ　(5)－イ

3 (C) スクリプト

The world presently uses about 86 million barrels of oil a day. Some of this oil is burned to provide heat or to power cars and trucks, but some is also used to produce plastics and fertilizers for agriculture. Unfortunately, according to a theory called Peak Oil, the world's oil production has now reached its maximum. The theory admits that there is still a lot of oil in the ground and under the sea, but it argues that almost all the oil which is easy to extract and process has now been found. For example, an important new find in the Gulf of Mexico, announced in 2006, lies more than 8 kilometres below the sea. What's more, it would provide enough for only two years of US consumption, at present levels. No one knows how steep the fall in oil production will be, or exactly when it will begin. But it seems clear that the coming shortage of oil will affect every aspect of our way of life: food, transport and heating are all daily necessities.

全訳　世界は現在1日当たり約8,600万バレルの石油を使っている。この石油の一部は暖房用に，また車やトラックの動力として燃やされているが，プラスチックや農業用肥料を生産するためにも使われている。残念なことに，「ピークオイル」と呼ばれる理論によれば，世界の石油生産は現在最大に達している。まだ地中や海底には多くの石油が埋蔵されていることをその理論は認めているが，容易に掘り出し，加工できる石油はほとんどすべてが現在発見されていると主張する。たとえば，2006年に発表された，メキシコ湾で新たに発見された重要な油田は，水深8キロ以上のところにある。さらに，現在のレベルでは，この油田はアメリカ合衆国での消費量のたった2年分しか供給できないだろう。石油産出量の減少がどれほど急なものか，それが正確にいつ始まるかは，誰にもわからない。だが，いずれやってくる石油不足が我々の生活様式のあらゆる側面に影響を与えることは明らかだと思われる。食料や輸送，暖房はすべて日常必需品であるからだ。

考え方

ディクテーション（書き取り）問題。スクリプト参照のこと。

解答

(1) but some is also used
(2) has now been found
(3) the fall in oil production
(4) every aspect of our way of life

2008 年

音声ファイル
08_01～08_03

3 (A) スクリプト

The town of Punakha is located among the snow-covered mountains of central Bhutan. Inside the town's crowded 17th-century castle are 172 civil servants sharing the space with almost ten times as many priests and monks. These civil servants run the affairs of thousands of villagers. Here taxes are collected, plans made for the planting and harvesting of trees, and precautions taken against the dangerous floods that occasionally rush down from the mountains.

The civil servants have also been busy organising mock elections; soon the country will have its first parliamentary elections, so people have recently been given the chance to practise voting before they do the real thing. In these practice elections people did not vote for real political parties, but were asked to choose between four imaginary parties. Each party was identified by a colour representing a policy: red was for industrialisation, green for environmentalism, blue for community values, and yellow for heritage and tradition. Voters in almost all areas of the country chose the yellow party, rejecting new ideas of industrial development.

The shift towards democracy has not been popular, however. Many people seem to prefer to be ruled by the king, feeling that it is too early for them to be given power. The reason for this reluctance to accept democracy lies in the king's success in preserving Bhutan's traditions while opening its doors to prosperity. Bhutan is still poor but its progress has been remarkable, given that the first paved road in the country only appeared in 1961. Since then the road system has grown, and Bhutan has flourished in many other ways. Free hospitals and schools have been built: life expectancy has risen from 40 years old to 66 years old, and the percentage of the population who can read and write has soared from 20% in 1992 to almost 60% today.

To protect a Bhutanese sense of identity the king has promoted the concept of "national happiness". This is based on Buddhist ideas that economic growth alone does not create satisfaction. The result is that Bhutan ranks 134th in global wealth leagues but is the 13th “most happy” place on the planet. The idea of national happiness values a stable society more than the rush for growth, and Bhutanese people certainly seem to favour that: in a 2005 census that asked, “Are you happy?”, only 3.3% of Bhutanese said they were not. If the king’s plans are successful, however, the people’s future happiness will be in their own hands rather than his.

全訳 Punakhaという町は，ブータン中央の雪で覆われた山岳地帯に位置している。その町にある，17世紀に建てられた混雑した城の中では，172人の公務員がその約10倍の司祭や僧侶とともにその空間を共有している。こうした公務員たちは，何千人もの村人に関わる職務を遂行している。ここで税金が集められ，木を植えたり伐採する計画が立てられ，山からときどきものすごい勢いで流れ落ちてくる，危険な洪水に対して予防措置が取られるのだ。

公務員は模擬選挙の準備でも忙しかった。まもなくこの国では最初の議会選挙が開かれるので，人々は実際の選挙の前に投票の練習をする機会を最近与えられた。こうした模擬選挙では，実在する政党に投票するのではなく，4つの架空の政党の中から選択するように求められた。それぞれの政党は，政策を表す色によって区別された。赤は工業化，緑は環境重視，青は社会の価値観，そして黄色は遺産や伝統を表していた。この国のほとんどすべての地域の有権者は黄色の政党を選び，工業の発展という新しい考えは受け入れなかった。

しかし民主主義への転換はこれまであまり人気がなく，多くの人々は国王による統治の方を好んでいるようであり，自分たちが権限を譲渡されるのは時期尚早であると感じている。民主主義を受け入れることに消極的な理由は，国王が繁栄への扉を開く一方で，ブータンの伝統を守ることに成功してきたことにある。ブータンはまだ貧しいが，この国の最初の舗装道路が1961年になって初めて現れたということを考えると，著しい進歩を遂げていると言える。それ以来道路網は発達し，ブータンは他の多くの点でも繁栄した。無料の病院や学校が建てられ，平均寿命は40歳から66歳に延び，識字能力のある人口の割合は1992年の20%から今日の約60%に急増した。

ブータン人のアイデンティティーを守るために，国王は「国民幸福量」という概念を推進した。これは，経済成長だけでは満足は生まれないという仏教の考えに基づいている。その結果，ブータンは国富の点では世界で134位だが，この地球上で13番目に「とても幸福な場所」となっている。国民幸福量という考えは，性急な経済発展よりも，安定した社会を重んじるが，ブータンの人々は確かにそれを望んでいるように思えるのだ。「あなたは幸せですか」と聞いた2005年の国勢調査においては，ブータン人のわずか3.3%が「幸せではない」と答えた。しかし，もし王の計画がうまく行けば，人々の将来の幸福は王ではなく人々の手の中に握られることになるのだ。

考え方 (1)「城にいる公務員の責任として指摘されていないものは次のうちどれか？」 正解はウの**「宗教教育」**。第1パラグラフに taxes are collected（＝イ），plans [are] made for the planting and harvesting of trees(＝エ), precautions [are] taken against the dangerous floods（＝ア）と述べられているが，「宗教教育」についてはー切言及がない。

(2)「話者が最近開かれたと言っている選挙の目的は何か」 正解はイの**「投票者を選挙に慣れさせること」**。第2パラグラフの冒頭部分で“... people have recently been given the chance to practice voting ～”と述べられていることに対応する。アの「新しい王を選ぶこと」，ウの「国の政府を選ぶこと」，エの「確実に一般の人々が政府の中でいくつかのポストを占めるようにすること」はいずれも「模擬投票」という目的と合致しないため不可。

(3)「話し手が，有権者が拒否したと述べている政策を表す色は何か」 正解はアの**「赤」**。第2パラグラフの最終文に「工業発展という考えを拒否した」と述べられている。「工業化」を表す色は「赤」なので，アを選ぶことになる。

(4)「1961年以来の大きな変化として指摘されていないものはどれか」 正解はアの**「出生率の上昇」**。話の中で指摘されているのは，「無料診療の病院が建設され，国民の寿命が延びた」(＝イ「人々の健康状態の改善」)，「道路網の発達」(＝ウ「輸送システムの発展」)，「読み・書きができる国民の割合の急増」(＝エ「読むことができる人の数の増加」）であって，「出生率の上昇」には触れられていない。

(5)「ブータンにおける『国民幸福量』という概念の最もよい説明は以下のうちどれか」 正解はエの**「社会の安定は，裕福であることよりも重要だ」**。最終パラグラフ第2文で「『国民幸福量』は経済成長だけでは満足感は生まれないという仏教の考えに基づいている」ということが述べられており，さらに第4文で，「国民幸福量という社会は性急な成長よりも安定した社会を重んずる」と述べられていることがヒント。アの「経済成長が幸福をもたらす」は，上述の考えに反しているので不可。イは「民主主義は将来の幸福へつながる道」の意。ブータンの国民は必ずしも民主化を望んでいないと述べられているので不可。ウは「人々の将来は彼ら自身の手の中にある」の意。これは最終段落最終文で述べられたことを引用したものだが，この箇所は「国民幸福量」を説明しているわけではない。

解答

(1)－ウ　(2)－イ　(3)－ア　(4)－ア　(5)－エ

3 (B) スクリプト

Helen Palmer: Good morning and thank you for coming. As you know, we're here to discuss plans for the Prospect Hill site. But perhaps I'd better begin by introducing the members of this informal planning committee. On my right, Mr Clarence, representing the City Planning Office.

Mr. Clarence: Good morning.

Helen Palmer: Next to him, Mr. John Wellington, who's the chair of a neighbourhood community group.

Mr. Wellington: Hello, everyone.

Helen Palmer: And here on my left is Bob Newton, owner of Newton Construction, who will be doing the actual building work.

Bob Newton: Hi—and let me just say how much I look forward to working with you all on this exciting project.

Helen Palmer: Thank you. To introduce myself—my name's Helen Palmer and I'm lead architect for the project, from Lindstrom Design.

Perhaps I can begin by setting out some of the basics, just to make sure that we're all on the same page, so to speak. The site itself is in a prime residential area with well-established housing, a good primary school almost next door, and several small parks in the area. It's a nice square site without awkward angles or extensions, and there's excellent access on two sides. Finally, the site is of a substantial size, measuring about 30,000 square metres.

On the other hand, there are a number of definite limitations. Local government regulations require us to build on no more than 60% of the total land area, and to build no higher than ten metres. We are also forbidden to use certain colours, such as shocking pink. Mr Clarence has already been kind enough to confirm that these rules cannot be 'bent' in any way.

Lindstrom Design has therefore prepared a number of plans for you to look at. These all consist basically of a three-storey building or buildings, containing around thirty modern living units in total. There will of course be many points of detail for us to discuss in future meetings, but I hope that we can focus today on the basic design layout. If you look at the overhead views in your information pack, you'll find Plan A—that's this one here—which is basically two separate L-shaped buildings. Plan B—here—is the shape of a capital T (though the top bar is unusually long). And Plan C is a square enclosure with a central garden area. These are of course just artist's drawings and we are not committed to the colours or design details you see here. We can talk about all that once we've decided on the basic layout.

Now, let me ask for comments and ideas. How do you feel about these different layouts?

全訳

ヘレン・パーマー：おはようございます。お集まりいただきありがとうございます。ご存じのように，今日はプロスペクト・ヒルへの建設計画について討論したいと思います。まず，この非公式な計画討論会の参加者をご紹介しましょう。右手にいらっしゃいますのは，都市計画局の代表としてお出でいただいたクラレンスさんです。

クラレンス：おはようございます。

ヘレン・パーマー：そのお隣は，ジョン・ウェリントンさん。地元町内会会長をなさっています。

ウェリントン：皆さんこんにちは。

ヘレン・パーマー：そして私の左側にいらっしゃるのはボブ・ニュートンさん。ニュートン建設会社の社長で，実際の建築工事を請け負われます。

ボブ・ニュートン：こんにちは。列席の皆さんと一緒にこの魅力的な計画に参加できることを心待ちにしております。

ヘレン・パーマー：ありがとうございます。私はヘレン・パーマーと申しまして，リンドストローム・デザイン所属，この計画の主任建築士をつとめます。

まずこの計画の基本を一部ご説明いたします。これはいわば我々が同じ目標をめざしていることを確認するためです。建設用地は第一種住宅専用地域内にありますが，その地域にはすでに住宅が定着し，用地にほぼ隣接して立派な小学校があり，小さな公園がいくつか存在しています。用地は美しい四角形で，変に角度のついた部分や出っ張った部分がなく，二方向から用地に入ることができます。最後に，用地はかなりの面積で，約３万平方メートルあります。

一方，明確に規定された制限項目がいくつかあります。地元自治体の条例により，建蔽率は60％を超えてはならず，高さは10メートル以内です。また，ショッキング・ピンクなど，特定の色の使用が禁止されています。クラレンスさんがすでにご親切にも念を押して下さったのですが，これらの規則はいかなる場合においても「曲げる」ことはできないそうです。

従いまして，リンドストローム・デザインは，皆様にご検討いただきたい案をいくつか用意して参りました。どの案でも，基本的に３階建ての建物を１つないし複数，部屋は現代風でその数は合計約30となっております。むろん，詰めなければならない細かい点が今後の会合で数多く出るでしょうが，今日は基本的なデザイン面における設計図に焦点を当てられればと思っております。お手元の資料の中にある平面図をごらんください。Aプランというのがあります…こちらの資料のこの部分になります…基本的にL字型をした建物が２棟です。Bプラン…こちらですね…これは大文字のTの形です。上の横棒がかなり長いですけれども。そしてCプランですが，中庭の周りを四角く取り囲む形になっています。これらはもちろんデザイナーが描いたものに過ぎず，図で使われている色やデザインの細部は固定したものではありません。基本的な設計図が決まり次第，それについては話し合いたいと思います。

では，皆さんのご意見やお考えを伺いたいと思います。これらの様々な設計図をどのように思われますか？

考え方 (1)「地方自治体で働いているのは…」 正解はアの **Mr. Clarence**。Clarenceは「都市計画局所属」とされており，他に自治体勤務と思われる人はいない。Helen Palmerは司会役でこのプロジェクトの設計担当，Mr. Wellingtonは地元の町内会のグループの一員。Bob Newtonは「ニュートン建設の社長」である。

(2)「建設用地の大きさは，約…平方メートルである」 正解は **30,000**。Helen Palmer氏が，"the site is of a substantial size, measuring about 30,000 square metres"と説明している。thirty [θə́ːrti] とthirteen [θəːrtíːn] の混同を狙ったもの。

(3)「Helen Palmerは会合の参加者に，その用地は…だと言う」 正解はエの**「便利で複雑ではない形をしている」**。Helen Palmerが"It's a nice square site without awkward angles or extensions, and there's excellent access on two sides"と述べていることと一致する。イの「すでにそこに家が何軒が建っている」がHelen Palmerが"The site itself is in a prime residential area with well-established housing"と述べていることに対応すると考えた人もいるかも知れないが，これはあくまで「その敷地が住宅地の中にある」と述べているだけであって，「その敷地の中に家が数軒建っている」という意味ではない。アの「以前は小さな公園だった」とウの「地方自治体の所有地である」はいずれもHelen Palmerの説明とは合致しないため不可。

(4)「自治体の建設規制ゆえに，建築家たちは…することを禁じられている」 正解はウの**「建物を高さ10メートル以上にする」**。Helen Palmerが"Local government regulations require us ... to build no higher than ten metres."と述べていることから，高さは10メートル以上にはできないと条例で決まっていると考える。イの「用地の60％以下を使用すること」はHelen Palmerが"Local government regulations require us to build on no more than 60% of the total land area"と述べていることに一致する。よってこれは条例で禁じられていることではない。アの「壁を曲線的にしたり，曲げること」は説明の中で触れられていないので不可。エは「住民によって認められていない色を使うこと」の意。ショッキング・ピンクのような色が使えないのは条例で決まっていることで，住民の意思とは関係ないので不可。

(5)「Helen Palmerはみんなに3つの計画を提示する。B案の最も正確な平面図は次のうちどれか」 正解は**イ**。B案についてHelen Palmerは「大文字のTの形（ただし，上の横棒が普通よりかなり長い）」と述べている。「縦棒に対して横棒が長いT字型」ということで探していけばイしかないとわかったはず。

解答

(1)－ア	(2) 30,000	(3)－エ	(4)－ウ	(5)－イ

3 (C) スクリプト

Mr. Wellington: Helen, if I understand this overhead view properly—I'm talking about the two L-shaped buildings in Plan A—you'd have a parking area all along Lime Street. Is that right?

Helen Palmer: Yes, that's right.

Mr. Wellington: So there would be cars going out in the morning as people drive off to work?

Helen Palmer: There would indeed.

Mr. Wellington: Well, you see, lots of local children walk along Lime Street on their way to school in the morning. Isn't it just asking for accidents, if we have cars going in and out where primary school children are walking?

Bob Newton: That's a very good point, Mr. Wellington. Now, as you know, the other access road is Fennel Avenue, which leads out onto the main road. Do you think it would be safer to have the parking area face onto Fennel Avenue?

Mr. Wellington: Well, yes I do.

Bob Newton: What do you think of that idea Mr. Clarence? We could move the two buildings a few metres to the south, to make space.

Mr. Clarence: I don't see any problems from the Building Regulations point of view.

Helen Palmer: Hmm ... safety is a high priority, of course, but moving the parking area would mean that residents in the South Building would have significantly further to walk to and from their cars. In bad weather, you know ...

Bob Newton: That's very true, Helen. After all, we're expecting people to pay as much money for the South Building apartments as for those in the North Building.

Helen Palmer: Perhaps we could look at Plan C instead? How do you think local residents would feel about the square enclosure layout, Mr Wellington?

Mr. Wellington: Well, the thing that strikes me about that is how close the building is to the street. I think the people living in the houses on the other side of the road would prefer the new apartments to be moved back a little more, if possible.

Mr. Clarence: Yes, we'd like to see at least three metres between the building and the street—though I ought to say that's more of a recommendation than a strict rule.

Bob Newton: Unfortunately, with Plan C, we don't have the same flexibility, as builders. Moving this particular building is a lot more complicated, for various technical reasons.

Mr. Wellington: Of course, I admit that for the people who live there, that garden area would be very nice.

Helen Palmer: And it's a safe area for small children to play in—very popular with young families.

Mr. Wellington: Well that's true, but on the other hand, people living in the houses opposite would only see these overwhelming back walls, Helen, which is not so attractive. Don't you agree?

Helen Palmer: Well, I do think we have a great deal to talk about, gentlemen. But how about taking a short break from our discussion? I'd like to show you a video presentation about one of our—very successful—earlier projects.

全訳

ウェリントン：ヘレン，Aプランの２つのＬ字型をしている建物のことなのですが，この平面図に対する私の理解が間違っていなければ，ライム通りに沿って駐車場ができるということですよね？

ヘレン・パーマー：はい，その通りです。

ウェリントン：ということは，朝出勤時に車が複数出てくることになりますね？

ヘレン・パーマー：そうなるでしょうね。

ウェリントン：朝通学する地元の子供たちが大勢ライム通りを歩くんですよ。小学生たちが通るところに車が出入りすると，事故が起こりかねないのでは？

ボブ・ニュートン：ウェリントンさん，それはいい指摘ですね。えーと，建物に出入りできるもう一方の道がフェンネル通りで，この通りは大通りにつながっています。こちら側に駐車場を持ってきた方が安全だと思いますか？

ウェリントン：ええ，そう思います。

ボブ・ニュートン：クラレンスさん，この案をどう思われますか？　2つの建物をもう数メートル南にずらせば，駐車場のスペースができるのでは。

クラレンス：建築法的にも問題はないと思います。

ヘレン・パーマー：うーん。もちろん安全が最優先ではありますが，駐車場を移動すると，南館の住民が車のあるところへ往復するのにかなり遠くなってしまうのではないでしょうか。悪天候の時などは…。

ボブ・ニュートン：確かにそうだ，ヘレン。何と言っても，南館の分譲価格は北館と同じだからねえ。

ヘレン・パーマー：では，Cプランを見てみませんか？　四方を囲む建物を地元住民はどう感じると思いますか，ウェリントンさん？

ウェリントン：私の印象では，建物が道路に非常に近いですね。道の反対側の家に住んでいる人たちにとっては，新しいマンションができればもう少し後ろに下がっていた方がいいと思うのではないでしょうか。

クラレンス：そうそう，建物と道路の間が最低3メートルは空いていてほしいですね。これは厳格な規則ではなく，ただそれが望ましいというだけですが。

ボブ・ニュートン：残念なことに，Cプランに関しては，建築会社の立場から言わせていただくと，それほど融通が利きません。この特殊な建物の移動は，様々な技術上の理由から，かなり複雑なのです。

ウェリントン：もちろん，住民にとって中庭はとても快適な空間でしょうね。

ヘレン・パーマー：子供たちの遊び場としても安全ですし。小さい子供のいる家庭にはとても評判がいいんですよね。

ウェリントン：確かにそうですが，一方で，通りの反対側の家に住んでいる人たちには威圧的な壁しか見えないんですよね。これはあまりすてきなことではない。ヘレン，そう思わないかい？

ヘレン・パーマー：皆さん，実に話し合うべきことが多いですね。少し休憩しませんか？　以前我が社が扱い，大変うまく行ったプロジェクトを，皆さんにビデオでご覧いただきたいと思います。

考え方 (1)「Wellington がA案に反対な理由は…と考えるからだ」 正解はウの**「地元の子供が駐車場から出て行く車にはねられる可能性がある」**。Wellington が "Isn't it just asking for accidents, if we have cars going in and out where primary school children are walking?" と述べていることに対応する。アは「Fennel 通りで事故があるかもしれない」の意。問題になっているのは Lime 通りでの事故なので不可。イは「職場に向かう人に危険である可能性がある」の意。Wellington が特に問題にしているのは「地元の子供が事故に遭う可能性」なのでこれも不可。エは「新しいマンションの子供は学校へ行くのにライム通り沿いを歩かねばならない」の意。説明の中では「新しいマンションの子供」ではなく「地元の子供」の通学が危険にさらされると述べられているので不可。

(2)「Bob Newton は，Wellington の反対に対し…によって対処することを提案している」 正解はイの**「新しい建物を少し南に動かすこと」**。Newton が "We could move the two buildings a few metres to the south, to make space." と述べていることと対応する。「Fennel 通りをより安全にする」，「Clarence に安全の問題について考えるよう求める」，「Fennel 通りを小学校への出入り用の道路にする」とは述べられていないので，他の選択肢はいずれも不可。

(3)「Wellington 氏がC案を嫌う理由は…と考えるからだ」 正解はウの**「アパートが外からはあまり魅力的に見えない」**。Wellington が "the people living in the houses on the other side of the road would prefer the new apartments to be moved back a little more" と述べていることに対応する。Wellington は，「庭を残すことがそこに暮らす人にとっては好ましい」とは認めながらも，それをつぶしてでも建物を通りから離すことが必要だと述べているのだから，アの「真ん中に庭を置く方がよいから」は不可。イの「その建物は通りから3メートル以上離れることになる」，エの「建築業者はアパートの価格を下げることに乗り気ではない」はいずれも，Wellington の反対理由としては触れられていないので不可。

(4)「Helen Palmer がC案をいいと思う理由は…である」 正解はウの**「幼い子供を持つ人々はこの種の設計が好きだから」**。Palmer が "And it's a safe area for small children to play in—very popular with young families." と発言している内容と一致する。他の選択肢の意味はそれぞれ次の通り。ア「駐車スペースが増える」，イ「以前の成功したプロジェクトと同じデザインである」，エ「四角い構造はより柔軟性がなく，それゆえより安全である」

(5) 会話文のスクリプト参照。

解答

(1)－ウ　(2)－イ　(3)－ウ　(4)－ウ

(5) how about taking a short break from our discussion

2007年

音声ファイル 07_01～07_03

3 (A) スクリプト

Walking, in my opinion, is one of life's great pleasures: when we walk, we not only use our bodies in a healthy, enjoyable way, but also have time to observe both our own thoughts and the details of our surroundings in a way that is hardly possible if we are driving a car at forty miles an hour rather than walking at three miles an hour. Nowadays in the United States, however, walking is very much under threat from our car-centered culture.

There was in fact a sort of golden age of walking that began in the late eighteenth century and reached a peak around the turn of the twentieth century, when walking was a common recreation, walking clubs were flourishing, and North Americans and Europeans were as likely to make a date for a walk as for a drink or a meal. By that time the nineteenth-century introduction of sidewalks and the creation of green city parks, such as New York's Central Park, which was completed in 1873, had made cities good places to walk. In addition, rural developments such as national parks were in first bloom.

Perhaps 1970, when the U.S. Census showed that the majority of Americans were—for the first time in the history of any nation—suburban, marks the end of this golden age. Suburbanization has radically changed the nature of everyday life, and ordinary Americans now perceive, value, and use time, space, and their own bodies in very different ways than they did before. Walking still covers the short distances between parking lots and buildings, but walking as a cultural activity, as a pleasure, as travel, as a way of getting around, is fading.

American suburbs are built to be traveled around in by car; people are no longer expected to walk, and they seldom do. There are many reasons for this. Suburbs generally are not exciting places to walk, and the experience of moving through them can become very dull indeed at three miles an hour instead of forty or sixty. Moreover, many suburbs were designed with curving streets that vastly expand distances; sometimes, in order to reach a destination only a quarter of a mile away, the traveler must walk or drive more than a mile. Also, although suburbs are generally safe, since walking is not an ordinary activity, a lone walker may feel ill at ease about doing something unexpected and unusual.

Walking is thus an ineffective means of transportation in the suburbs, but the suburbanization of the American mind has made walking increasingly rare even in places where it is a good way of getting around. San Francisco, where I live, is very much that kind of "walking city," yet even there people routinely drive distances that could be covered more quickly on foot. For example, once I made my friend Maria—who is a surfer, an athlete, and a world traveler—walk for about ten minutes from her house to a restaurant on Sixteenth Street, and she was surprised and pleased to realize how close it was, for it had never occurred to her before that it was accessible on foot. People have a clear sense of how far they are willing to walk, urban planners generally suppose that it is around a quarter of a mile, the distance that can be walked in about five minutes, but in fact it seems to have shrunk until now it is no more than the fifty yards or so from car to building.

全訳　歩くことは，私の意見では，人生の最大の喜びの１つである。歩く際には，体を健康的に，また楽しく使うだけではなく，自分の考えと自分の周囲のものの詳細を見つめる時間があり，これは時速３マイルで歩くのではなく，時速 40 マイルで車を走らせている場合には，ほとんど不可能なことである。しかしながら，今日アメリカでは，歩くことは，我々の車中心の文化からとても大きな脅威を受けているのである。

実際のところ，かつてウォーキングの黄金時代とでも言うべき時代があった。それは 18 世紀の後半に始まり，20 世紀に入ったあたりで全盛期を迎えた。この時期に歩くことはよくある気晴らしであり，ウォーキングの会が栄え，北アメリカ人やヨーロッパ人は酒を飲んだり，食事をするのと同様ウォーキングをする日取りを決めたものだった。その時点までに，19 世紀に歩道が導入され，ニューヨークのセントラルパークのような市の緑の公園が 1873 年に完成したのだが，それが作られたことによって，都市はウォーキングに適した場所となった。加えて，国立公園のような地方の開発が最初に盛んに行われたのもこの時期だった。

1970 年にアメリカの世論調査は，アメリカ人の大半が郊外に暮らしていると示したが（これはあらゆる国の歴史を通じて初めてのことであった），おそらくこの年がこの黄金時代の終わりであったのであろう。郊外化は日常生活の性質を根本から変え，そして通常のアメリカ人は今以前とは非常に違う形で時間，空間そして自分の体を捉え，評価し，使っている。駐車場と建物の間の短い距離を歩くことはまだあるが，文化的な活動，楽しみ，旅行，動き回る手段としてのウォーキングは消えつつある。

アメリカの郊外は車で動き回るように作られている。歩くことはもはや期待されていないし，実際に歩くことも滅多にない。この理由はいくつかある。郊外は一般に歩いても刺激的な場所ではないし，時速 40，60 マイルではなく時速 3 マイルで通り抜けるという経験は実に退屈なものになり得るのである。さらに，郊外の多くは，距離が非常に長い曲がりくねった道とともに設計された。時には，わずか 1/4 マイルしか離れていない目的地に到達するために，移動者は 1 マイル以上運転，もしくは歩かなければならないのである。また，郊外は一般に安全ではあるが，ウォーキングは普通の活動ではないため，連れのいないウォーカーは，周りがやるとは思っていない，普通とは言えない活動をしていることに関して落ち着かない気持ちでいるかもしれないのだ。

このように，歩くことは，郊外では効果的とは言えない移動手段であるが，アメリカ人の考え方が郊外化した結果，歩くことが移動手段として適した場所でさえ，歩くことはますますまれになっている。私が住んでいるサンフランシスコはまさにそういった種類の「歩くのに適した街」である。しかし，そうしたところでさえ，歩いた方が早い距離でもいつも車で移動するのだ。例えば，私はかつて友人のマリアを（彼女はサーフィンをするスポーツウーマンで，世界を旅している女性である）彼女の家から 16 番街のレストランまで 10 分間歩かせたが，彼女は，それがいかに近いかを知って驚き喜んだ。というのは，それ以前には歩いて行けるとは思ってもいなかったからだ。どのぐらいの距離なら進んで歩きたいと思うかということについて，人々ははっきりとした意識を持っている。都市計画者たちは，それはほぼ 1/4 マイル，つまり約 5 分で歩ける距離だと一般に考えている。しかし，実際にはそれは縮まったようで，ついに今では車からビルまでのわずか 50 ヤードほどの距離になってしまっているのだ。

考え方　(1)「話者によれば，歩くことは…の期間に最も人気があった」　正解は**ウ**の**「1900 年頃」**。第 2 パラグラフ第 1 文の後半で “reached a peak around the turn of the twentieth century” と述べられていることに対応する。turn はここでは「〈世紀の〉変わり目」の意。

(2)「話者によれば，近年最もよくあるタイプの歩きは…」　正解は**ウ**の**「自動車から，そして自動車へと歩くというもの」**。本文の最終文にも「人々が歩いてかまわないと思う距離」は「車と建物の間の 50 ヤード」と述べられている。

(3)「話者は郊外で人々が歩くことを避ける理由をいくつか述べている。触れられていない一つの理由は，そのように歩くことが…なことである」 正解はエの**「危険な」**。郊外は概して「安全」と述べられていることに反する。アの「退屈」であることは，第 4 パラグラフ第 3 文(Suburbs generally are not exciting places to walk, ...)で，イの「なじみがない」という点については，同パラグラフ最終文で歩くことが not an ordinary activity, unexpected, unusual と説明されていることから，触れられていると考える。ウの「非効率的」であることは，同パラグラフ第 4 文 (Moreover, many suburbs were designed with ...) で述べられている。

(4) 「話者がサンフランシスコを "walking city" であるという際に，彼は…を意味している」 正解はイの**「サンフランシスコは歩いて動き回りやすい」**。アは「サンフランシスコの人たちは通常よく歩く」の意。第 5 パラグラフ第 2 文に「それでも人々はいつも車を使う」と述べられていることから不可。ウは「サンフランシスコの通りは非常に広い」の意。このようなことはどこにも指摘されていないし，そもそも広い道路は一般に車向きなので不可。エは「サンフランシスコは，精神の郊外化に影響を受けていない」の意。サンフランシスコは「思考の郊外化の影響を受けている街の例」として挙げられているので，これも不可。

(5) 「話者によれば，今日人々が進んで歩こうとする距離は…」 正解はアの**「約 50 ヤード」**。最終パラグラフ最終文の内容と一致する。他の選択肢の意味はそれぞれ次の通り。イ「約 10 分間」，ウ「約 5 分間」，エ「約 1/4 マイル」。

解答

(1)－ウ　(2)－ウ　(3)－エ　(4)－イ　(5)－ア

3 (B) スクリプト

Prof Shelby: OK. Today's seminar continues the topic of African systems of belief. I'm going to sum up some of the main points from our text by Evans-Pritchard, and then I hope we'll have an interesting question-and-answer session. As you know, Evans-Pritchard went to central Africa in the late 1920s to study the Azande people, their traditional customs and way of life.

The resulting book, published in 1937, has become a classic of anthropology, and it is still widely read today. Evans-Pritchard carefully describes the various forms of magic used by the Azande. Though he clearly does not accept these beliefs himself, he is able to see that they have a useful and constructive role in Azande society. Evans-Pritchard does not dismiss these beliefs as foolish or irrational, as anthropologists of an earlier generation might have done.

According to Azande belief, some people—witches—have special magical power. They are able to use this power at night, to harm others, for example, to strike a nearby rival with anything from minor illness to death. According to Evans-Pritchard, the Azande saw witchcraft as an inherited spiritual power, passed from father to son, or from mother to daughter. It could not be taught, and in fact, it might remain unused throughout the witch's whole life. It could also operate without the witch's knowledge or consent.

Now, how do you know when witchcraft is being used? If someone is using witchcraft against you, how do you discover who it is? For this purpose, the Azande used a kind of test which Evans-Pritchard called an oracle. The most reliable kind of oracle was the chicken oracle, and indeed, chickens were kept mostly for this purpose. Suppose your wife is ill, and you suspect that a neighbour, jealous of her good looks, is using magic to make her unwell. You give a special substance—a kind of poison—to a chicken, saying, 'If my neighbour is responsible for my wife's illness, let this chicken die'. If the chicken dies, your suspicions are confirmed.

You might think that this would create anger and resentment between members of Azande society. However, full confirmation of the oracle's message was expensive and depended on using only the very best chickens, which belonged to the Prince. Also, people believed that an oracle might give the wrong result because someone was using magic to influence it. So even in Evans-Pritchard's time, it was rare for people who were thought to be witches, to be punished in any serious way. Instead, people politely asked the witch—who after all might not be aware of the problem—to control his or her magic. In this way, the Azande beliefs in magic did not, in practice, seriously damage relations between neighbours. Evans-Pritchard had the insight to realise that these beliefs about magic helped Azande society to function smoothly and well.

全訳

シェルビー教授：さて，今日の講義では，引き続きアフリカの信仰体系というテーマをとりあげます。まず私がエヴァンス・プリッチャードの著書を基に要点をまとめ，それから皆で興味深い質疑応答の部に入ることができればと思っています。御存知のように，エヴァンス・プリッチャードは1920年代後半，アザンデ族の人々およびその伝統的な習慣，生活様式を研究するために，中央アフリカに向かいました。

その成果をまとめた本は1937年に出版されましたが，それは人類学の古典的名著となり，今日でも広く読まれています。エヴァンス・プリッチャードは，アザンデ族によって用いられる，さまざまな形態の魔術について入念に記しています。彼自身は明らかにこれらの信仰を受け入れていませんが，アザンデの社会ではそうした信仰が有益で建設的な役割を果たしていることが彼には認識できます。エヴァンス・プリッチャードは，これらの信仰を愚かで非合理的なものとして排除していません。彼より前の世代の人類学者ならおそらく排除していたでしょうが。

アザンデの信ずるところによれば，一部の人々，つまり魔女は，特別な魔力を持っているのです。彼らはこの力を夜間に使い，たとえば他人を害したり，近くの競争相手を，軽い病気から死に至るまでいろいろな形で苦しめることができるのです。エヴァンス・プリッチャードによれば，魔法は，父から息子へ，母から娘へと遺伝的に受け継がれていく霊的な力であるとアザンデ族は考えていました。人に教えることのできるものではなく，事実魔女の生涯で一度も使われないこともあるのです。さらに，魔女の知らないところで，魔女の同意なく魔法がかかってしまう場合もあるのです。

さて，魔法がいつ使われているかはどうすればわかるのでしょうか？　もし誰かが皆さんに魔法をかけているとしたら，誰の仕業なのかはどうやったらわかるのでしょう？　これらを確認するのに，アザンデ族はある方法を用いるのですが，エヴァンス・プリッチャードはこれを「託宣」と呼びました。最も信頼度の高い託宣はニワトリを使ったもので，実際ニワトリは，ほとんどこの目的のために飼われていたのです。たとえば，皆さんの奥さんが病気になり，隣の人が奥さんの美貌をねたんで，奥さんを病気にしようと魔法を使っているのではないかと皆さんが疑っているとしましょう。ある物質，それは一種の毒なのですが，それをニワトリに与え，「もし隣人が妻の病気の原因なら，このニワトリを殺してください」と唱えるのです。もしニワトリが死んだら，あなたの疑念は正しかったことになります。

このようなことをすれば，アザンデの人々の間に怒りや憤りを招くのではとお思いかもしれません。ところが，託宣によるお告げを完全に確かめるのは高くつき，王子が持っている最高のニワトリだけを用いたかどうかで変わってしまうのです。さらに，託宣ではまちがった結果が出ることもあると信じられていました。誰かが託宣を左右しようと魔法を使っているからです。したがって，エヴァンス・プリッチャードの時代でさえ,魔女と考えられていた人たちが厳しく罰せられることはまれだったのです。その代わりに，人々は魔女に魔法を抑えてくれるよう丁寧にお願いしたのです。結局はそんな問題が起きていることを魔女自身知らないこともありますけれど。このように，アザンデ族が魔術を信じてはいても，実際にはそれが近隣の人たちの人間関係を大きく損なうことはありませんでした。エヴァンス・プリッチャードには，魔法に対するこのような信仰のおかげでアザンデの社会が円滑にうまく機能している，ということに気づくだけの洞察力があったのです。

考え方 (1)　正解は **customs and way of life**。スクリプト参照のこと。

(2)「話者が語ってくれたところによれば，アザンデ族は…と信じていた」 正解は**イ**の**「魔術は生まれながらの才能，もしくは能力である」**。第3パラグラフの第3文(According to Evans-Pritchard, ...)に「魔法は遺伝的に備わった霊的な能力」と述べられていることに対応する。他の選択肢の意味はそれぞれ次の通り。ア「魔女はしばしば病気を治療することができた」，ウ「魔女は日光を浴びると生きることができなかった」，エ「魔法の本質は魔力を意識的に使うことにある」

(3)「エバンス・プリッチャードの説明によれば，アザンデ族の託宣は…」 正解は**ア**の**「魔法をかけられているかどうか確かめるためのもの」**。第4パラグラフ第3文(For this purpose, ...)より，託宣が「誰が魔法をかけているのかを確かめるためのもの」であることが分かる。イの「王子を死から守る」,ウの「誰かを病気にする方法」,エの「隣人同士の疑念を深める」はいずれも本文では述べられていないことであり不適。

(4)「ニワトリの託宣は様々な形で失敗に終わるかもしれなかった。話者によれば,それが失敗する可能性がある1つの理由は…」 正解は**ア**の**「普通のニワトリが使われた可能性があるから」**。第5パラグラフの第2文より，完全な確認のためには王子の持つ最高のニワトリが必要だったと述べられている。逆にいえば,「普通のニワトリが用いられた場合は完全な確認ができない場合があった」ということになるので,アが正解。他の選択肢の意味はそれぞれ次の通り。イ「魔女が問題に気づいていないかもしれない」，ウ「ニワトリがあまりに疑い深く，毒を食べないかもしれない」，エ「怒りとうらみが託宣の結果に干渉するかもしれない」。

(5)「話者によれば，アザンデ族が魔法の力を信じていたために社会がスムーズに運営されたが，その理由は…」 正解はウの**「人々は託宣が信頼できないかもしれないことを知っていた」**。アは「魔女は普通礼儀正しかった」の意。「礼儀正しい」と述べられていたのは，「人々が魔女に礼儀正しく頼んだ」ということで，「魔女が礼儀正しかった」わけではない。また「王子が魔女を守った」とはどこにも述べられていないのでイも不可。エは「魔力を受け継いでいた魔女だけが罰せられた」の意。「魔女が罰せられることはまれだった」とは述べられているが，「魔力を受け継いだ魔女」だけが罰せられたとはどこにも述べられていないので不可。

解答

(1) customs and way of life	(2)－イ	(3)－ア	(4)－ア	(5)－ウ

3 (C) スクリプト

Joe: Professor Shelby, I have a question.

Shelby: Go ahead, Joe ...

Joe: You mentioned the attitude of earlier anthropologists—that these beliefs are just *wrong*, a primitive superstition.

Shelby: Yes.

Joe: Well, my question is: weren't those early anthropologists right? Surely, none of *us* believe in magic, do we?

Shelby: That's a good question. What do the rest of you think about that?

Rumiko: I think a lot of people do believe in magic. How many people think it's bad luck to break a mirror? How many people go to fortune-tellers for advice about the future? I have a Scottish friend who carries a rabbit's foot around with him everywhere he goes ...

Joe: That's not the same, Rumiko. People who do those things just do it as a joke.

Rumiko: I don't agree. *Some* people are pretty serious about these things.

Joe: A small minority, maybe. But it's not widespread, is it? It's not the basis of our society.

Shelby: Well, for the sake of argument, suppose we agree with Joe that the

Azande beliefs of that time were mistaken. What follows from that?

Joe: It shows that their whole way of life was totally different from ours.

Rumiko: So you think we have nothing to learn from them?

Joe: Well, do you want *us* to start poisoning chickens?

Shelby: Our job is to understand how other societies work—or worked at a particular time. We might adopt some idea from a given culture, or we might not. But our first task is to understand what the idea really is. Joe, do you think that if their beliefs are wrong, they're not worth studying?

Joe: Well, they'd be *more* interesting if they were right, wouldn't they?

Rumiko: Not at all. It's more interesting to see how their beliefs can make sense to them, even if they *are* wrong.

Shelby: Don, you have a question ...

Don: Yes. Surely we can study the same thing for very different reasons. Joe thinks we should study something to improve our own way of doing things. Rumiko wants to understand the way they think. Professor Shelby wants to explain what holds their society together and makes it work. Why can't we say that these are all good reasons?

Shelby: That's an interesting point, Don.

Don: And I have a related question about this.

Shelby: Go ahead ...

Don: I'm curious about Evans-Pritchard himself. What was *his* motive for studying the Azande?

Shelby: Well, motives are often complicated. Also his attitude changed over time. In the 1930s, he seems to have seen himself as a scientist, objectively collecting solid facts. By the 1950s, however, he had decided that anthropology is not a science, but a matter of translating between two very different ways of thinking.

Don: Did Evans-Pritchard think of his work as pure research—knowledge for its own sake—or did he think it would have some useful practical result?

Shelby: It's hard to be sure, but it's not impossible that he hoped for some concrete benefits in the real world.

Don: I see, thank you.

Shelby: Well, time's up, I'm afraid. Thanks for your questions. Next week we'll be looking at African concepts of the family.

全訳

ジョー：シェルビー先生，質問があるんですが。

シェルビー：かまわないよ，ジョー。

ジョー：以前の人類学者の考え方に触れられましたよね，こうした考えは間違っている，原始的な迷信だと。

シェルビー：はい。

ジョー：えー，で，僕の質問は，実はそうした初期の人類学者の人たちが正しかったんじゃないかということなんです。我々の誰も魔力の存在なんて信じませんよね。

シェルビー：それはいい質問だね。他の人たちはそれについてどう思う？

瑠美子：魔力の存在を実際に信じている人は多いと思います。鏡を割ると縁起が悪いと考えている人はいったい何人いると思いますか？　将来への助言をもらうために占い師のところに行く人は何人いると思いますか？　私のあるスコットランド人の友人は，どこにいくときでもウサギの足を持って行きますよ。

ジョー：瑠美子，それは違うよ。そういうことをやる人たちは冗談でやっているんだよ。

瑠美子：そうは思わないわ。中にはこうしたことにとても真剣な人だっているわ。

ジョー：たぶん，ほんの少数だよ。でも，そんなに広まってないよね。僕らの社会に根付いてはいないよね。

シェルビー：まぁ，じゃ議論のために，当時のアザンデ族の考えが間違っていたというジョーの考えに仮に同意するとしよう。そうなるとどうなるんだい？

ジョー：彼らの生活様式全体が我々のものとは完全に違うということを示すことになります。

瑠美子：じゃ，私たちは彼らから何も学ぶことはないと思っているのね。

ジョー：それじゃ，これからニワトリに毒を盛ろうか？

シェルビー：私たちの仕事は他の社会がどのように機能するのか，あるいはある特定の時期に機能したのかを理解することだよ。ある特定の文化から何らかの考え方を取り入れるかもしれないし，そうでないかもしれない。でも我々の最初の仕事は，その考えというのが実際どんなものか理解することだ。ジョー，もし彼らの考えが間違っているのなら，それについて研究する価値はないのかい？

ジョー：えー，でも正しいならもっと興味深いですよね？

瑠美子：そんなことは全然ないわ。その人たちの考え方がどうして本人たちには整合性があるのかを見る方が面白いわ。それが実際に間違っていてもね。

シェルビー：ドン，質問があるみたいだね。

ドン：はい。同じことを非常に異なった理由のために研究するのはアリだと思うんです。ジョーは我々の物事のやり方を改善するために何かを研究すべきだと思っているし，瑠美子はその人たちの考え方を理解したいと思っています。シェルビー先生は社会をまとめ，それを働かせるものが何かを説明したいと思っています。これは全部適切な理由だと言っちゃいけないんですか？

シェルビー：ドン，それは面白い点を突いてるね。

ドン：それから１つ関連質問があります。

シェルビー：どうぞ。

ドン：僕はエバンス・プリッチャード自身に興味があります。彼はどういう動機でアザンデ族を研究したんですか？

シェルビー：うーん，動機は単純じゃないことが多いんだ。それに彼の考え方も時とともに変わるからね。1930年代に，彼は自分を，客観的に確固とした事実を集めている科学者と見なしていたようなんだ。でも，1950年代までには，彼は人類学は科学じゃなくて，２つの非常に異なった考え方を相互に翻訳する作業だと判断していたんだね。

ドン：エバンス・プリッチャードは自分の研究を純粋な調査，つまり知識自体を獲得するためのものと見なしていたんですか，それとも，何か役に立つ実用的な結果をもたらすと考えていたのでしょうか？

シェルビー：はっきりとはなかなか分からないけど，実社会で具体的な利益を期待したことはあり得るよね。

ドン：なるほど。ありがとうございました。

シェルビー：えー，残念ながら時間だね。質問をありがとう。来週はアフリカの家族の概念を考えることになります。

考え方 (1)「瑠美子がスコットランドの友人に触れた理由は，彼女が…と考えているからだ」 正解はアの**「その人はある種の魔力を信じている」**。ジョーが「魔力を信じている人はいない」と述べたことに対する反論の一環としてスコットランドの友人の例を出していることに注意。他の選択肢の意味はそれぞれ次の通り。イ「彼はしばしば占い師のところに行く」,ウ「すぐれたユーモアのセンスを持っている」,エ「彼はおそらくジョーに賛成する」。

⑵「ジョーの意見では，アザンデ族が魔力を信じているのは…」 正解はウの**「あまりに不合理で研究の価値はない」**。ジョーは「誰も魔力など信じない」と述べていることからも，魔力を信じるのは不合理と考えていることが分かるし，瑠美子に「アザンデ族から学べることはないと思っているの？」と聞かれたときも，暗に「意味はない」と答えていることからウを選択する。「ニワトリにはあまりに残酷である」とは指摘されていないので，アは不可。イは「少数派だけのことである」の意。ジョーが会話の中で述べたのは「今の世の中で,魔力や魔法を真剣に捉えている人が少ない」ということであり,「アザンデ族の考え方を共有している人が少ない」ということではない。エは「本当の意味で彼らの社会の重要な一部ではない」の意。魔術を信じることが当時のアザンデ族を支配していた考えであることは間違いないので不可。

⑶ 正解は**can't we say / there are all**。スクリプト参照のこと。

⑷「シェルビー教授によると，エバンス・プリッチャードは…」 正解はイの**「人類学の性質についての考え方を変えた」**。シェルビー教授の発言から，当初は「人類学は科学」と考えていたのが，後になって「人類学は科学ではない」という立場に転じたことがわかる。他の選択肢の意味はそれぞれ次の通り。ア「アザンデ社会は時を経て変わっていったと分かった」，ウ「アザンデ族と意思疎通を図るために翻訳家を必要とした」，エ「人類学者の動機はしばしば複雑だと悟った」

⑸「ドンが『分かりました。ありがとうございました』と言う際に,彼はシェルビー教授の言う…という論点を受け入れることを意味している」 正解はイの**「エバンス・プリッチャードは自分の研究が実際に役立つと思ったかもしれない」**。ドンが「エバンス・プリッチャードは純粋な研究を意図していたのか，現実的な成果を得られることを期待していたのか」と尋ねたのに対して，教授は「何らかの恩恵を期待した可能性は十分ある」と答えている。その答えに対し，ドンはI seeと応じているのだから，正解はイしかない。アの「人類学の本質はしっかりとした事実を客観的に集めるということではない」,ウの「人類学の本質は様々な考え方を翻訳することである」,エの「エバンス・プリッチャードはアザンデ族が家族という概念を理解する手助けをしたいと思っていた」はいずれも，ドンがI seeと答えていることとは無関係である。

解答

(1)－ア　(2)－ウ　(3) can't we say / these are all　(4)－イ　(5)－イ

2006年

音声ファイル
06_01～06_03

3 (A) スクリプト

If it's midnight in Tokyo on Saturday, October 28th, 2006, what time is it in London? Four in the afternoon, eight hours behind. But just one day later, on October 29th, when it's midnight in Tokyo, it will be 3 p.m. in London. London is suddenly nine hours behind. How is this possible? Well, here's the answer: for five months, from the last Sunday in October through to the last Sunday in March, Britain uses standard global time, known as Greenwich Mean Time. But from late March to late October, its clocks are moved one hour forwards, and it uses British Summer Time.

British Summer Time—or Daylight Saving Time as it's also known—was first proposed in 1907 by a Londoner called William Willett. He had noticed that in the summer the sun had already been shining for several hours in the morning by the time most people woke up. But in the evening, it was already getting dark by the time they were on their way home. He therefore proposed advancing Britain's clocks in April, putting them forwards by twenty minutes on four Sundays in a row, and then, at the end of the summer, putting them back on four Sundays in September, again by twenty minutes on each occasion. That way, British people would get an extra eighty minutes of sunlight every day from the beginning of May to the end of August.

This proposal wasn't accepted at the time, and it wasn't until the First World War that Daylight Saving Time was introduced in Britain as part of the wartime effort to save energy. When it was introduced in 1916, though, the system, like today's, was simpler than the one proposed by Mr. Willett: the clocks were advanced one hour in spring, and returned to Greenwich Mean Time in autumn.

Some form of Daylight Saving Time has been in use in Britain ever since. There have been some variations in the system, however. During the Second World War, for example, the clocks in summer were *two* hours ahead of Greenwich Mean Time. Later from 1968 to 1971, clocks ran one hour ahead throughout the whole year. The main reason for this particular version of

Daylight Saving Time was to put Britain in the same time zone as the rest of Europe. This worked well for businesses, but it was hard on schoolchildren who lived in the north of Britain, who in winter had to go to school in the morning in complete darkness. In 1972, Britain returned to the original system, using Daylight Saving Time only in summer.

However, safety experts argue that putting the clocks back at the end of October makes driving more dangerous throughout the winter. They estimate that about 450 deaths or serious injuries are caused every month in the winter by that hour of evening darkness. Children are particularly at risk: in the morning they usually go directly to school, but in the evening they tend to spend more time outside, either playing or on their way to the houses of friends. Despite this disadvantage, however, there are—for the time being at least—no plans to change the current system.

全訳　東京が2006年の10月28日（土）の真夜中であるとすると，ロンドンは何時なのだろうか？　午後4時で，東京より8時間遅れである。しかし，そのわずか1日あとの10月29日になると，東京が深夜であるときにはロンドンでは3時なのである。ロンドンは突然9時間遅れになってしまう。どうしてこのようなことになるのだろうか。その答えは次の通りである。10月の最後の日曜日から3月の最後の日曜日に至るまでの5か月にわたってイギリスはグリニッジ標準時として知られる世界的な標準時間を使っているが，3月の終わりから10月の終わりまでイギリスの時計は1時間進められ，サマータイムを採用している。

イギリスのサマータイム（これはまた日光節約時間としても知られている）を1907年に最初に提案したのはウィリアム・ウィレットという名のロンドン人であった。彼は夏には，大部分の人たちが朝起きる数時間前から陽がもう光り輝いていることに気づいていた。しかし夕方に帰る途中にはすでに暗くなりつつあったのだ。そこで彼は4月にイギリスの時計を，4週連続で日曜日に20分ずつ進め，その後夏の終わりには，9月の4回の日曜日に再び毎回20分ずつ時計を戻すことを提案したのだ。このようにして，イギリス人は5月の初めから8月の終わりまで毎日80分間余計に日光を得ることになったのだ。

この提案は当時は受け入れられず，第1次世界大戦になって初めて，エネルギーを節約しようとする戦争中の努力の一環として，サマータイムが導入されたのであった。しかし，1916年に導入されたときには，そのシステムは今日のものと同様，ウィレット氏が提案したものよりも単純化されていた。春に1時間時計が進められ，秋にグリニッジ標準時に戻されたのだ。

それ以来ずっとイギリスでは何らかの種類のサマータイムが採用されている。しかしながら，そのシステムにはいくつかの変化が見られた。たとえば第２次世界大戦当時は，イギリスの夏の時計はグリニッジ標準時より２時間進んでいた。その後，1968年から1971年の間には，時計は１年中１時間進んでいた。特にこのタイプのサマータイムが用いられた主たる理由は，イギリスを他のヨーロッパの国々と同じ時間帯に入れるということであった。これは企業にとってはよかったが，イギリスの北部に暮らす学童にとってはつらいことだった。その子たちは冬場には朝全くの暗闇の中，学校に向かわなければならなかったのだ。1972年に，イギリスは最初のやり方に戻り，サマータイムを夏にだけに採用したのだった。

しかしながら，安全問題の専門家たちは，10月の終わりに時計を戻すことで，冬の間中車の運転はより危険になっていると主張する。彼らの推定によれば，冬期のどの月にも夕方の暗い時間帯が原因となり，約450件の死亡事故や重傷を負う事故が生じているのである。特に危険にさらされているのが子供である。ふつうの子供たちは朝にはまっすぐ学校に行くが，夕方には遊んだり，友達の家に向かう途中，外でより多くの時間を過ごす傾向にあるのだ。しかし，こうした欠点があるのにも関わらず，少なくとも当面の間は，現在のシステムに変えようとする計画はないのである。

考え方　(1)「サマータイムは…」　正解は**エ**の「イギリスでは年に７ヵ月使われている」。第１パラグラフの最終文で from late March to late October, its clocks are moved one hour forwards と述べられていることと内容的に一致する（３月終わりから10月終わりで７ヵ月になることに注意)。アは「イギリスで1907年に最初に使われた」の意。最初に提案されたのは1907年であるが，実際に採用されたのは第３パラグラフ第２文にあるように1916年である。イの「グリニッジ標準時としても知られている」は全くの論外。ウは「10月に時計を進めることを意味している」の意。第１パラグラフ最終文より時計を進めるのは３月であることが分かるので不可。

(2)「ウィリアム・ウィレットの元々の提案によれば，時計は…変えられる」　正解は**ア**の「年に合計で８回」。第２パラグラフ第４文より，４月に４回，９月に４回変えられることがわかる。イ「３月に一度，10月に一度」，ウ「夏の間中，月の20分ごと」，エ「４月の第４日曜日と９月の第４日曜日」はいずれも上述の第２パラグラフ第４文の内容に反するので不可。

(3)「イギリスの時計は…夏に２時間進められた」　正解は**ウ**の「第２次世界大戦の間」。第４パラグラフ第３文の内容と一致する。他の選択肢の意味はそれぞれ次の通り。ア「1971年まで」，イ「1916年以降毎年」，エ「第１次世界大戦の一部の間」。

(4)「1968年から1971年にかけて使われたタイプのサマータイムは…」 正解は**ア**の「イギリスの企業には有利であった」。第4パラグラフ第4～6文より，1968年から1971年にかけて導入されたサマータイムはイギリスの時間を1年中1時間進めるもので，他のヨーロッパの時間帯とイギリスの時間帯が合うためイギリス企業にはメリットがあったと述べられているので，これが正解。イの「徐々にヨーロッパ中に導入された」，ウの「主としてエネルギーを節約するために導入された」，エの「冬に学校に通う子供たちにとってはよかった」は同箇所の内容には合わないため不可。

(5)「現在の時間の体系は…」 正解は**ウ**の「交通事故につながるので批判されてきた」。最終パラグラフの内容に一致する。他の選択肢の意味はそれぞれ次の通り。ア「冬の夕方をより明るくする」，イ「子供たちが友達と遊びやすくする」，エ「いくつかの欠点があるので，まもなく変わるだろう」。

解答

(1)－エ　　(2)－ア　　(3)－ウ　　(4)－ア　　(5)－ウ

3 (B) スクリプト

Tony: Ladies and gentlemen, let me welcome you to Nufiber Industries. We've called today's press conference to announce our discovery of a revolutionary new material, which for the time being we're calling X15. We believe it has the potential to transform the way we live.

In a moment, I'm going to ask the Project Leader, Dr. Sally Fleming, to explain all about X15. As you will understand, some information concerning X15 is sensitive and cannot be released. But following Dr. Fleming's presentation, there will be an opportunity to ask questions. Sally, over to you.

SF: Thank you, Tony. Perhaps the easiest way to explain X15 is to use a concept which is already familiar. You all know that it's possible to mix metals. Bronze, for example, is made of copper and tin, and it is harder than pure copper. You also know that bronze was a vitally important material in human culture and development. Most human cultures have passed through three main ages, named after the material from which tools were generally made—a stone age, a bronze age, and an iron age.

Now what does all this have to do with X15? Combining metals is relatively easy: you simply melt the two metals and physically mix them. Human beings learned to do this more than five thousand years ago. Other elements, of course, combine naturally: hydrogen and oxygen combine to form water. But there are many substances which do not want to combine. If only we could persuade reluctant partners such as these to unite, they might produce wonderful new materials—as important to our way of life as bronze once was.

Well, that's what we at Nufiber have done. By using a completely new technique for working on materials at the microscopic level, we have discovered how to combine silicon and another material whose name we cannot reveal into microscopic thread-like structures. The resulting material, called X15 for now, is both light and strong as well as extremely stable chemically. We believe that, as a result of this unique combination of characteristics, X15 will have important applications in such areas as clothing and data transmission.

Of course, we are still at the beginning of this exciting new field, and we still have much to learn about how to control forces and materials at the microscopic level. But I think it's important to stress that X15 is not just a *chemical* discovery. What we've discovered is a new technique for working on the micro-structure of any material. X15 is only the first practical result of using this new technique.

全訳

トニー：ご来場の皆様，ヌーファイバー工業にようこそいらっしゃいました。本日はこのような記者会見を開催し，当座X15と私どもが呼んでおります，革命的な新素材の発見を発表させていただきます。この素材には，我々の暮らしを変える潜在的な力があると私どもは信じております。

　まもなくプロジェクト・リーダーであるサリー・フレミング博士よりX15の全容の説明をさせていただきます。お分かりになると思いますが，X15に関する情報の一部は機密に属するものでして，公開することができません。ですが，フレミング博士の説明に引き続きまして，質問をしていただく機会を設けております。サリー，あとはよろしくお願いします。

SF：トニー，ありがとう。恐らくX15を説明する最も簡単な方法は，すでになじみのある概念を使うことでしょう。金属を混ぜ合わせることができることはご存じのはずです。たとえば青銅は銅とスズからできています，そして強度では純粋な銅を上回ってます。また青銅が人間の文化と発展にとって極めて重要な素材であったこともご存じでしょう。大部分の人間の文化は3つの主要な時代を経ており，道具の製作に一般に用いられた素材に基づいて，名前がつけられているのです。すなわち，石器時代，青銅器時代，そして鉄器時代というように。

さて，こうしたことすべてがX15とどのような関係があるのでしょうか？金属を組み合わせることは比較的容易です。2つの金属を溶かして，物理的に混ぜ合わせればいいわけですから。人間にこれができるようになったのは5000年以上も前のことです。もちろん元素の中には自然に化合し合うものもあります。例えば水素は酸素と化合して水になるわけです。しかし中には化合したがらない物質も多くあります。このような1つになるのを嫌がるもの同士を説き伏せて1つにできさえすれば，かつての青銅と同じように我々の生活様式にとって重要な，すばらしい新しい素材ができるかもしれません。

えー，それを私どもヌーファイバーで働く者がまさに実現したのです。微視的なレベルで素材を操作する全く新しい技術を活用することで，シリコンとここでは明らかにすることはできない別の素材を組み合わせて極微の糸のような構造を作る方法を発見したのです。その結果生じた素材を今我々はX15と呼んでおりますが，これは軽く，強く，化学的にも極めて安定しています。両者の特徴を新たにこのように組み合わせた結果，X 15は衣服やデータ通信のような分野に重要な応用ができるのではないかと信じています。

もちろん，私どもはこの刺激的な新しい分野のまだ入り口にいるにすぎません。そして私どもは微視的なレベルで力や素材を制御する方法についてはまだまだ分からないことがたくさんあります。しかし，ここで強調しておきたいのは，X15は単なる「化学的」な発見だけではないということです。我々が発見したのは，どの素材の極端な構造も操作することができる新しい技術なのです。X15はこの新しい技術を最初に実用化した結果にすぎません。

考え方　(1)「『X15』という名前は…」　正解は**イ**の「一時的なものにすぎない」。トニーが“which for the time being we're calling X15”と述べているところに対応する。アは「機密にかかわる」の意。機密に関わるのはX15に関する情報であって，X15という名前そのものではないので不可。またこの記者会見で初めて発表された素材なので，ウの「すでによく知られている」もおかしい。エは「秘密のコードの一部」の意。X15が開発された新素材のコードネームの一部だとはどこにも述べられていないので不可。

(2)「以下の文は記者会見冒頭でのトニーの説明の中に出てくるものである。放送されたそのままの語句で空欄を埋めなさい」 正解は**there will be an opportunity**。スクリプト参照のこと。なお，この種のディクテーション問題は2年連続して出題されているが，空所に入れるべき語は必ずしも1語ではないことに注意しておくこと。

(3)「フレミング博士がX15を青銅に例えている理由は…」 正解は**ウ**の「両者とも化合作用を経て作られている」。フレミング博士の最初の発言部分 ("Thank you, Tony. Perhaps ...) の内容と一致。エの「それらは両者とも人間の歴史で重要であった」を選択した人もいるかもしれないが，これでは「X15もこれまでに重要な役割を果たしていた」ことになってしまうのでおかしい。他の選択肢の意味はそれぞれ次の通り。ア「それは両方とも作るのが比較的容易であった」，イ「それらはともに3つの主要な段階を経て発達してきた」。

(4)「ヌーファイバー社はまだ…していない」 正解は**ウ**の「X15を衣服やデータ通信に応用する」。フレミング博士の説明の中で "X15 will have important applications in such areas as clothing and data transmission" と述べている。これは「将来の応用例」を指摘したもので，これまですでに応用されたわけではないので正解になる。アは「シリコンを秘密の素材と結びつけた」の意。フレミング博士が "we have discovered how to combine silicon and another material whose name we cannot reveal ... The resulting material, called X15 for now ..." と述べていることと一致する。イは「極めて軽く強い素材を作った」の意。フレミング博士が，この新素材は "both light and strong" と述べていることと一致する。エは「素材を扱う新たな技術を発見した」の意。フレミング博士が "By using a completely new technique for working on materials at the microscopic level ..." と述べていることと一致する。

(5)「以下の文はサリー・フレミングの発表の終わり近くで発せられるものである。放送内容と完全に一致するように空欄を埋めなさい」 正解は**still have much to learn**。

解 答

(1)－イ	(2) there will be an opportunity	(3)－ウ
(4)－ウ	(5) still have much to learn	

3 (C) スクリプト

Tony: Thank you, Dr. Fleming. Ladies and gentlemen, I'd like to invite questions now. Could I ask you to give your name and organisation before asking your question ...

JF: I have a question about the environment. Oh, my name is Jim Fredriks and I'm the science correspondent for the *Daily Herald*. Dr. Fleming, do you foresee any environmental dangers in X15?

SF: Thank you—that's an important question. X15 should pose no more of a threat to the environment than glass—which it resembles in some ways.

JF: I see. Have you done actual tests to support this or are you basing your belief just on the nature of the material?

SF: Well, we wanted to make this announcement as quickly as possible of course. But there is a program of experiments currently under way, looking for unexpected effects.

JF: It's possible, for example, that some other material might interact with X15 in some harmful way?

SF: It's most unlikely, but that's the kind of thing we're looking for, yes.

JF: Well, in that case, don't you think you should test X15 more thoroughly before releasing it into the environment?

SF: I understand your concern. But I don't think we can hold back progress just because there *might* be some danger which we can't presently foresee ...

JF: Or are you just trying to save money?

Tony: Let's move on to the next question. The person in the second ... no, third row, please ...

YS: Thank you. I'm Yoko Suzuki and I'm with K2Television. Dr. Fleming, you mentioned clothing as a possible application for X15. Could you tell us more about that?

SF: I'd be glad to. X15 has two advantages over standard artificial fibres. One is that it's stronger. The other is that it has remarkable self-healing properties. If an X15 microfibre is damaged, it can heal itself. Even if it comes apart completely, it can fix itself if the two halves are not too far from each other.

YS: That's amazing. But as cloth, how flexible would it be?

SF: As light and flexible as the finest silk.

YS: But also long-lasting?

SF: Yes indeed. A dress or suit made of X15 would last a person's lifetime.

YS: That sounds like bad news for the fashion industry!

SF: Maybe so. But there's a piece of good news too. X15 can be coloured, of course, but its natural appearance is iridescent. It reflects light like the surface of a soap bubble, or like an insect's wing. You know, bronze is a very beautiful metal—people still make ornaments from bronze. I think it's wonderful that X15 is beautiful too.

Tony: Ladies and gentlemen, that's all we have time for. Thank you all for coming. Please remember to pick up your information packs at Reception as you leave.

全訳

トニー：フレミング博士ありがとうございます。ご来場の皆様，ここで皆様からの質問をお受けしたいと思います。恐れ入りますが，お名前と所属先をおっしゃってから質問をしていただけますでしょうか？

JF：環境についての質問があります。あー，名前はジム・フレドリックスで，『デイリー・ヘラルド』の科学記事の記者をしています。フレミング博士，X15には何か環境へ害を与える可能性があるとお考えですか？

SF：ありがとうございます。これはとても重要な質問ですね。X15はガラスといくつかの点で似ているのですが，そのガラス同様環境に対しては脅威を与えることはないはずです。

JF：なるほど。これを検証するために実際に実験なさっていますか，それともただ素材の性質に基づいてそう信じられているのですか？

SF：えー，もちろんできるだけ早くこれは公表したいと思っていたんですが，今現在進行中の実験計画がありまして，X15がもたらす予期せぬ影響を探しているところなんです。

JF：たとえば，ある他の物質がX15と何か有害な形で反応しあう可能性があるということですね。

SF：まずあり得ないとは思いますが，そうした可能性を追求しているところです。はい。

JF：えー，でしたら，X15をもっと徹底的に調べてから環境に放つべきだと思いませんか？

SF：ご心配は分かります。現在存在するとは思えない何らかの危険があるかもしれないからといって，前に進むのをやめることはできないと思います。

JF：それとも費用の節約を考えてらっしゃるだけとか。

トニー：次の質問に移りましょう。2列目，いや3列目にいらっしゃる方，どうぞ。

YS：ありがとうございます。K2テレビの鈴木洋子です。フレミング博士，X15の考えうる応用先として衣服を挙げてらっしゃいましたが，それについてもう少し教えていただけませんか？

SF：はい，よろこんで。X15は普通の人工繊維に比べて2つの利点を持っています。1つはより強いということです。もう1つは，驚くべき自己修復の特性を持っているということです。X15の超極細合成繊維が損傷した場合には自然修復します。完全に切れてしまった場合も，その両端がお互いにあまり離れていなければ，自然につながります。

YS：それは驚きですね。しかし，布としてはどの程度柔軟なのでしょうか？

SF：もっとも細かい絹糸と同じように軽く柔軟です。

YS：そして長持ちするのでしょうか？

SF：はい，その通りです。X15で出来た服あるいはスーツは生涯持つでしょう。

YS：それはファッション業界には悪いニュースみたいですね！

SF：たぶんそうでしょう。でもいいニュースもあります。もちろんX15は染色が可能ですが，何もしない状態では虹色に見えます。石鹸の泡の表面のように，あるいは虫の羽のように光を反射します。えー，青銅は美しい金属で，いまだに青銅から装飾品は作られますよね。X15も美しいのはすばらしいと思います。

トニー：お集まりの皆さん，これで時間切れになってしまいました。本日はお越しいただきましてありがとうございます。お帰りの際には忘れずに受け付けで資料ファイルをお受け取りください。

考え方　(1)「ジム・フレドリックスが『デイリー・ヘラルド』という社名を出したのは…だからである」 正解は**ア**の「トニーが人々に自分の所属する組織を述べるように求めたから」。ジム・フレドレックスが "I'm the science correspondent for *Daily Herald.*" と名乗ったのは，トニーが "Could I ask you to give your name and organisation before asking your question ..." と述べたのに応えたものである。他の選択肢の意味はそれぞれ次の通り。イ「ジムは有名な新聞社で働いているのを誇りにしているから」，ウ「フレミング博士は『デイリー・ヘラルド』は重要だと考えているから」, エ「『デイリー・ヘラルド』は科学についての記事をしばしば掲載するから」。

(2) 「ジム・フレドリックスが関心を持っているのは…である」 正解はウの「環境に対して与えうる害」。フレドリックスが最初に “I have a question about the environment.” と述べていることからこれが正解。アは「科学の進歩を停滞させること」, イは「X15 を完全に試すための費用」, エは「この発表の意外性」の意。

(3) 「鈴木洋子は…」 正解はイの「３列目」。トニーが鈴木洋子を指す際に, “The person in the second ... no, third row, please ...” と述べていることからこれが正解。鈴木洋子は「K2 テレビ」に属しているので, アの「K2 ラジオ」, ウの「K2 ファッション」はいずれも不可。

(4) 「フレミング博士によると, X15 の持つ実用上重要な利点は…」 正解はエの「切れたあとで再びつながることができること」。フレミング博士が self-healing properties / it can heal itself / it can fix itself と説明していることに対応する。他の選択肢の意味はそれぞれ次の通り。ア「自らをきれいにしておくことができる」, イ「人の寿命を伸ばすことができる」, ウ「装飾品を作るのに使うことができる」。

(5) 「鈴木洋子は, X15 はファッション業界にとって問題になりうると述べているがその理由は…」 正解はエの「人々はあまり多くの新しい服を買う必要がないから」。フレミング博士が “A dress or suit made of X15 would last a person's lifetime.” と述べたのを受けて, 鈴木洋子が “That sounds like bad news for the fashion industry!” と述べていることがヒント。アは「作るのにあまりにお金がかかる」, イは「人工的に色を塗らなければならない」, ウは「シルクのような天然素材を人々は好む」の意。いずれも鈴木洋子の発言では問題点としては指摘されていないので不可。

解答

(1)－ア　(2)－ウ　(3)－イ　(4)－エ　(5)－エ

2005年

音声ファイル 05_01～05_03

3 (A) スクリプト

Energy is a big problem in the world today. The disadvantages of traditional energy sources like coal, oil, and natural gas have been obvious for a long time, and we now have to face the fact that these energy sources are limited. Sooner or later, there won't be any oil left and the coal mines will be empty.

There was a time when nuclear power seemed to be the answer. But now we know that nuclear power, too, has major problems. The waste products are dangerous and impossible to get rid of, and a major accident or terrorist attack at a nuclear power plant would be disastrous. So, where do we go from here? Perhaps we can look to Europe for some answers.

In Europe today, an increasingly popular response to the energy problem is to concentrate on energy sources that are *not* limited. More and more European projects are being planned to gather energy from so-called 'renewable sources,' that is to say, energy from the sun, from waves, and from wind.

In Britain, a recent government report proposed that by 2020 at least 20% of the country's electricity could be produced by renewable energy sources. Wind power is at the center of the British plan. Not only is wind power clean, renewable, and inexpensive—Britain is also the windiest country in Europe. Britain's 862 wind power generators already supply roughly 260,000 homes with energy, and a new 'wind farm' in the west of Britain will soon start supplying another 400,000 homes with power.

But not everybody is happy with this solution to the national energy problem. Many of the people who live in areas where wind farms are being planned are complaining. What's the problem? Well, wind farms are usually located in wild, open country—often, very beautiful country. People want to live in those areas because they love the wild scenery. They are very strongly against the idea of hundreds of wind machines suddenly appearing in the middle of their favourite landscape.

Home-owners are not the only people protesting. In Scotland, for example, where some huge wind farms are now being planned, people fear the loss of local jobs. As James McNab of the Tourist Association explains: "In Scotland, we've lost our ship-building industry, our steel industry, our coal-mining industry—and now the government seems determined to take away our tourist industry as well. Tourists and visitors come here to see natural, beautiful scenery. They don't want to see miles and miles of wind machines stretching across the landscape."

Not surprisingly, people from environmental groups disagree. Dan Barlow, for example, says that the anti-wind-farm groups are missing the point. "It's a luxury," he says, "to complain about the visual impact of wind farms while the lives and homelands of millions of people around the world are at risk from climate change. Scenery is nice, but life and death should come first."

全訳　エネルギーは今日の世界において大きな問題になっている。石炭・石油・天然ガスのような昔ながらのエネルギー資源が持つ欠点は以前から明らかであったが，これらのエネルギー資源には限りがあるという事実に我々は今向き合わなければならない。遅かれ早かれ，石油はなくなり，炭坑からは何も出なくなる日が来るだろう。

核エネルギーが答えだと思われた時代があった。だが現在，これにも大きな問題点があることがわかっている。核廃棄物は危険で除去不可能であり，原子力発電所での大事故，あるいはそこをねらったテロ行為でも発生したら破滅であろう。では我々はどこへ向かえばよいのだろうか。おそらく答えのカギはヨーロッパにある。

今日ヨーロッパでは，エネルギー問題に対する答えとしてますます人気が上がっているのは，限りのないエネルギー源に注目するということである。ヨーロッパではいわゆる「再生可能な資源」，つまり太陽や波，風を利用したエネルギーを作り出すべく，ますます多くの事業が立ち上げられつつある。

イギリスでは，最近の政府の報告書において，2020年までには全イギリスの電力の約20%が再生可能なエネルギー源によって生み出すことが提案された。風力発電はイギリスの計画の中核をなすものである。風力は清潔で，再生可能で，安価だというだけではない。イギリスはヨーロッパでも有数の風の強い国である。イギリスにある862の風力発電機はすでに約26万世帯に電気を供給しており，イギリス西部の新たな「集合型風力発電所」がさらに40万世帯にまもなく電気を供給しはじめることであろう。

しかし，国のエネルギー問題に対するこのような解決策に皆が満足しているわけではない。ウィンドファームの建設が計画されている地域に住む人々の多くは不平を漏らしている。何が問題なのだろうか。ウィンドファームはたいてい何もない広い田舎にあるが，そこはしばしば美しい田園地帯である。人々がそこに暮らしている理由は，自然あふれる風景を愛しているからなのだ。何百もの風力発電機が突如として最愛の土地の真ん中に出現することには強硬に反対なのである。

抗議しているのは住民だけではない。たとえばスコットランドでは，現在巨大な風力発電機の建設が計画されているが，地元での職を失うことになるのではないかと不安に思っている。観光協会のジェームズ・マクナブは次のように説明している。「スコットランドでは，造船業，鉄鋼業，炭坑業がなくなった。そして現在，政府は我々観光業までなくしてしまおうと決断しているように思われる。観光客を含めこの地を訪れる人たちは，美しい自然を見に来るのである。何マイルにも続く風力発電機を見に来るわけではないのだ」

環境保護団体がこれに反論しているのは別に驚くべきことではない。たとえば，ダン・バーロウは，ウィンドファーム建設に反対している人々の主張は要点がずれていると言う。「世界中の何百万という人々の生活や祖国が天候の変化で危機にさらされているというのに，集合型風力発電所の景観の醜さに不平をこぼすのは贅沢なことだ。風景もいいが，まず人間の生き死にを優先に考えるべきだ」と彼は言う。

考え方 (1)「従来からのエネルギーが抱える以下の問題のうちどれに話者は直接言及しているか」 正解は**イ**の「石炭，石油，ガスのようなエネルギー源が枯渇しつつある」。第1パラグラフ第2文で we now have to face the fact that these energy sources are limited と述べられていることに対応する。他の選択肢の意味はそれぞれ次の通り。ア「石炭，石油そしてガスの使用は地球の温暖化につながる」，ウ「石炭，石油，ガスは大気汚染を引き起こす『汚い』エネルギー形態である」，エ「石油と天然ガスの生産は限られた少数の国々によって支配されている」。

(2)「原子力に関する以下の問題のうち誰に話者は直接言及しているか」 正解は**イ**の「原子力発電所はテロの行為で狙われる可能性のあるターゲットとなる」。第2パラグラフ第3文で，a major accident or terrorist attack at a nuclear power plant would be disastrous と述べられている。他の選択肢はいずれも本文では言及されていないので不可。ア「原子力発電所は実際に天然資源を無駄にする」，ウ「原子力の技術は核兵器を作るのに使うことができる」，エ「原子力がヨーロッパで人気がないのは過去の大事故のせいである」。

(3)「空所を数字で埋め，以下の問い(a)と(b)に答えよ」 正解は(a)は**862**，(b)は**660,000**。

(a)「今日イギリスにはいくつの風力発電機があるのか」「風力発電機は862台で

ある」。第4パラグラフ第4文に Britain's 862 wind power generators とある。

(b)「新しい集合型風力発電所が稼働するとイギリスの合計何世帯が風力で発電された電力を供給されることになるのか」「約 660,000 世帯」。まず現状では 260,000 世帯に風力発電で得られた電力が供給されていることが述べられた上で，新たな集合型風力発電所の建設により「もう 400,000 世帯（another 400,000 homes）に電力が供給されることになる」と説明されている。よって，26 万世帯と 40 万世帯を足し合わせ，合計約 66 万世帯と考える。

(4)「新しい集合型風力発電所に対する最大の苦情は何か」 正解は**ア**の「集合型風力発電所は風景の中で目立ちすぎる」。第5パラグラフ第4文以降（特に最終文の内容）と一致する。人々は大好きできれいな風景の中に何百もの風車が出現することに強く反対しているのである。他の選択肢の意味はそれぞれ次の通り。イ「集合型風力発電所は多くの人を雇ったり，新たな仕事を生み出したりはしない」，ウ「集合型風力発電所がある地域の家屋の値段が下がりつつある」，エ「集合型風力発電所からの競争が石炭採掘産業を破壊しつつある」。

(5)「次のうちどれが Dan Barlow 氏の一番言いたいことなのか」 正解は**ア**の「気候の変化を防ぐ方が景観を維持するより重要だ」。最終パラグラフの第2文以降に Dan Barlow 氏の発言の引用があり，そこでは「世界中の何百万という人々の生活や祖国が，天候の変化で危機にさらされているというのに，集合型風力発電所の景観の醜さに不平をこぼすのは贅沢なことだ」と述べられていることに対応する。他の選択肢で述べられていることについては，Dan Barlow 氏は全く触れていないことに注意。イ「ヨーロッパのノウハウを使って世界中に集合型風力発電所を建てるべきだ」，ウ「環境保護団体は集合型風力発電所についての意見の不一致を解消し協力し合うべきだ」，エ「きれいなエネルギー源に転換することの方が環境保護論者たちを励ますよりも重要である」。

解答

(1)－イ	(2)－イ	(3) (a) 862	(b) 660,000	(4)－ア	(5)－ア

3 (B) スクリプト

On this evening's 'Expert Debate', we welcome two people with very different views about security: Mark Kelly, a well-known journalist and author, and Joyce Talbot, a Member of the European Parliament. They're going to discuss whether there should be a new single identity card for all citizens of the European Union.

But first, what is this new identity card, and why has it caused so much controversy? Here's a report from Jeremy Walker ...

The basic concept of identity cards is nothing new—we're all familiar with cards which allow us to use a library, cards which prove that we can legally drive a car, cards which allow us to buy things on credit without using cash. But no one forces you to carry a library card, a driving licence, a credit card. It's all down to the free choice of the individual—unlike the proposed new ID card.

In the modern world—the world of international crime and international terrorism—governments are becoming increasingly nervous. And with European Union citizens now free to move throughout Europe, able to travel, live, and work freely in any member state, the people responsible for keeping us safe are calling for new methods of checking who, exactly, is where. In many countries, the identity card seems an idea whose time has come.

It may also be an idea whose *technology* has come. Identity cards which use a simple photograph can be easily made by anyone. And cards which include a fingerprint have also been tried without success. But a new technology has recently become available, based on computer analysis of the structure of the face.

Faces, unlike fingerprints, can be checked without the person knowing anything about it, and the results can be matched against a huge database of faces. Current technology means that, in less than a second, any one face can be compared with 100,000 of the faces already stored in the computer. What's more, the analysis is based on the fundamental structure of the face: it won't be deceived by a false beard or make-up.

But do we really want to live in a world in which everything depends on an ID card? No health care without a card? No education for your children unless they all have cards? No travel unless your government knows all about it? And there's a deeper question about democratic rights: is it democratic to refuse a vote to people who refuse a card? Even if ID cards would make us more secure, to some people, the cure seems worse than the disease.

全訳　「今晩の『専門家討論会』では，セキュリティーについて異なる見解を持つ二人の方をお迎えします。まず，著名なジャーナリストであり作家であるマーク・ケリー氏。そして欧州議会の議員であるジョイス・タルボット氏です。おふたりには，欧州連合の市民全員に新しいIDカードを発行すべきかどうかを話し合っていただきます。

でもまず最初に，この新しいIDカードとはどういうものなのでしょうか。そしてなぜこれほどの物議を醸しているのでしょうか。ジェレミー・ウォーカーがお伝えします」

（以下はジェレミー・ウォーカーのレポート）

IDカードの基本概念は何も新しいものではありません。図書館を利用する際のカード，車を合法的に運転するためのカード，現金を支払わず買い物できるカードなどは皆さんよくご存じのものです。ただ，図書館カードや運転免許証，クレジットカードは携帯の義務はありません。携帯するもしないも個人の自由です。そこが今回提案されているIDカードとは違う点です。

現代の世界では，国際的犯罪やテロが横行する世界では，各国政府はますます神経質になってきています。そして欧州連合の市民がヨーロッパ中を自由に移動でき，欧州連合に加盟している国ならどこででも自由に旅行することも居住することも働くこともできる状況において，我々の安全を守る立場にある人々は，誰がどこにいるのかを正確に確認する新しい方法を必要としているのです。多くの国で，IDカードは時期を得た考えのように思われています。

技術的にも時代に合った考えでしょう。単純な写真を使ったIDカードでは容易に偽造されてしまいます。そして指紋照合式のIDカードも今のところうまく機能していません。しかし，顔の構造をコンピューター解析する新しい技術が最近応用されています。

指紋と違い，顔は本人が何もわからないうちに確認することができますし，その結果は膨大な数を蓄えた顔のデータベースと照合できるのです。最新の技術とは，1秒かからないうちに，どの顔でもコンピューターにすでに入力されている10万もの顔と比較できるということなのです。さらに，その分析は顔の基本構造に基づくものなので，付け髭や化粧で欺くことはできないでしょう。

しかし，すべてがIDカードに依存している世界に，我々は本当に住みたいと思うのでしょうか。カードがなければ健康管理ができない，カードがなければ子供たちが教育を受けられない，政府は把握していなければ旅行もできないような世界に。そして民主的権利にもより大きな問題が発生しています。カードを持たない人に選挙権を与えないことが民主主義なのでしょうか。IDカードでより安全になったとしても，一部の人間にとっては，治療の方が病気よりも始末が悪いことになるように思われます。

考え方 (1) スクリプト参照のこと。

(2) 「報告の中で，Jeremy Walker は我々がすでに使っている様々な種類のカードについて触れている。彼が触れていないのはどれか」 正解は**ア**の「キャッシュカード」。彼がレポートの中で触れているのは「図書館カード」「運転免許証」「クレジットカード」の3つである。

(3) 「報告によれば，なぜ身分証明書がヨーロッパの国々で『時期を得た考え』だと今見なされているのでしょうか」 正解は**ウ**の「ヨーロッパ連合の中では，どの加盟国の市民も自由に移動し，暮らし，働くことができる（から)」。Jeremy Walker のレポートの中の第2パラグラフ第2文以降に対応する。他の選択肢の意味はそれぞれ次の通り。ア「世界規模の犯罪者ネットワークが，裕福なヨーロッパ連合加盟国の中でますます活発に活動してきている（ため)」，イ「ますます多くの人が，国境の向こう側からヨーロッパに流入してきている（ため)」，エ「ヨーロッパ連合は海外の旅行者にとってはますます人気のある訪問先になりつつある（ため)」。

(4) 「報告によれば，顔認識が指紋より勝っている主な点は何か」 正解は**ウ**の「その人の協力を必要としていない」。Face, unlike fingerprints, can be checked without the person knowing anything about it と述べていることがヒント。他の選択肢の意味はそれぞれ次の通り。ア「実行するのにはるかに費用がかからない」，イ「簡単な写真しか必要としない」，エ「専門的な知識なしに行うことができる」。

(5) 「Jeremy Walker の報告の最後で，彼は『一部の人にとっては，治療の方が病気よりひどいかもしれない』と述べている。彼はなぜそう思うのか」 正解は**イ**の「なぜなら彼は身分証明書は民主主義に反するかもしれないと考えているから」。Jeremy が is it democratic to refuse a vote to people refuse a card? と，こうしたカードに対して「民主的だろうか」と疑問を呈していることがヒント。他の選択肢の意味は次の通り。ア「なぜならば身分証明書は簡単に複製されてしまうから」，ウ「なぜなら身分証明書は健康管理に役に立つことになるから」，エ「なぜならば身分証明書の方がテロよりもましであるため」。

解答

(1) (a) views about security　(b) all citizens of
(2)－ア　(3)－ウ　(4)－ウ　(5)－イ

3 (C) 【スクリプト】

Thanks Jeremy, for an interesting report. Can I turn to you first, Joyce Talbot, and ask what the latest thinking is in the European Union? Do all the member countries agree that ID cards are a good idea?

JT: Well, countries who fear they may be magnet countries for immigrants—such as Britain, France and Germany—are generally keener on the new identity card than countries—such as Spain and Portugal—which may be overall exporters of labour.

But is any consensus beginning to emerge?

JT: I think that the general principle of ID cards has been widely accepted at governmental levels. There are still many details to be decided—regarding penalties for refusal for example—but most governments are beginning to realise that *some* form of citizen identification is essential in today's world.

But that's a conclusion, Mark Kelly, that you would strongly challenge, is it not?

MK: Absolutely. We've seen no evidence to show that ID cards would do anything at all to prevent terrorist attacks. Why should they? Many of these terrible attacks are carried out by people with no previous criminal record—terrorists aren't common criminals after all. And I'm not convinced that the new technology described in your report will work as well as governments suppose.

JT: I can assure you that it *will* work.

MK: There's already reason to believe that face recognition will be rather easy to deceive. Studies I have carried out suggest that you only need to shave a little off the eyebrows and narrow your lips slightly to confuse the best programmes now available. I'm afraid governments are enthusiastic about the technology simply because they like the idea of having information about everybody.

JT: Oh really, Mr. Kelly, that's a very foolish thing to say. The fact is that governments have a duty to do everything possible to protect the lives of their citizens. When we remember how destructive a modern terrorist attack could be ...

MK: If I may say so, the question is whether ID cards would help prevent these attacks. Since there seems little reason to suppose that they would, and since there's every reason to suppose that they will seriously reduce our freedom, the balance is clearly *against* introducing them.

We're coming to the end of our programme. I wonder if I might ask you, Joyce Talbot, for a closing word ...

JT: Yes. I think governments are generally in favour of some sort of identification system. I hope we can now have a calm and intelligent public debate so that a decision can be made before the end of the year.

Thank you. Mark Kelly, what's your reaction?

MK: I would welcome the kind of debate Ms. Talbot describes, because it will show ID cards to be unnecessary, expensive and dangerous.

I'd like to thank our guests for taking part in this evening's programme, and you the viewers at home, for watching another edition of 'Expert Debate' ...

全訳 「ありがとうジェレミー。興味深い報告でした。まずジョイス・タルボットさんに伺いたいのですが，欧州連合では最近どのような考えが一般的なのでしょうか。加盟国すべてがIDカードに賛成なのでしょうか」

JT：そうですね，自分たちの国が移民の集まりやすい国，たとえばイギリス・フランス・ドイツのような，そういう国になってしまうのではないかと不安に思っているところは，スペインやポルトガルのような，全体的に労働力を輸出している国よりも総じて新しいIDカードの導入に熱心です。

「しかし，コンセンサスは得られているのでしょうか」

JT：IDカードの全体的方針は政府レベルでは幅広く受け入れられています。細かい部分はまた決定されておりません。たとえば罰則とか拒否権とかのようなものですね。ただ，ほとんどの政府は，市民を特定する何らかの方法は今日の世界で必要なことだと認識し始めています。

「しかし，それこそあなたが強く反対しようとしている結論なんですよね，マーク・ケリーさん」

MK：まさにそうです。IDカードがテロ行為を防止するのに役立つという証明は全くなされておりません。どこが役に立つのですか。おそろしいテロ行為の多くは全く犯罪歴のない人間によって行われているのです。結局テロリストというのは一般的な犯罪者とは違うのです。そして，あなたの報告書にある新しい技術が政府が想定しているような効果を発揮するとは思えません。

JT：いや，絶対に役立つと保証できますよ。

MK：顔の識別も，むしろすりぬけやすいものになるだろうと考える根拠がすでにあります。私が行った研究では，眉を少し剃り落として唇を少し薄くさえすれば，現在最高の水準を誇るプログラムを混乱させることが可能であることがわかっているのです。政府が科学技術に夢中になっているのは，単に全員の情報を持てるという考えを気に入っているからにすぎないではないのですか。

JT：いや，ケリーさん，それは愚かな考え方ですよ。実際，政府には市民の生活を守るためにあらゆる努力をする義務があるのです。現代のテロリズムがどれほど破壊的なものになりうるかを思い出すと…

MK：百歩譲るとして，問題はIDカードがそれらのテロを本当に防げるのかどうかです。防げると考える理由はほとんどないように思えますし，カードの導入によって我々の自由が制限されると考える根拠は十分にあるのですから，導入反対の方が明らかに分(ぶ)がありますよね。

「番組もそろそろ終わりに近づいてきました。ジョイス・タルボットさん，最後に一言お願いします」

JT：はい。政府はある種の身分証明制度に賛成していると思います。私が望むことは，年末までに決定がなされるよう，市民レベルで冷静に知的に話し合いを進めることです。

「ありがとうございます。マーク・ケリーさん，いかがですか」

MK：タルボットさんが提唱なさっているような話し合いには大賛成ですね。そうすればIDカードが不要で，金のかかる，そして危険なものであることが証明されますからね。

「今晩の番組に参加していただいたお二人に感謝したいと思います。そしてご家庭でご覧になっている視聴者の皆さん，今日も『専門家討論会』を見ていただきましてありがとうございました」

考え方　(1)「Joyce Talbotによれば，イギリス，フランス，そしてドイツは…」
正解はエの「他の国々出身の人々がそこで暮らしにやってくると信じている」。"they（＝イギリス，フランス，ドイツのような国々）may be magnet countries for immigrants"と述べていることがヒント。マグネットは「磁石」なので，magnet countriesは「移民を引きつける国々」の意味になることに注意。他の選択肢の意味はそれぞれ次の通り。ア「身分証明書は磁気システムを利用すべきだと考えている」，イ「身分証明書の導入に一般的に好意的ではない」，ウ「おそらく，自分たちが受け入れるより多くの人を海外に送り出すだろう」。

⑵「Joyce Talbotによれば，ヨーロッパ連合の諸国は…」 正解は**イ**の「拒絶した場合の罰則についてまだ合意していない」。「まだ決定すべきこと」の例としてregarding penalties for refusalを挙げていることがヒント。他の選択肢の意味はそれぞれ次の通り。ア「お互いを信頼できるとは見なしていない」，ウ「政府レベルではすでに身分証明書を持っている」，エ「身分証明書に必要な詳細の大部分についてはすでに決定している」。

⑶「Mark Kellyは…と述べている」 正解は**ア**の「多くのテロリストは前科がない」。“Many of these terrible attacks are carried out by people with no previous record ...”と述べていることに対応する。他の選択肢の意味は次の通り。イ「テロリストに対する証拠はしばしば不十分である」，ウ「テロリストは普通の犯罪者の中から雇われる」，エ「テロリストは身分証明書が導入されるのを防ぐためには何でもする」。

⑷「Mark Kellyが行った研究が示唆しているのは…だ」 正解は**イ**の「顔の認識は騙すのが比較的容易」。Mark Kellyが“There's already reason to believe that face recognition will be rather easy to deceive”.と述べていることに対応する。アは「顔の認識は化粧によって混乱させることができる」の意。「眉毛を少し剃ったり，唇を細くするだけでコンピュータは混乱する」と述べられているが，これは「化粧」ではないので不可。ウの「顔の認識は容易に多くのテロリストを欺く」とエの「細い唇をした人は顔の認識を容易に欺くことができる」は，本文で述べられていることと全く無関係。

⑸「Mark Kellyは，自分が身分証明書についての公開の議論を歓迎するのは，…だからだと述べている」 正解は**イ**の「自分の言いたいことを証明してくれると確信している」。Mark Kellyは理由として“it will show ID cards to unnecessary, expensive and dangerous”と述べている。これはMark Kelly自身が主張していることであるので，「自分の言いたいことが証明される」ことになる。他の選択肢の意味はそれぞれ次の通り。ア「彼は民主主義を信じている」，ウ「大衆に相談しないのは危険だから」，エ「専門家と普通の人は考え方が違う」。

解答

⑴－エ	⑵－イ	⑶－ア	⑷－イ	⑸－イ

2004年

音声ファイル
04_01～04_03

3 (A) スクリプト

The book trade at the beginning of the twenty-first century seems surprisingly healthy. In the United States alone, about 100,000 new titles are published every year, and most of these books are bought in bookstores.

The last twenty years have seen the rise of chain bookstores—that is, shops which are branches of big, often nationwide companies. In chain bookstores, which operate more like supermarkets than traditional bookstores, a typical paperback will only stay on the shelves for a period of about six weeks to three months. Such stores make money by selling a lot of copies of a very few titles, often offering best-sellers at big discounts to attract customers. They usually don't have many older or slower-selling titles—and this, of course, reduces choice for the customers. At first, it was thought that competition from such chain bookstores would lead to the disappearance of traditional bookstores where the salespeople actually know about books and are not content to sell only this season's best-sellers.

The traditional bookstore has not, however, been driven out of business by the chains. Instead, a new generation of stores that sell books to enthusiastic book lovers has emerged. Such places, which stock an enormous number of books, and which feel more like libraries than dynamic sales centres, sell not only best-sellers but classic books and serious works from academic publishers. The success of such stores shows that there are enough book lovers to guarantee the survival of traditional booksellers.

But how will we all—book lovers, booksellers, and publishers—deal with the book of the future? Perhaps with something called publishing-on-demand. The idea is that a customer will go into a bookstore and be able to look at covers and descriptions of books. If the customer wants to buy an item that's not a current best-seller, the shop assistant will find it on the store's computer, push a button, and tell the customer to come back in twenty minutes. When the customer returns, the book, created on the spot by high-speed copying and binding, will be ready to take away. Stores will still have copies of the most popular books on their shelves, but the more unusual ones would only be on the computer.

Looking at covers and descriptions of books, however, is not the same as being able to take actual books off shelves and turn their pages. Moreover, the publish-on-demand system works best if you have a particular book in mind when you go into a bookstore. The traditional bookstore, with its large stock of books of all different kinds, has one great advantage for the customer: often you may find on the shelves a wonderful book which you would never have thought of buying if you hadn't seen it there by chance. Because of this, it seems likely that neither the traditional book nor the traditional bookstore will disappear in the twenty-first century despite changes in economic circumstances and in technology.

全訳 21世紀初頭の本の取引は驚くほど健全であるように思える。アメリカ合衆国だけでも，約10万冊の新刊書が毎年出版されており，これらの本のほとんどが本屋で売られている。

ここ20年間に本のチェーン店，つまり，大規模でしばしば全国展開している企業の支店である店が誕生した。チェーン店は，伝統的な本屋というよりも市場のように経営されているが，そこでは普通のペーパーバックが約6週間から3ヵ月間しか書棚に置かれていない。そのような店はごく限られた本を大量に販売し，しばしばベストセラーを客の目を引くために大幅に値下げして売ることで儲けを出している。そのような店には大概昔に出された本や売上げの良くない本はあまり置かれておらず，このため客の選択肢は当然狭められている。最初は，そのようなチェーン店との競争によって伝統的な本屋，つまり店員が実際に本の内容を知っていて，季節ごとのベストセラーを売るだけでは飽き足らないような本屋が消えていくものと思われていた。

しかし，伝統的な本屋のチェーン店によって廃業に追い込まれてはいない。その代わりに，熱狂的な本の愛好家に本を売る新世代の本屋が誕生している。そのような場所には膨大な数の本があり，活気のある販売所というよりも図書館のような感じがするが，ベストセラーばかりではなく古典的な本や学術関係の出版社から出されたまじめな図書も扱われている。そのような店が成功していることから，伝統的な本屋が生き残れることを保証するだけの本の愛好家が存在するのは明らかだ。

だが，本の愛好家も本屋も出版社もみな，将来の書籍をどのように扱っていくことになるのだろう？　おそらく注文出版という形態になっていくだろう。要するに，客は本屋に入り，本の表紙や説明書を見ることができる。現在ベストセラーになっていない本を買いたい時には，店員が店のコンピュータで探し，ボタンを押して，客に20分後に再び来てもらうよう頼む。客が戻ってきた時には，高速印刷及び製本によってその場で作られた本がいつでも持っていけるようになっている。本屋の棚には最も人気のある本は相変わらず並んでいるだろうが，もっと珍しい本はコンピュータの中にしかない。

しかし，本の表紙や説明書を見ると，実際の本を棚から取り出し，中身をめくってみることができることは同じではない。さらに，注文販売というシステムは，ある特定の本を頭に置いて本屋に入ると時には有効である。伝統的な本屋は，ありとあらゆる種類の本が豊富な在庫としてあるので，客にとって大きなメリットがある。偶然そこで見かけなければ買おうなどと思いもしなかった素晴らしい本を棚の上に発見するかもしれない。このため，どれほど経済状況や科学技術が変化しようと，伝統的な本も伝統的な本屋も21世紀に消滅することはなさそうである。

考え方　(1)「アメリカでは何点の新刊書が毎年出版されているか」 正解は**ウ**の**「約100,000点」**。数字の聞き取りはリスニング問題では頻出。意外と苦手にしている人が多いので注意が必要。

(2)「話し手は，従来からある書店の方が，チェーン店の書店よりお客により多くの選択肢を与えていると主張している。従来からある書店で売られているものとして指摘されていないものは，次の種類の本のうちどれか」 正解は**ウ**の**「古本」**。古本を扱っているという話はどこにも出てこない。アは「古典的な書物」，イは「ベストセラー」，エは「学術的な出版社の出している本」の意。第3パラグラフ第3文（Such places, which ...）で，「ベストセラーだけではなく，古典，そして学術書を扱う出版社が出している本格的な書籍を置いている」と述べられていることから，ア，イ，エはいずれも不可。

(3)「"publishing-on-demand" とはどのような考えか」 正解は**エ**の**「あまり人気のない書籍が，顧客の求めに応じて印刷される」**。第4パラグラフ第3文（The idea is that ...），および第4文の内容と一致する。アは「書店は需要が大きい本のみを売る」の意。"publishing-on-demand" はむしろ，あまり需要のない本を販売するための方法なので不可。イは「顧客は，コンピュータ上のボタンを押すことで本を見つけることができる」，ウは「顧客は自分たちが買ういかなる本でもそのカバーと装丁を選ぶことができる」の意。"publishing-on-demand" はあくまで本を印刷するシステムであるので不可。

(4)「話者によれば，従来からある書店で買い物をする最大の長所は次のうちどれか。顧客は…ことができる」 正解はエの**「買う計画がなかった面白い本をしばしば見つける」**。最終パラグラフ第3文（The traditional bookstore ...）の内容と一致。他の選択肢の意味は次の通り。ア「本の表紙と紹介を見る」，イ「自分たちが探している特定の本をすぐに見つける」，ウ「最も人気のある本を書棚ですぐに見つける」。

(5)「話者の結論は何か。21世紀にはおそらく…だろう」 正解は**アの「伝統的な書物と伝統的な書店は生き延びる」**。最終パラグラフ最終文（Because of this, ...）の内容から判断する。イの「チェーン店形式の書店は従来からの書店を廃業に追い込む」とウ「新しい科学技術は伝統的な書物を消滅させる」は，最終パラグラフ最終文の内容と矛盾するので不可。エ「売れ行きの悪い多くの本は“publishing-on-demand”でしか手に入らなくなる」の意。従来からの書店が残れば，そこで手に入るので不可。

解答

(1)－ウ　(2)－ウ　(3)－エ　(4)－エ　(5)－ア

3 (B) スクリプト

A :［4時の時報］... and it's four o'clock. Time now for 'Book of the Day,' our 3-minute introduction to a book that's coming into the bookstores this week. Susan Allen is in the studio with me. Right, Susan, what's the book of the day?

B : OK, James, here it is: *The World of Soccer*, by Alison Farthing.

A : Right, so, it's a book about sport.

B : It certainly is, James. And it's called *The World of Soccer* because it's about how soccer became the world's favourite sport, enjoyed today by billions of people. The book starts with the story of where the game was first played, and how it started to spread all over the world in the late 19th century.

A : It started in England?

B : Well, James, one of the surprising things I learned from this book was that a very early form of football was almost certainly already being played in Japan in the seventh century.

A : So it's the Japanese who taught the world to play soccer?

B : Well, no. It seems that the Japanese game never left Japan. It's the English form of soccer that came to be played and watched all over the world.

A : All over the world except in the United States ...!

B : Well, James, that's another surprising thing I learned from the book. It's true that the US media don't pay much attention to soccer, and we don't think of it as an American sport, but it turns out there's quite a passionate interest in soccer among at least one group of people living in the United States.

A : School children?

B : No, immigrants, who were born outside the US borders. Did you know that there are currently about 56 million people living in the United States who were born in other countries and moved to the United States later in life? 12 million US residents, for example, were born in Mexico—a country with a strong soccer tradition.

A : Hmmm, interesting. So there's probably a surprising amount of support for the Mexican national team in the United States.

B : That's right. And it's not just at the international level that we see this interest in teams playing elsewhere. Local teams, too, have worldwide fan clubs. Television and the internet—and, of course, worldwide advertising—have made local soccer a global phenomenon.

A : Can you give me an example?

B : Well, OK, the example that Alison Farthing gives is the Italian team AC Verona. She explains that in the 2002 season, Verona usually had 4 or 5 players on the field who were not Italian. They had a French-Algerian player, an African goalkeeper, and two brilliant goal-scorers from South America. These players attracted a lot of interest in their home countries and regions. So even though Verona were an Italian team, playing in the Italian national championships, they had people watching their games in Algeria, Argentina, Brazil, Ghana ...

A : Ah ... and then in 2003 ...

B : Exactly. In 2003, AC Verona bought the German team captain, Franz Schmidt.

A : A great player.

B : And even more to the point, James, a German player. Up until then, all of Verona's international players had been from the south. The team really hadn't been able to attract much attention from soccer fans in the north. But with the arrival of the great Franz Schmidt, all that changed. Suddenly a huge new market opened up for the club not only in Germany but all over northern Europe.

A : Amazing. And I thought they bought him because he scored goals!

B : Well, as I found out, James—nothing is quite *that* simple, in 'the world of soccer'.

全訳

A：（4時の時報）…で，4時ですね。では「今日の本」の時間です。今週書店で販売される本を3分間で紹介するコーナー。さぁ，スーザン・アレンが今スタジオで私の隣にいます。スーザン，今日の本は何ですか？

B：はい，ジェームズ。これです。アリソン・ファージングの「サッカーの世界」。

A：そうですか。ということはスポーツの本ですね。

B：ええ，ジェームズ。そして「サッカーの世界」というタイトルは，サッカーがどのようにして世界で一番の人気スポーツになったのか，今日何十億もの人々に愛されるようになったのかについて書いてあるからです。サッカーがどこで最初に行われたか，どのようにして19世紀末に世界各所に広まっていったかという話から始まっています。

A：イギリスから始まったんですよね？

B：ところがですね，ジェームズ。この本を読んで1つ驚いたんですが，ごく初期の形式のサッカーはすでに7世紀に日本でほぼ間違いなく行われていたそうなんですよ。

A：ということは，世界にサッカーを教えたのは日本人ということですか？

B：いえ，そうではありません。日本式のサッカーは日本から外には広まらなかったようなんです。世界中でプレーされ，観戦されるようになったのはイギリス式のものです。

A：世界中，といってもアメリカ以外のということですね！

B：それでねジェームズ，もう1つ驚く話がこの本にあるんですよ。確かにアメリカのメディアはサッカーにあまり関心を示さないし，我々もそれをアメリカのスポーツとは思っていませんが，少なくともアメリカのある一部の人々の間ではサッカーはとても大人気になってきています。

A：学生たちですか？

B：いえいえ。移民の人たちなんです，アメリカの外で生まれた。現在アメリカに住んでいる約5,600万人の人が，外国で生まれて後にアメリカに移住してきた人だということを知っていますか？　たとえば，1,200万人がメキシコで生まれています。メキシコといえば，サッカーの国として有名ですよね。

A：ほう，それはおもしろいですね。ならばアメリカにはメキシコチームを応援する人がすごくたくさんいることでしょうね。

B：そうなんですよ。よそでプレーしているチームに興味を持って見ているのは何も国際レベルだけの話ではありません。地元チームにも世界中にファンがいます。テレビやインターネット，そして当然のことながら世界的宣伝のおかげで，一地域のサッカーが世界的な現象になっています。

A：例えば？

B：そうですね，アリソン・ファージングが挙げている例としては，イタリアのチーム，ACヴェローナがあります。彼女の説明では，2002年度において，ヴェローナではいつも4，5人イタリア人でない選手がプレーしていました。フランス系アルジェリア人の選手が1人，アフリカ人のゴールキーパーが1人，そして2人の素晴らしいストライカーが南米出身です。この選手たちには母国や生まれ故郷からたくさんの声援が送られました。ですから，ヴェローナはイタリアのリーグでプレーするイタリアのチームですけれども，観戦者はアルジェリアやアルゼンチン，ブラジル，ガーナなどにもいたんです。

A：ほう。では2003年も…

B：その通り。2003年，ACヴェローナはドイツのキャプテンだったフランツ・シュミットを獲得しました。

A：すばらしい選手ですよね。

B：もっと大事なことは，ジェームズ，ドイツの選手だということです。それまでは，ヴェローナの外国人選手は皆南半球から来た人たちでした。実際北半球のサッカーファンからはあまり注目されていませんでした。でも偉大なるフランツ・シュミットの登場で，それが一変しました。突然そのクラブにとって巨大な市場がドイツばかりでなく，北ヨーロッパ全体にも新しく拓けたわけですから。

A：すごいですね。むろんゴールを決めるから彼を獲得したんですよね。

B：そうですね，私が見たところでは，ジェームズ，「サッカーの世界」では問題はそんな簡単なことではないんです。

考え方　(1)　正解はイ。司会者が“our 3-minute introduction to a *book* that's coming into the bookstore this week”と述べていることがヒント。

(2)　正解は **nineteenth**。レポーターが本に記述されていることとして“how it started to spread all over the world in the late *19th* century”と述べていることに対応する。

⑶　正解は**seventh**。リポーターが“... already being played in Japan in the *seventh* century.”と述べた箇所に対応する。

⑷　正解は**English**。レポーターの“It's the *English* form of soccer that came to be played ...”というセリフが聞き取れたかどうかがポイント。

⑸　正解は**エ**。レポーターが“It is true that the US *media* don't pay much attention to soccer”と述べているところが対応箇所。

⑹　正解は**ア**。レポーターは「アメリカで暮らす少なくとも1つの集団がサッカーに熱狂している」と述べた上で，それが**「移民」**であると説明している。

⑺⑻　正解は⑺ **Internet**，⑻ **advertising**。レポーターが“Television and the *internet*—and, of course, worldwide *advartising*—have made local soccer a global phenomenon.”と述べているのがヒント。なお，Internetは「大文字」で始めるのが普通である。

⑼　正解は**Europe**。終わりに近くでレポーターが“a huge market opened up for the club not only in Germany but all over northern *Europe*”と述べているのがヒント。

⑽　正解は**エ**。海外からの選手はこれまで「南部」の出身者が多かったのに対し，フランツ・シュミットが入ることで**「北部」**のファンの注目を集められるのが最大のメリットなのである。

解答

⑴－イ	⑵ nineteenth	⑶ seventh	⑷ English	⑸－エ
⑹－ア	⑺ Internet	⑻ advertising	⑼ Europe	⑽－エ

〈要約文全訳〉

ラジオ番組のこのコーナーでは，スーザン・アレンは聴衆に新しい本を紹介する。彼女の選んだ本のテーマは今日の世界のサッカーである。今ではサッカーを世界中のとほうもない数の人が楽しんでいるというところから口火を切り，彼女はまずサッカーの起源の話をし，それからこの競技が19世紀末に世界中に広まり出したと説明する。初期の形態のサッカーは7世紀の日本で行われていたことを指摘するが，広まっていって世界中で行われ観られているのはイギリス版の方だと述べる。

次に，国レベルで，特にアメリカに焦点を当てて，サッカーのチームとサッカーのファンについて話をする。彼女が強調するのは，アメリカのマスコミはサッカーにあまり関心を払わないが，サッカーをする国からの移民は強い関心を持っているということである。最後に，話は地域レベルに移り，地域のクラブチームでさえ今日世界的な興味の対象となり得ると説明する。彼女は，ある地域のサッカーを世界的な現象にするのに貢献した3つの鍵を握る要素を特定している。それはテレビ，インターネット，そして世界的な宣伝である。

最後に，彼女はある特定のイタリアのサッカーチームに焦点を当てる。このチームには多くの国際的な選手がいる。彼女は，どのようにしてこうした選手たちがこのチームを，イタリア国外においてであれ，有名にするのに貢献したかを説明する。例えば，ドイツ出身の新しい選手は，ドイツと北ヨーロッパでこのチームに対する関心を高めてくれることを期待されている。このクラブの世界的な人気という点では，この新加入の選手の持つ特別な意味を表すキーワードとなるのは「北」という言葉である。

3 (C) スクリプト

[電話の呼び出し音]

Tim Roberts : Hello. Merton Property Management. Tim Roberts speaking. Can I help you?

: I see. You're renting one of our new apartments in the town centre. Ah yes, Mr James Smith. You have number 345 in the apartment building we've just opened. I see you sent us a letter this morning. I hope you find the apartment quite satisfactory?

: You don't? Oh dear, what seems to be the trouble?

: The lights don't work. I see. Have you tried changing the light bulbs?

: I'm sorry—of course, I didn't mean to be rude, Mr Smith. It is just that some of our customers don't check before they telephone us. But if you have changed them already, then I'm sure you're right that there is a problem. It's very likely that there's a fault in the electricity somewhere.

: And the broken window hasn't been fixed? Oh dear, where exactly is that?

: Three broken windows? In the living room? I am so sorry. Is it the glass or the locks that are broken?

: Both? Dear me, that is very bad, Mr Smith. I am sorry. I'm sure you are worried about burglars—yes, there's a terrible crime problem these days. I know what you mean.

: And your bath is blocked? Oh dear. So you can't have a bath? Have you tried unblocking it yourself? You could try to stick a pencil down it, or something like that.

: I—I'm so sorry, of course I understand you've tried to unblock it. It must be very badly blocked if you've spent two hours trying to unblock it. That's quite serious.

: The problem is that it is Friday afternoon, and I have to leave the office at 5 o'clock today. And I'm so sorry but we don't have any staff available to do repairs over the weekend.

: Of course we'll do our best to help next week. Certainly we'll do our best. We have a staff of five repairmen, who are specially trained, and we'll be contacting them on Monday. I do have to warn you, I'm afraid, that this is the holiday period, and unfortunately four of the five repairmen are on holiday from next week. And we do have a waiting list of repairs. But we'll certainly put you on the waiting list. And I hope we'll be able to come and see you very soon—in about, um—in about three weeks, or so. Will that suit you?

: No? Oh dear, I am sorry. Yes I agree, it is very bad if the rain is coming in through the broken windows. But I'm afraid there's nothing we can do just now. Could you telephone again on Monday next week?

: Mr Smith, please don't get angry with me. We want to do our best for all our customers. I think it's a bit of an exaggeration to say that nothing in your apartment works at all. For example, the telephone works, doesn't it—or you wouldn't be speaking to me now!

: Mr Smith—are you there? Are you still there? Is there something wrong with the telephone? Hello? The line seems to have gone dead. Hello? Hello?

全訳

[電話の呼び出し音]

ティム・ロバーツ（以下同）：もしもし。マートン不動産管理です。ティム・ロバーツと申しますが，何かご用でしょうか？

：なるほど。都心の弊社の新築のマンションの一室を借りてらっしゃるんですね。はい，ジェームズ・スミスさんでいらっしゃいますね。オープンしたばかりのマンションの345号室をお借りいただいていて，今朝お手紙をお送りいただいたんですね。マンションの方は気に入っていただいておりますでしょうか？

：気に入っていらっしゃらない？　えー，何か不都合がございますでしょうか？

：明かりがつかないんですか？　分かりました。電球は変えてみましたか？

：はい，大変申し訳ありません。スミスさん，ご無礼をお詫びいたします。お客様の中には，電話をいただく前に確認をしてくださらない方もいらっしゃるものですから。でももしもう交換されているのでしたら，お話の通り問題があるのだと思います。きっと電気がどこかおかしいんだと思います。

：それから壊れた窓がまだ直っていないんですか？　申し訳ありません，いったいどこの窓でしょうか？

：窓が3枚ですか？　居間ですって？　申し訳ありません。壊れているのはガラスでしょうか鍵でしょうか？

：両方ですって？　スミス様，これはとんでもない話ですね。申し訳ありません。強盗がご心配だと思います。確かに，最近はひどい犯罪が発生していますし。おっしゃることは分かります。

：それに風呂場が詰まっているんですか？　何ということでしょう。ではお風呂に入ることができないんですね。ご自身でつついてみられました？　試しにご自分で鉛筆か，何かそういうものを押し込んでみることができますよ。

：も，申し訳ありません。もちろんもうお試しになったんですね。2時間かけても直らないということは，本当にひどく詰まっているんでしょうね。とても深刻な状態だと思います。

：困ったことに金曜の午後でして，今日は5時に会社を出なくてはなりません。そして大変申し訳ありませんが，週末は修理を担当できるスタッフがおりません。

：もちろん来週は全力で取り組ませていただきます。必ず，ベストを尽くします。5人の修理工のスタッフがおりまして，特別な訓練を受けております。月曜日に連絡を取ってみます。ただ申し上げておきますと，現在休暇の時期でして，残念ながら5人の修理工のうち4人が来週休みを取っております。それにたまっている修理もけっこうございます。でも，必ず修理待ちのリストに加えておきます。できるだけ早く，そうですね，約3週間ぐらいで，そちらにお伺いお目にかかれればと思っております。それでいかがでしょうか？

：ダメですか？　本当に申し訳ありません。はい，おっしゃる通りだと思います。壊れた窓から雨が入ってきたらとても困りますよね。でも，今弊社に出来ることは残念ながら何もありません。もう一度来週の月曜日に電話をしていただけますか？

：スミスさん，私に腹を立てないでください。すべてのお客様のためにベストを尽くしたいんです。マンションにあるものは何も使えないというのは，少々大げさだと思います。例えば，この電話は使えていますよね。さもなければ今こうして私と話しているはずはないんですから！

：スミスさん，聞こえますか？　聞こえますか？　電話の調子が悪いんでしょうか？

もしもし，あれっ，電話が切れちゃったようだ。もしもし？　もしもし？

考え方　(1)「第1にスミスさんが不満を訴えているのは…」 正解はイの**「明かりがつかない」**。管理会社の人が，冒頭近くで“The lights don't work.”と述べていることから判断する。他の選択肢の意味は次の通り。ア「エレベータが動かない」,ウ「ドアのベルが鳴らない」，エ「冷蔵庫が動かない」。

(2)「スミスさんはまた…と文句を言っている」 正解はイの**「3カ所の窓が壊れている」**。管理会社の人が“Three broken windows?”と述べていることがヒント。アのa window is brokenでは壊れている窓は1枚になってしまうので,不可。ウは「強盗が窓を2枚壊した」，エは「修理工が4枚窓を壊した」の意だが，これは会話では全く触れられていない話。

(3)「その後スミスさんが文句を言ったことには…」 正解はアの**「風呂が詰まっている」**。bathとblockが聞き取れたかどうかがポイント。他の選択肢の意味は次の通り。イ「通りが封鎖されている」，ウ「バスルームの鍵が開かない」，エ「玄関の鍵が開かない」。

(4)「ロバーツさんによれば，スタッフが修理を始めるのは…」 正解はエの**「約3週間後」**。“we'll be able to come and see you very soon ... in about three weeks”と述べていることから判断する。他の，ア「今晩」，イ「今週末」，ウ「来週の月曜日」はいずれも不可。

(5)「この会話が終わった理由…だからである」 正解はイの**「電話が通じなくなってしまったように思われる」**。最後にロバーツさんが懸命に相手に呼びかけていること，さらには“The line seems to have gone dead.”と述べていることから判断する。アは「ロバーツさんが電話を切る」，ウは「ロバーツさんは別のお客さんから電話をもらう」，エは「5時になり，ロバーツさんが帰宅しなければならない」はいずれも不可。

解答

(1)－イ　　(2)－イ　　(3)－ア　　(4)－エ　　(5)－イ

出典一覧

2023

3(A) Homing Pigeons Remember Routes for Years by Robin Donovan, Scientific American, May 1. 2022. Copyright © 2022 Scientific American, Inc. Reprinted by permission of Scientific American, a Division of Springer Nature America, Inc.

3(B) Kelp is Weirdly Great at Sucking Carbon Out of the Sky by Robinson Meyer, The Atlantic, May 25, 2022. Copyright © 2022 The Atlantic Monthly Group, Inc. All rights reserved. Distributed by Tribune Content Agency.

2022

3(B) What the Voice Inside Your Head Says About You by Kelly Oakes, BBC Future, Aug. 19, 2019. Copyright © 2019 BBC. Reprinted by permission of BBC Learning, a division of BBC Studios Americas, Inc.

2021

3(A) Could The Masterpiece Be A Fake? Profit, Revenge And 'The Art Of Forgery' by Dave Davis and Noah Charney, NPR, June 23, 2015. http://npr.org/2015/06/23/412244490/could-the-masterpiece-be-a-fake-profit-revenge-and-the-art-of-forgery

3(B) Art World Captivated By 'Fake Rothko' Trial

3(C) Civilizational collapse has a bright past—but a dark future ed. by Sally Davies, Aeon+Psyche. Copyright © 2019 Aeon Media Group Ltd. Reprinted by permission of Aeon+Psyche.

2020

3(C) High-Tech Tools to Develop New Crops by Knvul Sheikh, The New York Times, June 18, 2019. Copyright © 2019 The New York Times. Reprinted by Permission.

2019

3(C) This Is Where Your Childhood Memories Went: Your brain needs to forget in order to grow by Ferris Jabr, Nautilus, Aug 21, 2014. Copyright © 2014 Ferris Jabr. Reprinted by permission of Ferris Jabr.

2017

3(C) Why Chimamanda Ngozi Adichie Considers Her Sister a "Firm Cishion" at Her Back by Chimamanda Ngozi Adichie. Copyright © 2016 Chimamanda Ngozi Adichie. Used by permission of The Wylie Agency (UK) Limited.

2016

3(C) Why Do Mosquitoes Bite Some People More Than Others? by Joseph Stormberg, Smithsonian magazine, July 12, 2013. http://www.smithsonianmag.com/science-nature/why-do-mosquitoes-bite-some-people-more-than-others-10255934

2015

3(C) Diary: In the Day of the Postman by Rebecca Solnit. London Review of Books, August 29, 2013. Copyright © 2013 London Review of Books. Reprinted by Permission of London Review of Books.

2011

3(A) Landscape and Western Art by Malcolm Andrews. Copyright © 1999 by Malcolm Andrews. Reprinted by permission of Oxford Publishing Limited.

2010

3(C) America in So Many Words by Allan Metcalf and David K. Barnhart. Copyright © 1997 by Allan Metcalf and David K. Barnhart. Used by permission Of HarperCollins Publishers.

2007

3(B) Witchcraft, Oracles and Magic among the Azande by Edward Evan Evans-Prichard. Copyright © 1976 Oxford University Press. Reprinted by Permission of Oxford Publishing Limited.

"Words mean more than
what is set down on paper.
It takes the human voice
to infuse them with deeper meaning."

— Maya Angelou

言葉には書かれた以上の意味がある。
さらに深い意味を注ぎ込むには人の声が必要だ。

—— マヤ・アンジェロウ

東大入試詳解20年　英語リスニング〈第3版〉

編　　者　駿台予備学校
発 行 者　山﨑良子
印刷・製本　日経印刷株式会社
発 行 所　駿台文庫株式会社

〒101-0062　東京都千代田区神田駿河台1-7-4
小畑ビル内
TEL. 編集　03(5259)3302
販売　03(5259)3301
《第3版①－404pp.》

落丁・乱丁がございましたら，送料小社負担にてお取替えいたします。

ISBN978-4-7961-2411-9　　Printed in Japan

駿台文庫 Web サイト
https://www.sundaibunko.jp